《汉文化研究丛书》编辑委员会

主　任　黄荣杰　王利亚
副主任　卢志文　刘明阁
委　员　李文安　邵书峰　谢冰松　曹天杰　阚云超　马良泉
　　　　孟静雅　刘太祥　张保同　苏新留　何　军　徐永斌
　　　　刘剑利
主　编　郑先兴

汉文化研究丛书

HANDAI SHIXUE SIXIANGSHI

汉代史学思想史

郑先兴 著

河南大学出版社
中国·郑州

图书在版编目(CIP)数据

汉代史学思想史/郑先兴著. —郑州:河南大学出版社,2014.10
(2016.12 重印)
ISBN 978-7-5649-1732-6

Ⅰ.①汉… Ⅱ.①郑… Ⅲ.①史学史－思想史－中国－汉代 Ⅳ.①K092.34

中国版本图书馆 CIP 数据核字(2014)第 241382 号

责任编辑 苏 娜
责任校对 胡 军
封面设计 马 龙

出　版	河南大学出版社
	地址:郑州市郑东新区商务外环中华大厦 2401 号　邮编:450046
	电话:0371—86059701(营销部)　网址:www.hupress.com
排　版	郑州市今日文教印制有限公司
印　刷	开封智圣印务有限公司
版　次	2014 年 12 月第 1 版　印次　2016 年 12 月第 2 次印刷
开　本	690mm×960mm　1/16　印张　15.25
字　数	282 千字　定价　38.00 元

(本书如有印装质量问题,请与河南大学出版社营销部联系调换)

目 录

序 一 ……………………………………… 朱绍侯	(1)
序 二 ……………………………………… 郑先兴	(1)
第一章　绪论 ………………………………………	(1)
第一节　汉代史学思想史的历史贡献及研究意义 …………	(1)
第二节　汉代史学思想史的研究现状及研究维度 …………	(6)
第二章　西汉前期的史学思想 ………………………………	(12)
第一节　陆贾的史学思想 …………………………………	(12)
第二节　贾谊的史学思想 …………………………………	(24)
第三章　西汉中期的史学思想（上） ………………………	(39)
第一节　董仲舒的史学思想 ………………………………	(39)
第二节　司马迁的史学思想 ………………………………	(57)
第四章　西汉中期的史学思想（下） ………………………	(76)
第一节　《淮南子》的史学思想 ……………………………	(76)
第二节　《盐铁论》的史学思想 ……………………………	(90)
第五章　两汉之际的史学思想 ………………………………	(98)
第一节　刘向的史学思想 …………………………………	(98)
第二节　扬雄的史学思想 …………………………………	(116)
第六章　东汉中期的史学思想（上） ………………………	(130)
第一节　《白虎通》的史学思想 ……………………………	(130)
第二节　班固的史学思想 …………………………………	(140)

第七章　东汉中期的史学思想(中) …………………（150）
第一节　王充的史学思想 …………………………（150）
第二节　王符的史学思想 …………………………（158）

第八章　东汉中期的史学思想(下) …………………（170）
第一节　赵晔的史学思想 …………………………（170）
第二节　汉画像的史学思想 ………………………（182）

第九章　东汉末期的史学思想 …………………………（194）
第一节　《太平经》的史学思想 ……………………（194）
第二节　荀悦的史学思想 …………………………（215）

参考文献 ………………………………………………………（223）

跋 ………………………………………………………………（227）

序 一

朱绍侯

南阳师范学院汉文化研究中心要推出一套"汉文化研究丛书",郑先兴同志请我作序,我非常高兴。因为,作为专门从事秦汉史研究的学者,最高兴的就是看到新人新著的涌现;而且,这一套丛书的作者,大多是我的学生,或者是多年来一直跟随我学习研究秦汉史的教师;更何况,这套丛书的三审都是由我来进行的。我想谈以下三个问题。

第一,关于汉文化研究的学科性质。

如果把汉文化研究作为学科来看,大概有两个层面的含义。从一个层面来说,汉文化研究属于断代史,即属于汉史的研究范畴。汉代是中国统一集权制国家形成后,出现的第一个文化高峰。汉代人所创造的政治、经济、军事、教育、科学等方面的成就,可谓博大精深,永远是中国历史、中国文化史研究中的重点问题。但汉文化研究也有地域广狭的区分,有南阳汉文化、河南汉文化、中国汉文化,当然也由江苏汉文化、四川汉文化等等。本书的重点是研究南阳汉文化、河南汉文化。从另一个层面说,汉文化又属于专门史的性质,如汉人、汉族、汉语、汉字、汉经济、汉政治等都有极其重要的研究价值。无论是作为断代史、专门史或地域史来研究,汉文化都具有永久定性的特点和永远传承的特点,都是永远不变的定性文化,也是被中国与世界华人、华裔和国际学术界永远关注的问题。

第二，南阳汉文化研究的优势。

南阳学者所进行的汉文化研究，可谓是占尽了天时、地利、人和。所谓天时，有两个重要的含义。一是在"文化大革命"之后，在学术界普遍兴起了历史文化的研究热潮。如中华文化、长江文化、黄河文化、姓氏文化以及各地区的区域文化和各种专题文化等等，不论是什么文化，汉文化都必然是它研究的主要内容之一。二是在进入新世纪之后，党和政府日益重视传统文化在现代化中的作用，提倡人文社科的研究，希望从传统中吸取优秀的文化精神。河南省教育厅为推进这一方针的实施，在全省高校先后建立"河南省人文社会科学重点研究基地"。南阳师范学院汉文化研究中心就是在这样的环境中建立起来的。中心的建立，凝聚了研究方向，整合了全校的研究力量，为全面扎实地研究提供了组织和财力的保证。所谓"地利"，就是南阳是汉代经济、文化最发达的区域，特别是在东汉，南阳是开国皇帝刘秀的故乡，向有"帝乡""南都"之美称，皇亲国戚不可胜数，名人辈出，文物古迹遍布城乡，汉冶铁遗址就有6处，汉画像石、画像砖无论从数量、质量来看，都居全国之最。由此，南阳的汉文化研究资源异常丰富。所谓"人和"，是说这里的文化研究人气很浓。经过长期的积累和传承，南阳师范学院已经拥有着一批在学术界颇具影响的汉文化研究者，而且学校的历届领导班子都把汉文化研究作为学科建设的重点来扶持；通过《南都学坛》"汉代文化研究"专栏，与全国的汉文化研究者经常保持着十分密切的学缘关系，使得全国著名的秦汉史学者都非常关注汉文化研究中心的发展；通过秦汉史和汉画研讨会，增进了学术交流，提升了南阳师范学院的学术地位和影响。

第三，汉文化研究的意义。

汉文化研究所拥有的巨大的学术和文化建设的意义，自是非常繁富。这里我只谈三点。

从历史发展来说。如前所述，汉代是中国统一中央集权制国家形成后所出现的第一个文化高峰。依照德国著名的历史哲学家雅斯贝尔斯的轴心期理论，汉代应属于后轴心时代，即相对于春秋战国的文化经典诞生的轴心时代，汉代则是将之前的文化经典加以实践并予以整理传承，使之得以定型流传。因此，要充分了解中国文化，汉文化可以说是最基本的切入点。最近，年轻的秦汉史研究学者彭卫先生又提出，中国历史研究的"根节"在于"文明的起源、王制向帝制的转变和近代化","而王制向帝制的转变正是挑起历史两头的那根扁担"。可以说,这一说法非常形象地说明了汉文化研究的重要性。在我看来,王制向帝制转变的关键就是秦汉之际所推行的军功爵制,它用功绩的大小重组社会关系,改变了原来的只以血缘纽带建构社会关系的现象,从而推进了社会由王制向帝制的转变。这用唯物史观来表述,就是阶级的变化推进了社会制度的变革。因此,无论是从学术史或者政治制度史的角度,汉文化研究都是了解中国历史的必不可少的环节。

从地域文化观念来说。回顾5000年的中国文明辉煌史,其中近4000年都有河南的主体参与,只是在南宋之后的近1000年以来,河南才逐渐被边缘化。检讨边缘化的原因,查漏补缺,固然是很有必要的。但检讨文明辉煌的因子,将其发扬光大,更是再造辉煌的乐观途径。中原文化作为中国传统文化的主体,其辉煌的因子非常之多。但就其整体性和完整性而言,汉文化则更具有吸收和汲取的价值。因为第一,汉文化是中原文化中比较重要的一个阶段。汉代是继承夏、商、周、秦之后的又一个统一时期,是汉民族形成的最为关键的时期。她所形成的政治体制、思想精神和文化传统,相沿成习,至今不变。第二,汉文化是中原文化中比较重要的一个环节。中原文化对中国文化的贡献主要体现在河南省许多地方,都有自己的特色文化,如周口的伏羲文化、新郑的炎黄故里、洛阳的河洛文化、安阳的殷墟文化、开封的宋都文化等等,而南阳则因汉光武发祥于此,即以"帝乡""帝都"等名义而著称于世;同时又因东汉建都于洛阳,与中原文化的关系更为密切。第三,汉文化在中原文化中占有重要的地位。汉文化的开辟疆土、驰骋沙场的开拓情怀、包容一切的恢弘气势、研习经传的探索精神以及献身国家匹夫有责的爱国思想等等,都构成了中原文化的丰富内涵。由此,全面深入细致地研究汉文化,是实现思想解放、发展跨越和当今中原文化崛起的基本途径。

从大学办学特色来说。大学教育的目的就是传承文明、修性养德和培育科学探索的精神和理念,然而具体到如何办好一所大学,中外教育家的共识就是特色办学。所谓特色办学就是在学科建设上能够有自己独到之处。而我们知道,构成特色学科的因素主要是研究的对象、研究的理念和研究的方法。一般来说,研究理念和方法固然非常重要,但它毕竟要受到研究对象的制约。可以说,只有研究对象是经常主导学科特色从而决定学校的地位的。就此而言,南阳师范学院以其地域文化优势,选择汉文化研究作为自己的特色学科来加以建设,而且屡经几代领导坚持不改,终于形成了涵盖全校诸如历史、中文、美术、音乐、体育、政治、经济等文科教师在内的强大的研究队伍,并在全国秦汉史学界和汉画学界占有重要的席位,成为一支不可忽视的力量。这种以学科优势所造就的办学特色,其他一些高校是难以企及的。

综上所述,可以想见,"汉文化研究丛书"的问世,其学术价值和实际功用以及所展示的南阳师范学院的科研实力和办学特色,将是多么有意义的事情。让我们表示衷心的祝贺吧。

是为序。

2008 年 8 月 26 日

序 二

郑先兴

河南省普通高校人文社会科学重点研究基地南阳师范学院汉文化研究中心于2005年8月得到河南省教育厅的正式下文成立,到今天已经整整十个年头了。十年来,中心同仁坚持学术至上的信念,潜心研究,以"汉文化研究丛书"为标志性的成果,先后推出了十三部专著。为纪念中心的十年庆典,河南大学出版社准备将其修订后整体推出。作为中心的负责人,丛书的策划者,其内心的喜悦和兴奋,可以说是无以言表的。考虑到该套丛书的专业研究性质,其学术价值自有业内学者评判,而其文化建设功用则可通过社会实践予以验证,在这里,我只想从学术管理方面谈几点意见,谨向丛书的出版表示诚挚的祝贺!

丛书的出版问世,可以说是党中央弘扬优秀传统文化、提高国家文化软实力发展战略的贯彻和落实。全面挖掘民族传统文化的精华,总结中华民族的文明发展经验,可以说是中国共产党人一直的追求和努力。毛泽东曾经指出:"从孔夫子到孙中山,我们应当给以总结。承继这一份珍贵的遗产。"新近以来,中共中央总书记习近平同志两次谈到总结历史文化遗产的重要性。

在第十八届中央政治局的第12次集体学习会议上,习近平总书记指出:

"提高国家文化软实力,要努力展示中华文化独特魅力。在5000多年文明发展进程中,中华民族创造了博大精深的灿烂文化,要使中华民族最基本的文化基因与当代文化相适应、与现代社会相协调,以人们喜闻乐见、具有广泛参与性的方式推广开来,把跨越时空、超越国度、富有永恒魅力、具有当代价值的文化精神弘扬起来,把继承传统优秀文化又弘扬时代精神、立足本国又面向世界的当代中国文化创新成果传播出去。要系统梳理传统文化资源,让收藏在禁宫里的文物、陈列在广阔大地上的遗产、书写在古籍里的文字都活起来。要以理服人,以文服人,以德服人,提高对外文化交流水平,完善人文交流机制,创新人文交流方式,综合运用大众传播、群体传播、人际传播等多种方式展示中华文化魅力。"

在第十八届中央政治局的第13次集体学习会议上,习近平总书记再次指出:

"要讲清楚中华优秀传统文化的历史渊源、发展脉络、基本走向,讲清楚中华文化的独特创造、价值理念、鲜明特色,增强文化自信和价值观自信。要认真汲取中华优秀传统文化的思想精华和道德精髓,大力弘扬以爱国主义为核心的民族精神和以改革创新为核心的时代精神,深入挖掘和阐发中华优秀传统文化讲仁爱、重民本、守诚信、崇正义、尚和合、求大同的时代价值,使中华优秀传统文化成为涵养社会主义核心价值观的重要源泉。要处理好继承和创造性发展的关系,重点做好创造性转化和创新性发展。"

在这里,"要努力展示中华文化独特魅力","要讲清楚中华优秀传统文化的历史渊源、发展脉络、基本走向,讲清楚中华文化的独特创造、价值理念、鲜明特色",必须深入探究中国历史,尤其是中国历史上的秦汉时期。因为秦汉时期是中华文明的后轴心时期,它不仅承继、凝聚了远古以来中华文明的精华,而且也开启了之后中华文明的发展道路。据此,汉文化研究中心依托南阳区域文化和汉画像的历史资源,广纳贤才,凝神聚力,全面展开汉文化的研究,不断推出研究性的成果,为中华文化魅力的展现和优秀文化传统渊源的揭示,仅露尖尖一角,略展学术之风采。

丛书的出版问世,可以说是打造特色学术平台的必然结果。高校的存在和发展,除了狠抓学科建设、人才培养以及日常的教学、科研管理与机制之外,别无他途。为此,校党委和行政制定了"质量提升,内涵带动"的发展战略,并根据所在地域的文化特点与经济社会建设的需要,设置相应的科研与教学平台。一方面促进科学研究与课堂教学紧密结合,另一方面也促进高校的教学科研与本地社会经济文化建设紧密结合。南阳的地域文化优势在于汉代历史文化,东汉光武帝刘秀生长、起事于南阳,其军功大臣二十八宿也大多出生在南阳;即使此前西汉刘邦政权的建立,也得益于南阳地方豪绅的鼎力支持,才有了可靠的根据地而取得政权;汉代南阳的冶铁、水利、中医药与天文地理等科学技术跻身于世界文化最先进的水平;还有现在依然大量存在的汉画像,作为中国美术史上瑰丽的宝藏,珍藏着汉代民众真实而又平凡的社会生活和精神风貌。为充分挖掘南阳文化的精髓,实验、训练并提升教师的科研能力,打造学术品牌,我们凝聚全校文科的学术研究方向,以汉画像为主题,成立了汉文化研究中心。中心的成立,既为教师的学术研究指明了方向,也得到了省教育厅的大力支持,成为河南省人文社会科学重点研究基地。几年来,中心在项目申报、论文论著的撰写与发表、重点学科建设等等方面,都取得了卓越的成绩;尤其是在学术交流和为社会经济文化建设服务方面,中心成功承办了大型的国际学术会议,如"中国汉画学会第十届年会暨学术研讨会(2006)"、"东汉史研究国际论坛(2009)"、"中国秦汉史研究会第十三届年会暨国际学术研讨会(2011)"等。这些会议的成功举办,不仅加强了我校与学术界的交流,提升了我校的知名度,更重要的是展示了我校教师的研究实力和学术风貌。中心研究人员积极参加了南阳卧龙岗文化产业聚集区建设、南阳相关的企事业文化建设、南阳农运会端午节龙舟竞赛高峰论坛、南阳刘秀研究会以及诸葛亮躬耕地问题讨论,等等,这些活动,既促进了教学与科研的紧密结合,又为教学和研究提供了更广阔的视野。总之,我校的汉文化研究中心已经成为秦汉史学界、汉画学界国内外知名的学术研究重镇,成为南阳社会经济文化建设领域内有关汉代历史文化方面不可忽视的咨询机构。本次出版的十三种汉文化研究专著,就是这个学术研究平台十年研究计划的重要的学术成果之一。当然,我们期望着更高层次的研究成果的继续涌现。

丛书的出版问世和项目的完成,也是汉文化研究中心的研究人员的长期辛勤、扎实治学的结晶。孔子说:"人能弘道,非道弘人。"再好的理念和政策,再好的平台和基地,如果没有人们踏踏实实地践行,予以付诸实践,是很难切实收到实效,取得成绩的。令人骄傲的是,我们南阳师范学院的广大教职员工,确实有一批求真务实的人。在这样一个比较浮躁的年代,他们能够沉下气来,专心地教书育人,精心地做学术研究,实属难能可贵,非常令人敬佩。以汉文化研究为例,从上个世纪改革开放以来,就已经形成了一支专业的研究队伍。他们身处教学和科研一线,在完成自己的教学任务的同时,选择南阳的区域文化尤其是秦汉史和汉画像作为自己的研究对象,互相切磋,互相鼓励,在研究课题、撰写论文和申报项目方面,互相支持,在秦汉史学界和汉画像学界已经形成了自己的学科特色和学术优势。汉文化研究中心成立之后,又以中心为平台,制定了编著"汉文化研究丛书"的十年计划,试图打造自己的学术优势,占据汉画像研究和秦汉史尤其是东汉史学研究的制高点。从已经出版的论著的影响看,其原始的意愿已经基本实现了。可以说,前期的成果为后来的研究提供了基础和方向,但自然地也增加了难度。如何超越自己,如何将汉文化研究提升到更高的层次?我想,这是汉文化研究中心的同志们可能要花费很长时间予以思考和践行的问题。至于能否实现超越,就需要学术界的专家同仁予以引领和雅正了。

本丛书的十三种专著中,可以分为两个系列。

一是汉文化研究系列,共八本,主要探究秦汉时期社会历史的发展及其本质特征。郑先兴教授完成了《汉代思想史专题论稿》与《汉代史学思想史》,前者是其阅读汉代元典的心得,以礼治思想、经济思想、王充思想以及其他思想(包括谶纬、汉文化精神、荀悦政治思想)等四个专题,揭示并阐述了汉代的政治思想、经济思想与社会思想;后者则是其长期的历史教学与研究成果的积淀和积累,是对汉代优秀的学术思想文化遗产的发掘和梳理。刘太祥编审完成的《张仲景中医药文化研究》与《汉代政治文明》,前者是其对医圣张仲景在中医药药理、诊治、用方、医德等方面贡献的挖掘和阐释;后者则是其对汉代政治文明的成就比如治国理念、方略、机制的梳理和阐述,寻绎汉代政治文化中的进步和积极因素。冯建志教授等人完成的《汉代音乐文化研究》,主要描述了汉代音乐的内容、类型、发展及其美学思想。曾祥旭教授完成了《西汉后期的文学和儒学》,是其博士论文《论西汉前期的文学和儒学》的延续,阐述了西汉后期文学的发展及其与儒学的关系。杨运秀教授完成了《南阳汉画像与汉代经济研究》，以南阳区域为研究对象，分为两个部分。第一部分是以南阳汉画像为主题，从经济学的角度阐释了汉画像中的经济因素；第二部分是以汉代南阳区域经济为主题，叙述了南阳的农业、水利、手工业、货币、商业等经济状况。高二旺博士完成的《两汉魏晋南北朝人质现象研究》，是以其学位论文修订增补的，以古代人质现象为话题揭示汉代到南北朝时期所普遍存在的人伦和法制真相。

二是汉画像系列，共五种，主要是挖掘和阐释汉画像的内容及其社会意象。其中郑先兴教授完成了《汉画像的社会学研究》和《民间信仰与汉代生肖图像研究》，前者是以远古婚姻进程为线索，透视汉画像中神树、螺女、弓弩、伏羲女娲、西王母、傩等画面的社会历史内涵，后者则是以生肖为线索，阐释汉画像中生肖图像的社会历史意蕴。牛天伟、金爱秀二位完成的《汉代神灵图像考述》，则是从考古学、民俗学的角度，对汉画像中的伏羲女娲、西王母、气象天文、镇宅守墓、祥禽瑞兽以及传说的蚩尤、桑蚕农神等图像予以了阐释。季伟教授完成的《汉代乐舞百戏考述》，是以乐舞百戏为话题揭示汉画像中大量存在的乐舞图像的社会历史内涵，挖掘古代历史中优秀的乐舞文化遗产。徐永斌教授等人完成的《南阳汉画装饰艺术》，描述了南阳汉画像装饰艺术的题材内容、构成风格、技法类型、审美特征，及其在中国传统装饰艺术上的价值等。

毋庸讳言，"汉文化研究丛书"虽然推出了十三种，但与原本的初衷和社会的要求还是有距离的。希望汉文化研究中心的同志们更加努力，拿出更多的成果，拿出更丰富更深刻更具有影响力的汉文化研究论著。

让我们期待着吧！

2015 年 5 月

第一章 绪 论

根据西方著名历史哲学家雅斯贝尔斯的轴心期理论,汉代当是中国历史上的后轴心期时代。可以说,正是因为汉代史学家对先秦诸子思想的继承和扬弃,中国历史的轴心期文化才得以发展。同样的,汉代史学思想史作为轴心期文化的主要内容之一,既承续了先秦诸子的精华,又创造了巨大的史学成绩。可以说,汉代史学思想史是汉代史学家传承创新、继往开来的结晶。由此,汉代史学思想史的研究,一直以来就是学术史研究的热点问题,得到了众多学者的关注。那么,如何科学地考察汉代史学思想的发展,积极推进其研究,就成为时代关注的话题。在这里,我们就"汉代史学思想史的历史贡献及研究意义"与"汉代史学思想史的研究现状及研究维度"两个问题予以分析,以作为汉代史学思想史研究的宏观理论指导。

第一节 汉代史学思想史的历史贡献及研究意义

汉代史学思想史的历史贡献,可以从史学意识的觉醒及实践、文献资料的整理及其理念以及史书体裁的探究及成熟等三个角度来考察。

第一,史学意识的觉醒及实践。所谓史学意识主要是指史学家研究历史的责任感、使命感和自觉性。

在雅斯贝尔斯看来,史学意识包括两个方面,一是人类对于世界以及人类自身在世界中的位置的整体认识,用今天的话来说就是世界观,用史学的话来说就是历史观。"世界上所有的三个地区(即中国、印度和西方)的人类全部开始意识到整体的存在、自身和自身的限度。人类体验到世界的恐怖和自身的软弱。他探询根本性的问题。面对空无,他力求解放和拯救。通过在意识上认识自己的限度,他为自己树立了最高目标。他在自我的深奥和超然存在的光辉中感受绝对。"①轴心期的学者意识到,人类与自然表面上是一个整体,而实际上人类很虚弱,很短暂。于是人们开始探寻自然和自身,意图寻找主宰世界的因素。用神学的话来说就是天帝,用学术的话来说就是历史规律。二是人类对于自身认识的反思。用今天的话来说就是思想史或学术史,用史学的话来说就是历史学史。"意识再次意识到自身,思想成为它自己的对象。人们试图通过交流思想、理智和感受而说服别人,与此同时就产生了精神冲突。人们尝试了各种最矛盾的可能性。讨论,派别的形成,以及精神王国分裂为仍互相保持关系的对立面,造成了濒临精神混乱边缘的不宁和运动。"②轴心期的学者在探究历史发展规律的同时,为验证自己的认识正确与否,一方面是亲力亲为,另一方面就是相互讨论、辨析。由此就形成了史学史上的各种思潮与流派。

根据雅斯贝尔斯的意见,轴心期是指以公元前500年为中心,上到公元前800年,下到公元前200年之间的时期。这正是中国的春秋战国时期,而诸子思想和百家争鸣的出现可谓正是史学意识形成的关键时期。孔子仁与礼的思想的提出和《春秋》的编纂,标志着传统中国史学意识的成熟及实践的落实。可以说,作为儒家思想的创始者,孔子也是中国史学的奠基人。当然,道家思想的创始者老庄、墨家思想的创始者墨翟、法家思想的创始者管仲与商鞅,等等,同样也是轴心期史学思想的主要代表。

有汉一代,从汉高祖开始到汉献帝延康年间结束,以公元纪年来说是从公元前206年到公元220年,前后相续425年,与雅斯贝尔斯的轴心期时间相较,显然属于后轴心期。由此,其史学意识就具有了两重性,既有继承先秦诸子时代的特征,同时还有汉代经历秦时战火之后经典传承中的诠释和再造的过程,亦即后轴心期的特征。就继承而言,汉代史学思想史所强调的仁智历史观,如陆贾、贾谊、董仲舒、司马迁、刘向、扬雄、班固、赵晔、王符、王充、荀悦,等等,可以说都是秉持儒家的仁义观念。就创新而言,汉代史学思想所提出的天人合一、顺时而动等观念,可以说是应运而生的,带有更多的时代特色。以轴心期的眼光看,汉代的史学意识极为鲜明。"究天人之际,通古今之变"体现了

---

① [德]雅斯贝尔斯:《历史的起源与目标》,华夏出版社,1989年版,第8页。
② [德]雅斯贝尔斯:《历史的起源与目标》,华夏出版社,1989年版,第9页。

汉代史学家对自然与人类的整体认识以及对人类自身地位的认识,"成一家之言"则可以说是对史学自身的反思。而以《史记》《汉书》等为代表的史学专著,积极主动地实践着汉代的史学意识。由此可见,作为后轴心期的汉代史学思想史,其学术贡献是不容低估的。可以说,没有汉代的学术,轴心期的春秋战国诸子思想是难以存继下来的。

第二,文献资料的整理及其理念。轴心期所形成的史学意识是通过文献典籍的形式保存和传承下来的。所以,文献的整理和编纂也是轴心期的一项重要工作。众所周知,孔子就是著名的文献整理专家。《史记·孔子世家》:"孔子晚而喜《易》,序《彖》《系》《象》《说卦》《文言》。读《易》,韦编三绝。"宋朱熹《四书章句集注·论语序说》:"定公元年壬辰,孔子年四十三。而季氏强僭,其臣阳虎作乱专政。故孔子不仕,而退修《诗》《书》《礼》《乐》,弟子弥众。……哀公十一年丁巳,而孔子年六十八矣。然鲁终不能用孔子,孔子亦不求仕,乃叙《书传》《礼记》,删《诗》,正《乐》,序《易·彖》《系》《象》《说卦》《文言》。……十四年庚申,鲁西狩获麟,孔子作《春秋》。"由此,古典文明的精神和神韵正因孔子的文献整理和编纂而得以发扬光大。

处于轴心期后期的汉代史学家们,紧跟先秦学者的步伐,不遗余力地整理和编纂文献。司马迁在《报任安书》中说其初衷,首先就是要"网罗天下放失旧闻",即整理文献典籍。根据当代《史记》研究名家张大可先生的考究,司马迁所搜集到的文献主要有以下几类:(1)"'爰史记石室金匮之书',即阅读皇家所藏图书档案。"(2)"取资金石、文物、图像及建筑。"(3)"游历访问,实地调查。"(4)"接触当事人或他人的口述材料。"(5)"采集歌谣诗赋、俚语俗谚。"(6)"搜求被秦始皇焚灭了的古诸侯史记。"而其编纂的原则为:(1)"考信于六艺","折中于夫子"。(2)"择其言优雅者,总之不离古文者近是。"(3)"纪异而说不书","所有怪物,余不敢言之也"。(4)"非天下所以存亡,故不著;至于世传其书者,论其轶事"(5)"信以传信,疑以传疑,故两言之。"(6)"厥协六经异传,整整齐百家杂语。"①可见,司马迁的文献整理与编纂,有着广泛的材料来源和严格的标准,可以说是完全继承了孔子的意旨。

汉代另一位文献整理专家是刘向。根据《汉书·艺文志》的记载,刘向将文献典籍分为六艺略、诸子略、诗赋略、兵书略、数术略、方技略等六类予以整理。清代孙德谦《刘向校雠学纂微》考订其编校方法,有二十三条之多,诸如备众本、订脱误、删重复、条篇目、定书名、谨编次、析内外、待刊改、分部类、辨异

---

① 张大可:《史记研究集成·第四卷·史记论赞与世情研究》,华文出版社,2005年版,第7~12页。

同、通学术、叙源流、究得失、撮指意、撰叙录、述疑似、准经义、征史传、辟旧说、增佚文、考师承、纪图卷、存别义。这些总结虽不免有些繁琐,但是将刘向校书方法的资料利用得相当充分,以致后人很难再有新的发现了。姚福申先生则根据1973年长沙马王堆汉墓出土的二十多种帛书中的《战国纵横家书》,与现行本的《战国策》对勘,揭示刘向编校的原则,"疏理语气,使适合当代口语","校正不合理的部分用语","增加了说明背景的文字","收拾残篇,补缀成章"。① 邓骏捷博士考察了刘向的文献编校的三种模式:一是"校定新本",对汉代以前已经有的相对稳定的传本,刘向予以对勘,力求整理出完整的本子,如《论语》;二是"另编新书",对汉代以前已经有多种传本的,刘向则重新编成"新本",如《礼》;三是"勒成新书",对于汉代以前已经有了某类大量材料的,刘向则对其重新编排整理成"新书",如《战国策》。他还指出,刘向整理文献的贡献在于,"基本上结束了先秦西汉典籍的单篇流传、书无定型的散乱形态,进入勒成一书、编排有序的定本形态。这一改变使大量的先秦西汉典籍得以较为完整的保存下来,降低了散失的机会,使典籍的保存和流布迈进一个新的阶段"。②

司马迁和刘向作为汉代政府的官员,他们对于文献古籍的整理和编辑,不仅代表着汉代官方史学的贡献,更实际有效地保存了史学资料,为后来研究汉代及汉代之前的历史奠定了基础。

然而,从思想史的角度看,汉代史学的贡献不仅仅在于文献的整理和编纂,最主要的是凝聚在其中的理念,它构成了汉代史学思想史的核心。本来,轴心期的孔夫子整理文献典籍就是本着教育和培养人的各方面才能而来的,其史学的研究也有很强的价值诉求。"吾欲载之空言,不如见之于行事之深切著明也。"轴心期后期,以司马迁和刘向为代表的史学家则继承其衣钵。司马迁与其朋友说其编纂文献的初衷与贡献,"网罗天下放失旧闻,略考其事,总其终始,稽其成败兴坏之纪,凡百三十篇"。显然,这与孔子要以历史来见证执政理念如出一辙。刘向则更过之,其《说苑》《新序》《列女传》更是博采历史典故,意以表明其执政理念及经验教训,与孔子的实证史学理念相较,可谓是深得其三昧。

第三,史书体裁的探究及成熟。轴心期所形成的各种思想及流派,作为文

---

① 姚福申:《对刘向编校工作的再认识——〈战国策〉与〈战国纵横家书〉比较研究》,《复旦学报》,1987年第6期。

② 邓骏捷:《刘向研究——文献学家刘向及其学术成就》,山东大学博士学位论文,2003年4月。

化传承的载体,体现在文献资料的整理及其理念上,而作为史学研究成果的表达,则体现在文献体裁的探究及形成。考中国史学发展史,如果说,轴心期的史学体裁尚未成熟的话,那么,轴心期后期的汉代史学体裁则极为丰富和成熟,可以说,汉代史学家对于史学成果的表达形式做了全面的尝试。

汉代对史学体裁的探究主要体现在以下两个方面。

一是承继轴心期的史学体裁形式。

(1)《春秋》的编年体,其特征是以年代为经叙述历史事实,汉代有陆贾的《楚汉春秋》《东观汉纪》,荀悦的《汉纪》。

(2)《老子》《墨子》《管子》等诸子的议论体,其特征是以历史事实为依据,抒发自己的政见,汉代有陆贾的《新语》、贾谊的《新书》、扬雄的《法言》、王符的《潜夫论》和王充的《论衡》。

(3)《吕氏春秋》的学案体,其特征是以集体合作的方式,集合历史文化之大成,汉代有《淮南子》。

二是汉代自身所创造的史学体裁。

(1)纪传体。纪传体的形成,可以说是中国传统史学的最大成就。司马迁的《史记》,一方面吸收先秦著作的体裁精华,一方面根据当时宗法制的政治体制内容,以历史人物为核心,设计了本纪、表、书、世家、列传五体,构成了纵横交错地叙述历史的新体裁。班固踵其遗绪,稍稍改造,用之以叙述西汉历史,与《史记》的纪传体通史类相较,首创纪传体断代史,成为后世史学编纂的基本典范。

(2)案例体。案例体的形成是史学功用发挥的必然。以史为鉴,这是轴心期思想家的共同认识。但是究竟怎样以史为鉴?现实社会生活中不是每个人都是历史学家,都精通历史知识。于是为讲解历史,了解那些可供借鉴的历史事实,一些学者就将那些所谓"善可为法,恶可为戒"的事例予以挑选,攒集成册。如刘向的《说苑》《新序》与《列女传》,荀悦的《申鉴》都属于这方面的论著。可见,案例体的特征是以历史事实为个案,讲解其经验教训。以今日的眼光看,案例体属于通俗史学的范畴,是后来讲史说书的先河;若追溯其根源,先秦诸子的寓言故事可谓其源头,所不同的是寓言故事以虚构为前提,而案例体则以客观事实为依据。

(3)时论体。所谓时论体就是以丰富的历史知识为底蕴来阐明时代所提出的社会政治、经济与文化等方面的问题。时论体的代表之一是《盐铁论》,围绕着盐铁官营专卖问题,桑弘羊和文学贤良展开了一次面对面的讨论,在讨论中,双方都典引,展现丰富的历史知识和历史卓见。二是《白虎通》,根据当时社会所提出的问题,以历史事实为依据,以经典论述为规范,以关键词的方式,予以说明解释。与案例体相较,时论体也是出于史学功用发挥的需要,是史学应用于社会生活的体现。所不同的是,案例体更通俗晓畅,而时论体则高雅微妙,需要进行深入的论析,体现了史学的学术性和研究性。如果推究其根源,时论体当属于前述的先秦诸子的议论体。考察其差异,时论体是以集体合作、会议讨论的形式展现出来,而议论体则是以独立研究为前提;考察其相同点,两者都是以解决现实问题为旨趣,以历史知识为底蕴。以此而论,时论体就是议论体,它们都是今天历史论著的前身。

总之,无论是承袭先秦还是独自创造,汉代在史学体裁方面都进行了广泛而深入的探究和实践。其中的纪传体和时论体成为后来中国史学体裁的基本格式。

因此,深入开展汉代史学思想史研究,意义是不可估量的。就史学学科而言,既有利于把握中国史学思想史的本质特征,也有利于弘扬传统史学的精华,从而推进史学的发展;就学术史而言,既有利于把握汉代学术发展的规律,也有利于揭示轴心期中国学术的基本风貌;就世界历史而言,既有利于揭示汉民族文化发展的基本规律,论定传统中华文化的精华和糟粕,也有利于积极推进当代民族文化建设,从而促进中华民族走向世界民族之林。

第二节 汉代史学思想史的研究现状及研究维度

汉代史学思想史既然贡献卓越,研究意义巨大,其相关的学术研究也就异常丰富和火热。大致而言,汉代史学思想史的研究主要体现在以下几个方面。

一是思想史视域下的汉代史学思想史研究。侯外庐先生的《中国思想通史》第二卷第四章"司马迁的思想及其史学",专门论述司马迁。徐复观先生的《两汉思想史》第三卷不仅论述了刘向、司马迁的史学思想,比较《史记》《汉书》之异同,而且还设专节论述史学的起源与发展。金春峰先生的《汉代思想史》也有专节论述《史记》的历史观和时代精神。周桂钿的《秦汉思想史》第十章也论述司马迁的史学思想。孙家洲先生的《中国古代思想史·秦汉卷》在第四章文化思想中专列"史学异彩",论述了司马迁、班固和荀悦的史学思想。总之,思想史视域下的汉代史学思想史研究,所关注的仅仅是汉代著名的史学名家司马迁,而丰富的史学思想则淹没在其哲学、政治或经济等思想之中。

二是史学史视域下的汉代史学思想史研究。白寿彝、许殿才先生的《中国史学史·秦汉卷》,论述了秦汉时期著名思想家,如董仲舒、陆贾、贾谊、桓谭、张衡、王充、王符、仲长统等人的历史观,也着重分析了《史记》、《汉书》、《汉纪》的史学思想。金毓黻先生的《中国史学史》、刘节先生的《中国史学史稿》、朱杰勤先生的《中国古代史学史》、瞿林东先生的《中国史学史纲》,都有专门的章节论述司马迁、班固的史学思想。史学史视域下的汉代史学思想史研究,其特点是关注思想家的历史观,重视史学家司马迁、班固的研究,而其不足则是对于史学本体论、史学方法论的忽略。

三是历史人物传记视域下的汉代史学思想史研究。王兴国先生的《贾谊评传》、王青先生的《扬雄评传》、王永祥先生的《董仲舒评传》,以及肖黎先生的《司马迁评传》和张大可先生的《司马迁评传》,都设有专节论述传主的历史思想。历史人物传记视域下的汉代思想史研究更多关注的是传主的各方面思想,史学思想的研究萎缩了。

四是史学思想史视域下的汉代史学思想研究。吴怀祺先生的《中国史学思想史》第二编"中世纪史学思想的形成与发展"分三个章节,重点论述了司马迁的"成一家之言",班固史学的两重性以及荀悦的史学思想。吴怀祺先生主编、汪高鑫著作的《中国史学思想通史·秦汉卷》,是专门论析汉代史学思想的专著,有汉一代的史学名家,诸如西汉的陆贾、贾谊、《淮南子》、司马谈、董仲舒、司马迁、刘向、刘歆,东汉的王充、班固、何休、荀悦等,在这里得到了专题论述。雷家骥先生的《两汉至唐初的历史观念与意识》,着重论述了司马迁的史学思想、正统意识与五行观念。张秋升先生的《天人纠葛与历史运演——西汉儒家历史观的现代诠释》,以历史的变动、天与历史、人与历史等话题,比较详细地考察了西汉儒家的历史观。史学思想史视域下的汉代史学思想研究,其贡献在于考究司马、班的史学意识及其贡献,抽绎贾谊、董仲舒、王充等思想家的历史观。但是相对于汉代史学思想的卓越贡献以及史学思想的丰富内涵来说,毋庸讳言,目前的研究空间还是相当广阔的。

综上所述,与处于轴心期后期并具有卓越贡献的汉代史学思想史来说,无论是思想史、史学史、历史人物传记,还是史学思想史本身,其研究的实际还远远不能与之相匹配。因此,全面而深入地探究汉代史学思想史,就成为今天从事学术史尤其是史学理论研究者的重要任务。

"工欲善其事,必先利其器"。对于汉代史学思想史的研究来说,所谓"器",除了基本的历史资料和必要的文具之外,更重要的是研究视域的把握。

在我们看来,史学思想史的研究维度应包含以下三个方面。

一是内在的维度,即史学思想的基本内涵,也可以说是史学思想的范畴;二是外在的维度,即史学思想的发展路程,也可以说是史学思想发展史;三是社会的维度,即史学思想所赖以生存的社会环境,也可以说是史学思想与社会思想的关系。

如果以思维方式来观察,那么,内在维度可以说是逻辑分析,外在维度可以说是历史分析,而社会维度则是归属分析。由此,汉代史学思想史的研究,应该从这三个方面展开。

一、内在维度——逻辑分析

内在维度即史学思想范畴的选择和确立,是史学思想研究的前提。内在维度客观上取决于史学研究的必要因素,所以,从理论上来说,它应该有大致相同的趋向。但在研究实践中,内在维度受制于研究者个人的知识结构及旨趣,所以其差异也在所难免。以研究司马迁的史学思想为例,吴怀祺先生的研究维度集中在"一家之言"、变易观、财富观和大一统几个方面。汪高鑫先生顺应其师意,研究维度集中在天人观、变易观、大一统和史学观方面。雷家骥先生吸收西方史学理念,其研究维度集中在"新史学"(即司马迁史学的时代性)与实证主义史学两个方面。管中窥豹,可以推知,之前的汉代史学思想史研究,不仅维度不一致,而且也过于简略。

相对而言,其他方面的史学思想研究,其内在维度要丰富些。如汤勤福先生的《朱熹的史学思想》,研究维度为历史哲学、治史态度、治史方法论、史著编纂和史学批评。赵晖的《毛泽东史学思想》,研究维度为历史思想、史学思想和史学方法。张文生的《李大钊史学思想研究》,研究维度为历史论、史学论、历史认识论与历史方法论。以上这些论著虽然对象各异,但是对于史学思想研究的内在维度的选择却有共同之处,且与前述汉代史学思想研究的论著相比,都没有关于内在维度的说明,这不能不说是遗憾之处。

在笔者的阅读中,能够明确论述内在维度的只有王璞先生的《藏族史学思想论纲》。在第一章"史学思想的内涵"中,王先生认为,"史学思想应包括历史文学(history as literature)、历史编纂学(histuoriography)和历史哲学(philosophy of history)三个主层次的内容"。"历史文学就是历史著作的文字表达,它体现了史家的叙事能力及文学修养,其中又含有史书题材、语言特色和叙事结构三个层次。""历史编纂学是传统史学较具专业特色的工作,它也有三个分层次",即"史料""体例"与"编纂结构"。"历史哲学是对历史及史学的思考和反思,由历史理论、史学理论及考证辨伪三个分层次组成"。① 以上"史学思想的三个主层次及九个分层次"是王璞先生依据刘知幾的史学三长论的"演

---

① 王璞:《藏族史学思想论纲》,中国社会科学出版社,2008年版,第9~15页。

绎和发展","且为史学思想的探讨提供了一个整体性的分析模式"。① 在这里,王璞先生对于内在维度的选择正确与否姑且不论,单单是注意构建史学思想研究的"整体的分析模式",已体现出研究的实力超凡。

在我们看来,史学思想史研究的内在维度,其实就是史学的基本元素,是构成史学研究行为必不可少的条件。换句话说,史学思想史的研究,主要是考察史学元素在史学研究实践中史学家的自觉和反省。由此,反过来说,构成史学基本元素的那些东西,同时也就是史学思想史研究的内在维度。

不言而喻,史学研究的开展,最必需的元素,从主观来说,一是研究者,即史学家;二是研究者所必备的技能,即史学方法。从客观来说,一是研究对象,即历史,或者说是历史观、历史本体论;二是体现研究对象的材料,即史料。从主观和客观的对接行为来说,一是对接的内容,即历史认识;二是对接的形式,即历史学学科,或者说是历史学本体论、史学论。由此,史学思想史研究的内在维度,实际上包括了史学家论、史学方法论、历史本体论、史料论、历史认识论和历史学本体论等六个方面。当然,在研究实践中,完全可以根据史学发展的实际,对这六个方面予以灵活的加减。

显然,根据我们所确立的内在维度,之前的汉代史学思想史研究尚有很多的空白,这就为我们的探究留下了广阔的空间。

二、外在维度——历史分析

外在维度是将史学思想看成一个整体,观察其在每个历史时期的发展情况。与内在维度致力于史学思想基本元素的分析相较,外在维度则致力于史学思想学科的时代风貌研究。简单来说,外在维度主要是描述史学思想的发展路程,是一种叙述方式,可以见仁见智。因此,之前的汉代史学思想史研究,相对都比较明晰。吴怀祺先生将汉代史学思想细分为西汉司马迁、东汉班固、汉末荀悦三个时期;汪高鑫先生踵其师足,也将秦汉史学思想划分为三个时期:第一时期,从秦统一(公元前221年)到汉景帝后元三年(公元前141),其贡献是黄老思想指导下的《吕氏春秋》和《淮南子》,以及历史借鉴的《新语》和《过秦论》;第二时期,从建元元年(公元前140年)汉武帝即位到西汉灭亡,其贡献是大一统思想指导下的董仲舒思想与《史记》;第三时期,是整个东汉时期,其贡献是史学思想多元化,如谶纬中的《白虎通》,王名论中的《汉书》《汉纪》,宣汉的《论衡》,等等。

---

① 王璞:《藏族史学思想论纲》,中国社会科学出版社,2008年版,第9~15页。

在我们看来,汉代史学思想的历史进程,大致可以分为五个时期。

第一个是西汉前期,史学思想的任务是总结亡秦的历史教训,其代表是陆贾《新语》和贾谊《新书》。

第二个是西汉中期,史学思想的任务是应对经济发展起来之后所面临的社会政治问题,其代表一是董仲舒《春秋繁露》和司马迁《史记》,二是《淮南子》和《盐铁论》。

第三个是两汉之际,史学思想的任务是解决当时急剧恶化的社会政治危机,其代表是刘向的《说苑》《新序》和扬雄的《法言》。

第四个是东汉中期,史学思想的任务是解决政治和社会问题,其代表一是与政府意向相关的《白虎通》和《汉书》,二是与民间旨趣相关的《论衡》《潜夫论》《吴越春秋》与汉画像。

第五个是东汉末年,史学思想的任务是解决民生与政治割据问题,其代表是《太平经》与荀悦的《汉纪》《申鉴》。

三、社会维度——归属分析

社会维度是站在他者的角度,评判史学思想的性质皈依。根据今天学术史研究的实际,可以将社会维度分为三对概念:一是所谓的学术与政治,即将史学思想史整体归为学术问题,而其产生的历史背景与发挥功用的社会实践,以及主流旨趣都是为政治服务的。由此,史学思想史的研究,就徘徊在学术与政治之间,观察其在两个维度间的取舍与行进。二是所谓的国家与社会,即将史学研究看作社会活动,而其课题的选择、观点的确立与功用的发挥都受制或影响于政治权力。由此,史学思想史的研究,是考察其在政治权力与社会权利之间的矛盾冲突、和谐统一,而其研究维度则分别是史学思想史之外的政治权力与社会权利。三是所谓的官方史学与民间史学,即将史学思想史的发展,按照其载体的社会阶级身份,界定其隶属于官方或民间。由此,史学思想史的研究,是考察史学思想的归属,而其维度则是取决于史学家的官方或民间身份。从实而论,社会维度的选择,是研究者自身所要考虑的事情,不能整齐划一。但是据笔者看来,学术与政治的分野,很难清晰。学术政治化的普遍性与政治学术化的时代性,可以说是学术发展的最基本特征,或者说是最基本规律。因此,将学术与政治作为社会维度的研究基点,不是很准确。国家与社会的分野,同样也很难清晰。任何国家都建立在社会之上,任何社会也都以国家为标志;细而究之,政治权力与社会权利虽然有所差别,但是都属于管理学的范畴,因此,将两者作为社会维度的研究基点,考察学术思想的归属,显然是不合适的。官方与民间的分野,即根据学者社会身份的阶级差异来界定其学术性质,相对来说,研究基点和学术归属都是异常明晰的。同时,也符合唯物史观的"社会存在决定社会意识"的基本原理。因此,在汉代史学思想史的研究中,我们将社会维度定位在官方和民间两个研究基点上。

总体上看来,汉代史学思想史中,属于官方史学的有陆贾、贾谊、刘安、司马迁、桓宽、扬雄、刘向、班固、荀悦;属于民间史学的则有董仲舒、赵晔、王充、王符、汉画像与《太平经》。官方史学数量较多,多集中于西汉;民间史学数量较少,多集中在东汉。就汉代史学思想史发展的实际来说,无论是官方史学,还是民间史学,都将史学的性质定为政治学。由此可见,东汉时期的民间社会政治觉悟要比西汉高得多。

第二章　西汉前期的史学思想

西汉前期的史学思想,继承秦末汉初的政治鼎移,其研究任务是总结亡秦的历史教训,代表是陆贾《新语》和贾谊《新书》。就历史观而言,陆贾、贾谊都认为,历史是发展、进步的,是杰出人物所创造的,而真正推进历史进步的是仁义观念。陆贾说是"圣人怀仁仗义",贾谊说是诸侯"修之以政而兴之以义"。就史学性质而言,陆贾、贾谊都认为,史学的本质就是政治之学,是政治统治的一种谋略。《新语·术事》:"善言古者合之于今,能述远者考之于近。故说事者上陈五帝之功而思之于身,下列桀纣之败而戒之于己。"贾谊在《过秦论(中)》说:"故先王者,见终始不变,知存亡之由。是以牧民以道,务在安之而已矣。"就历史认识而言,陆贾认为,其本质就是在"仁义"学说的指导下,全面地分析考察各种情形,以寻求历史前进的法则;贾谊则认为,依据历史人物心态变化就可以推知历史发展的趋势。在史学方法论上,陆贾和贾谊都秉持历史辩证的方法,主张依照历史发展的实际,用矛盾的观点分析考察之。就社会角度而言,陆贾和贾谊都是汉代朝廷中富有历史知识的重臣,其论著的初衷,也是为汉代朝廷服务的,所以两者都具有官方史学的性质。

第一节　陆贾的史学思想

也许是"逆取顺守"的建议得到刘邦的采纳,而使其保有汉朝四百年的基业,所以陆贾备受学者的注意;①即如史学思想,业已有所论及。② 但若严格从史学规范来讲,这些论述,尤其是史学思想的论述,尚有讨论的余地。

一、"善言古者合之于今"的史学论

陆贾的史学思想是在说服刘邦倾心于文治中显现出来的。据《史记·郦生陆贾列传》载,陆贾的"居马上得之,宁可马上治之乎"的言论震慑了汉高祖刘邦,刘邦相信了文治的重要,就对陆贾说:"试为我著秦所以失天下,吾所以

---

① 现代几部著名的思想史论著中都讲到了陆贾。如冯友兰的《中国哲学史新编》(人民出版社,1998年版)的中卷二十八章"汉初最大的政论家和哲学家——陆贾"中第一节就列出"陆贾的'逆取顺守'的策略";徐复观的《两汉思想史》(华东师范大学出版社,2001年版)第二卷为"汉初的启蒙思想家——陆贾",周桂钿的《秦汉思想史》(河北人民出版社,2000年版)第三章为"总结秦亡教训,探讨治国大道—陆贾和贾谊",金春峰的《汉代思想史》(中国社会科学出版社,1987年版)"汉初儒家思想的复起及其儒法融合的特点"中列有"陆贾的'仁义为本'的思想",赵吉惠等编著的《中国儒学史》(中州古籍出版社,1991年版)第二编第一章第二节"汉初儒学的特点"中专门讲到陆贾,熊铁基的《秦汉新道家》中"思想篇"专设有"陆贾是汉初新道家的突出代表",王兴国所编著的《贾谊评传》(南京大学出版社,1992年版)附有副篇《陆贾晁错评传》更为集中地讲述陆贾的思想,近年尚有西北师范大学 2003 届研究生胡兴华所撰写的硕士学位论文《陆贾及其〈新语〉研究》。此外还有专门论文,如林风江:《陆贾思想三论》,《齐齐哈尔师范学院学报》,1989 年第 4 期;李鼎芳:《陆贾〈新语〉及其思想论述——〈新语会校注〉代序》,《河北大学学报》,1980 年第 1 期;王兴国:《陆贾的辩证思想》,《求索》,1989 年第 4 期;余明光:《论陆贾的道家思想》,《湘潭大学学报》,1992 年第 1 期;韩曦:《试论老子与陆贾无为思想的异同》,《吉安师专学报》,1997 年第 1 期;胡胜军:《陆贾与汉初儒学的复兴》,《大连教育学院学报》,1999 年第 2 期;陈明秋:《陆贾的人格剖析》,《深圳教育学院学报》,2000 年第 1 期;项永琴:《从汉赋研究看陆贾〈新语〉》,《山东大学学报》,2000 年第 3 期;任怀国:《试论陆贾对儒学的改造》,《烟台师范学院学报》,2001 年第 4 期;邹远修:《汉代尊儒第一人》,《理论学刊》,2002 年第 4 期;马涛:《论陆贾的经济思想及对汉初经济政策的影响》,《世界经济文海》,2002 年第 3 期;夏增民:《论陆贾与贾谊:性格与思想》,《华中科技大学学报》,2002 年第 5 期;李禹阶、沈双一:《汉代新儒学"天人感应论"开山祖—陆贾》,《河南大学学报》,2003 年第 6 期;项永琴:《陆贾〈新语〉与易学》,《周易研究》,2003 年第 4 期;李禹阶:《陆贾新儒学的文化独尊思想——兼论儒家文化思想上的独尊性与唯我性》,《西南师范大学学报》2003 年第 5 期;朱海龙、黄明喜:《陆贾教化思想探析》,《华南师范大学学报》,2004 年第 6 期;项永琴:《试论陆贾在学术、思想领域的创造性贡献》,《烟台师范学院学报》,2004 年第 1 期,等等。

② 张秋升:《陆贾的历史意识及其文化意义》,《齐鲁学刊》,1997 年第 5 期;汪高鑫:《陆贾的历史著述与历史思想》,《安徽大学学报》,2001 年第 4 期。

得之者何,及古成败之国。"于是"陆生乃粗述存亡之微,凡著十二篇。每著一篇高帝未尝不称善,左右呼万岁,号其书曰《新语》"。由此,在刘邦和陆贾的心目中,史学的研究对象就是天下的得失和国家的成败,即政治活动,其任务就是寻求"长久之术",即政治统治的最佳方案。由此,史学的本质就是政治之学,是政治统治的一种谋略。在《新语·术事》篇中,陆贾进一步论述了这个观点:"善言古者合之于今,能述远者考之于近。故说事者上陈五帝之功而思之于身,下列桀纣之败而戒之于己。"显然,这里"言""术""上陈""下列",意思就是历史的研究、探讨,而"古""远""五帝之功""桀纣之败",就是指历史研究的对象和内容;"今""近",可以说是指现实的政治,而"身""己"则指当前统治者的政治利益;"合之于""考之于""思之于""戒之于",意思就是符合、服务、帮助、鉴戒。这就是说,历史学家研究过去的政治,其任务就是揭示其成败得失的经验教训,为现实的政治提供借鉴。换句话说,历史研究要与政治的要求相吻合,与统治者的长久利益相一致。简而言之,历史学要为政治服务。

由此,史学的功用在于借鉴。《新语·至德》:"斯乃去事之戒,来事之师也。"《新语·本行》:"序终始,追治去事,以正来世。"那么,为什么古人的行为能为后人提供借鉴?《新语·术事》:"故古人之所行者亦与今世同。立事者不离道德,调弦者不失宫商,天道调四时,人道治五常。周公与尧舜合符瑞,二世与桀纣同祸殃。文王生于东夷,大禹出于西羌,世殊而地绝,法合而度同。"这就是说,历史现象无论多么复杂,其本质是相同的,历史的发展是有规律的。至于成败得失,关键在于当局者自身的选择:"故圣贤与道合,愚者与祸同;怀德者应以福,挟恶者报以凶;德薄者位危,去道者身亡。万世不易法,古今同纪纲。"由此,作为统治者,选择"道""德"就是选择成功,选择"愚""恶"就是选择失败,这是历史的法则。《新语·无为》说虞舜、周公用礼乐实现大治,而秦始皇"设刑法""筑长城""征大吞小","秦非不欲为治,然失之者,乃举措大众,刑罚大极故也"。可见,作为统治者,其政策选择是非常关键的。由此,陆贾推崇"无为"的主张:"夫道莫大于无为,行莫大于谨敬。"又说:"故无为者乃有为者也。"可见,"无为"只是手段,其最终目的是长久地拥有和统治。因为统治者的言行具有模范榜样的功效,所以更应慎重。"夫王者之都、南面之君,乃百姓之所取法者也,举措动作不可失法则也。"陆贾举例说,周襄王不孝敬后母,很多百姓就叛离父母;秦始皇好高台广室,天下豪富无不效仿;齐桓公好色乱伦,国中多淫于骨肉。可见,统治者的举措适当与否,是政治统治好坏的关键因素。

也许是目睹强大的秦朝的突然灭亡而有所震惊,也许是受到刘邦的指令,也许是史学政治化的要求,陆贾特别重视近现代史的研究,他批评世俗的厚古薄今。《新语·术事》:"世俗以为自古而传之者为重,以今之作者为轻。"指出只要是成功的经验,即使在今天也可汲取:"道近不必出于久远,取其至要而有成。《春秋》上不及五帝,下不至三王,述齐桓、晋文之小善,鲁之十二公,至今之为政足以知成败之效,何必于三王?"在陆贾看来,近现代史已经提供了足够的经验教训,所以不一定非要再读远古史。陆贾对于近现代史的研究,可以分为两个层次。一个是对秦亡的探究,一个是对于汉兴的思索,集中地体现在《楚汉春秋》中。可惜此书已经遗失,不能睹其全貌。《史记·郦生陆贾列传》有两处折射出陆贾的研究。一处是对刘邦说秦亡:"向使秦已并天下,行仁义,法先圣,陛下安得而有之?"一处是对尉他说汉兴:"皇帝起丰沛,讨暴秦,诛强楚,为天下兴利除害,继五帝三王之业,统天下,理中国。中国之人以亿计,地方万里,居天下之膏腴,人众车舆,万物殷富,政由一家,自天地剖泮未始有也。今王众不过数十万,皆蛮夷,崎岖山海间,譬若汉一郡,王何乃比于汉?"将汉朝的建立,看作直接承继"五帝三王","自天地剖泮未始有也",能深刻地把握所处时代的历史地位,洞察时代问题,说明陆贾的近现代史研究是非常出色的。

二、"圣人怀仁仗义"的历史观

在《道基》篇中,为了向刘邦说明政治统治的基本原则,陆贾回顾了历史发展的大略,揭示了历史发展的本质特征,从而表明了自己的历史发展观。

在陆贾看来,人类历史是人类不断地利用自然满足自己,不断地改造自然、社会和完善自身的过程。这用今天的话说,就是历史是一个不断地趋于文明,创制文明的过程。其具体的细节,根据陆贾的论述,可以列表,如表1-1所示。

表1-1 陆贾的历史文明创制

顺序	创造者	创制的文明	解决的问题
1	先圣	"以定人道,民始开悟,知有父子之亲,君臣之义,夫妇之别,长幼之序""百官立,王道乃生"	"宁其心而安其性"
2	神农	"乃求可食之物,尝百草之实,察酸苦之味,教人食五谷"	"民食肉饮血,衣皮毛"
3	黄帝	"伐木构材,筑作宫室"	"野居穴处"
4	后稷	"列封疆,画畔界,以分土地之所宜;辟土殖谷,以用养民;种桑麻,致丝,以蔽形体"	"功力"(政治)
5	禹	"决江疏河,通之四渎,致之于海;大小相引,高下相受,百川顺流,各归其所"	"四渎未通,洪水为害"

续表

顺序	创造者	创制的文明	解决的问题
6	奚仲	"桡曲为轮,因直为辕,驾马服牛,浮舟杖楫,以代人力;铄金镂木,分苞烧殖,以备器械"	"九州绝隔,未有舟车之用"(交通工具)
7	皋陶	"立狱制罪,悬赏设罚,异是非,明好恶,检奸邪,消佚乱"	"民知轻重,好利恶难,避劳就逸"
8	中圣	"设辟雍庠序之教,以正上下之仪,明父子之礼,君臣之义,使强不凌弱,众不暴寡,弃贪鄙之心,兴清洁之行"	"民知畏法,而无礼义"
9	后圣	"定五经,明六艺……以绪人伦;宗诸天地,纂修篇章……以匡衰乱;天人合策,原道悉备……以节奢侈,正风俗,通文雅"	"纲纪不立""衰废"
10	后世	"夫驴、骡、骆驼、犀、象、玳瑁、琥珀、珊瑚、翠羽、珠玉、山生水藏,择地而居,洁清明朗,润泽而濡,磨而不磷,涅而不淄,天气所生,神灵所治,幽闲清净,与神浮沉,莫不效力为用,尽情为器"	"以穷耳目之好,极工匠之巧"

陆贾不仅揭示了历史是一个不断进步、不断创制文明的过程,而且还分析其进步和创制文明的原因:一是有"圣",即英雄的创造,"圣人成之";二是行仁义,"所以能统物通变,治情性,显仁义也"。在这里,陆贾一方面说圣贤的重要,如在《明诫》篇中,他说:"尧舜不易日月而兴,桀纣不易星辰而亡,天道不改而人道易也。"另一方面,陆贾也深切地知道,对于一介亭长小吏出身且又鄙视儒学的刘邦来说,说"圣贤"等于是对牛弹琴,因此他特别强调人类历史的本质在于仁义。只要能行仁义,就能执掌天下,稳定政权。"行之于亲近而疏远悦,修之于闺门之内而名誉驰于外。故仁无隐而不著,无幽而不彰者。"他充分地夸大仁义的功用,目的既是说服刘邦改变武力治国的思路,"德盛者威广,力盛者骄众"。同时也是告诉刘邦仁义是政治统治的根本,任何人行仁义都可以掌有天下或名驰天下。"夫谋事不并仁义者后必败,殖不固本而立高基者后必崩。""虞舜""伯夷叔齐""太公""知伯"等皆因仁义而成功,秦二世背离仁义而灭亡。

关于陆贾的历史观,有学者说,"陆贾将人类的历史划分为先圣、中圣、后圣三个阶段"。① 又说,陆贾《新语·道基》认为,"历史的发展,经历了一个从先圣到中圣再到后圣的过程,但它并未明言此三圣何所指"。② 这显然是一种

---

① 张秋升:《陆贾的历史意识及其文化意义》,《齐鲁学刊》,1997年第5期。
② 王高鑫:《陆贾的历史著述与历史思想》,《安徽大学学报》,2001年第4期。

误解。因为从文本意义看,陆贾所说的"先圣"之后尚有"神农""黄帝""后稷""禹""奚仲""皋陶","后圣"之后还有"后世"。可见,"先圣""中圣""后圣"之说,只是文明创制的一个阶段,是指那些历史上的众多文明的不知名的创制者。因此,忽略陆贾所说的"神农""黄帝""后稷""禹""奚仲""皋陶"和"后世"等阶段,只看到"先圣""中圣""后圣"而断言历史发展的"三阶段",似乎是没有完全理解陆贾的本意。

至于"先圣""中圣""后圣"究竟是何人,有学者作了探讨。《汉书·艺文志》说《易》,"易道深矣,人更三圣,世历三古"。韦昭释"三圣"为伏羲、文王、孔子。孟昭解"三古",以"伏羲为上古,文王为中古,孔子为下古"。据此,王利器先生认为这里所说的"三圣"即陆贾所谓的先圣、中圣、后圣也。① 也有学者认为王利器先生的"认为陆贾所言三圣是指伏羲、文王和孔子,却是有道理的"。② 但我们却有疑义:其一,既然"三圣"有所指,陆贾为何不明说?其二,"伏羲、文王、孔子"之说,本指《易》,与陆贾的"三圣"是指整个文明史不相吻合;其三,"伏羲、文王、孔子"之说,显系儒学独尊之后的儒学史观,与周末至汉初之际的圣贤观念已经有所篡改。由此之故,我们认为陆贾的"三圣"说,并不确指,只是概要说明历史文明的创制者。这些创制者或者没有留下名字,或者是一个群体,所以陆贾借用"圣"尊称以表述之。

在谈到陆贾的历史观时,有学者指出陆贾是"汉代新儒学'天人感应论'开山祖",说陆贾提出的"性与天道"蕴涵着"天人感应论",其具体表现就是"以'德'治世而非以'刑'治世","以祥报善,以灾报恶,来谴告王政得失"。③ 对此,我们不敢苟同。其一,陆贾"圣人成之"的历史观本质是重视人事,即把人看作历史的主体,与"天人感应论"的历史观除人之外还有一个巫灵主体本质是不同的;其二,陆贾的思想来自于重视人事的儒家,而以董仲舒为代表的"天人感应论"者的思想基础却是来自于远古时流行于民间的巫术;其三,就陆贾个人的人生之成功与其坚信"仁义"而言,他是不会信奉"天人感应论",即使言语中讲到"天",也只是借用素常的话语而已。

---

① 王利器:《新语校注》,中华书局,1986年版。
② 项永琴:《试论陆贾在学术、思想领域的创造性贡献》,《烟台师范学院学报》,2004年第3期。
③ 李禹阶、沈双一:《汉代新儒学"天人感应论"开山祖——陆贾》,《河南大学学报》,2003年第6期。

三、"分别纤微,忖度天地"的认识论

陆贾多次谈到历史认识。《新语·道基》:"故圣人怀仁仗义,分明纤微,忖度天地,危而不倾,佚而不乱者,仁义之所治也。"《新语·慎微》:"怀仁行义,分别纤微,忖度天地"以求"道"。这里的"治"和"道",其含义应是指政治的稳定及其方法,但也可以看作认识的目标,即历史法则。正如有学者所指出的,陆贾所说的"'道',不是老子讲的那种作为宇宙本源的道,而是指自然规律和人事法则"①。这样说来,历史认识的过程就是在"仁义"学说的指导下,全面地分析、考察各种情形,以寻求历史法则的过程。

由此,在陆贾的心目中,历史认识的标准有理论与实践两个方面。理论上的标准就是"仁义",就是儒家所推崇的政治道德;实践上的标准就是"道",就是根据各种不同的情势实施"仁义"。而在实际的评价中,应该是理论与实践相结合。《新语·慎微》:"修之于内,著之于外;行之于小,显之于大。"如伊尹发迹之前潜心修德求学、曾参致孝父母于细微,关键在于理论上的学习和实践上的行动,"如调心在己,背恶向善,不贪于财,不苟于利,分财取寡,服事取劳"。陆贾不同意道家那种避世苦修的做法,"乃苦身劳形,入深山,求神仙,弃二亲,捐骨肉,绝五谷,废《诗》《书》,背天地之宝,求不死之道",他认为这样是不可能获得正确的认识的。

在陆贾看来,历史认识的获取,要注意诸多事项。具体来说,一是要克服自身的感情牵累。《新语·资质》:"凡人莫不知善之为善,恶之为恶;莫不知学问之有益于己,怠戏之无益于事也。然而为之者,情欲放溢,而人不能胜其志也。"人们所以会昧心,主要是因为不能克服自身的欲望。二是要坚持一贯的标准,不能首鼠两端。用陆贾的话说,就是要专心致志,不能有二心。《新语·怀虑》说,像苏秦、张仪曾经"身尊于位,名显于世,相六国,事六君,威振山东",结果,"功业不平,中道而废,身死于凡人之手,为天下笑者",其主要原因是没有一定的认识准则,"横说诸侯,国异辞,人异意,欲合弱而制强,持横而御纵,内无定计,身无定名","乃由辞语不一而情欲放佚故也"。而管仲相齐桓公,"正其国如制天下,尊其君而屈诸侯,权行于海内,化流于诸夏",其主要原因在于管仲坚持一贯的标准,用心专一,"诎节事君,专心一意,身无境外之交,心无欹斜之虑"。三是要谢绝引诱,甘于寂寞。如上述《新语·慎微》所说,政治家或史学家不能苟且贪得于"财""利",应该不辞辛劳。《新语·辨惑》又说:"夫

---

① 王兴国:《陆贾的辩证法思想》,《求索》,1989 年第 4 期。

君子直道而行,知必屈辱而不避也。故行不敢苟合,言不为苟容,虽无功于世,而名足称也;虽言不用于国家,而举措之言可法也。"四是要克服谣言,独立思考。陆贾充分意识到谣言的危害。《新语·辨惑》:"夫众口之毁誉,浮石沉木。群邪所抑,以直为曲;视之不察,以白为黑。夫曲直之异形,白黑之异色,乃天下之易见也。然目谬心惑、不能分其是非者何?众邪误之矣。"虽然是非曲直一目了然,但谣言的蛊惑使得人们分不清是非。赵高指鹿为马,竟然骗过秦二世;曾母闻三意乱,投杼而逃;鲁定公听信邪臣,不用孔子。"夫流言之并至,众人之所是非,虽贤圣不敢自安,况凡人弧乎?"五是要审时度势,一方面要掌握话语的权力。《新语·辨惑》:"夫言道者因权而立,德因势而行,不在其位者则无以齐其政,不操其柄者则无以制其刚。"一方面要考究民心的趋向。《新语·慎微》:"若汤、武之君,伊、吕之臣,因天时而行罚,顺阴阳而运动,上瞻天文,下察人心。"用孔子的话说就是"有至德要道以顺天下"。可见,要想取得正确的认识,是多么的困难,所以陆贾一再强调坚持真理的重要性。《新语·怀虑》说"正心一坚,久而不忘","执一统物,虽寡必众"。

关于历史认识的意义,陆贾说了两条意见。一是说历史认识很重要。《新语·资质》谈到一件事情,说良医扁鹊出走卫国,碰到一家人病重,扁鹊要给医治,但被人拒绝,那家人找来灵巫治疗病人,结果病人死掉了。陆贾借此议论说:"夫扁鹊,天下之良医,而不能与灵巫争用者,知与不知也。"可见,正确的认识是政治成败的关键,也是史学当否的依据。他批评世俗"求远而失近,广藏而狭弃",在认识上存有短见。二是说正确的历史认识的获取非常容易。《新语·慎微》:"此天下易知之道、易行之事也,岂有难哉?"陆贾这样讲,显然是鼓励刘邦要善待政治,善待学问,当然也包括要善待史学。

四、"制事者因其则"的方法论

陆贾把"仁义"与"道"看作历史认识的基本准则,但他并不主张恪守教条,而是具体问题具体分析。一方面,陆贾主张要按照历史发展的规则认识历史。《新语·术事》:"故制事者因其则,服药者因其良。书不必起仲尼之门,药不必出扁鹊之方。合之者善,可以为法,因事而权行。"这就是说,依据事物发展的情形,把握其基本的原则,只要认识准确即可,不一定非要符合权威人士的意见。进而,陆贾指出,顺应历史,把握其规则,在认识上就是寻求"共性""共相"。"事以类相从,声以音相近,道唱而德合,仁立而义兴。"《新语·本行》:"未见先道而后利,近德而远色者也。"重视道义的人自然不在乎利益,讲究德操的人自然不迷恋美色。显然,这是陆贾类别辨物的类推。

另一方面,陆贾特别主张用辩证的观点看问题。《新语·道基》:"故制事因短而动益长,以圆制规,以矩立方。"可见,在陆贾看来,历史辩证法就是从事物的反面把握其本质。在《新语·辅政》篇中,为论证"圣人居高处上则以仁义为巢,乘危履倾则以贤圣为杖,故高而不坠,危而不仆"的观点,陆贾举出一对相反的事情。

"尧以仁义为巢,舜以稷、契为杖,故高而益安,动而益固……"

"秦以刑罚为巢,故有覆巢破卵之患;以李斯、赵高为杖,故有顿仆跌伤之祸。"

一正一反,充分说明了仁义的正确性。而这正反之较,也是历史发展的规则:"天道以大制小,以重颠轻。"由此,陆贾提醒人们注意弱者的意见。"故智者之所短不如愚者之所长。文公种米,曾子驾羊。相土不熟,信邪失方。察察者有所不见,恢恢者何所不容?"由此,陆贾号召学者要广纳博采,博闻强识。《新语·思务》:"是以君子广思而博听,进退循法,动作合度。闻见欲众而采择欲谨,学问欲博而行己欲敦,见邪乃知其直,观花乃知其实。目不淫炫耀之色,耳不乱阿谀之词,虽利之以晋楚之富志不回,谈之以乔松之寿而行不易,然后能一其道而定其操,致其事而立其功。"人只有具有渊博的知识,辩证的思维,纯粹的追求,才能获得人生的成功,也才能获得真理性的认识。①

五、"设道者易见晓"的编纂意识

《新语·慎微》:"故设道者易见晓,所以通凡人之心而达不能之行。"确立道德或法的规则应该简易通俗,目的是既符合普通人的心思又使人能做到。"道者,人之所行也;夫大道,履之而行则无不能,故谓之道。""道"就是人的行为准则,是人们在遵守之中无往而不胜的源泉。换句话说,就是讨论历史发展的规则,应该通俗易懂,符合历史事实。显然,这句话体现着陆贾的史学编纂意识。

"设道者易见晓",历史规则的论述一定要明白晓畅。显然,这是就编辑的语言或通常所说的"史才"而言。陆贾认为,史学论著编纂的语言一定要讲究"矫以雅僻,砥砺钝才,雕琢文彩";而其观点一定要鲜明,"抑定狐疑,通塞理顺,分别然否"。

---

① 关于陆贾的辩证法思想,王兴国先生在《陆贾的辩证法思想》中较为精辟地概括出七对范畴:"道和器""天道与人道""无为与有为""仁义与刑法""一与多""通与塞"和"古与今"等。

"通凡人之心而达不能之行",就是能够说出大家想说而没能说出的道理,这就是通常所说的"史识",就是说历史论著的编纂一定要有见识,有独到的见解。据此而言,应该说陆贾是一个有见识的史学家。如对"杀身成仁"和"避世修身"的观点,他都予以否定,"杀身以避难则非计也,怀道而避世则不忠也"。正确的选择就是在乱世之中勇于进取,坚守仁义。"是以君子居乱世,则合道德,采微善,绝纤恶,修父子之礼,以及君臣之序,乃天地之信道、圣人之所不失也。"这种乱世进取的人生观,可以说是对汉初刘邦政治成功的历史解释,也是陆贾人生观的自我表白。又如上述,陆贾主张一以贯之的认识标准,也就是作为大臣要忠心,不能首鼠两端。在《楚汉春秋》中,陆贾曾经记载刘邦杀丁周的事情:"上败彭城,薛人丁周追,上被发而顾曰:'丁公,何相逼之甚?'乃回马而去。上即位,欲陈功。上曰:'使项氏失天下,是子也。为人臣,用两心,非忠也。'使下吏笞杀之。"寥寥数语,即将一个不忠之人的结局描述出来,可以说是开司马迁"寓论断于叙事"之先河。

《新语·辅政》:"故尧放驩兜,仲尼诛少正卯。甘言之所嘉,靡不为之倾。惟尧知其实,仲尼见其情。"可见,事情的真相是非常重要的,换句话说,历史论著的编纂也应该尊重事实,如实写来。在《楚汉春秋》中,陆贾如实地记载了当时的情况。如项羽兵败垓下,唱别姬歌:"力拔山兮气盖世,时不利兮骓不逝。骓不逝兮可奈何!虞兮虞兮奈若何!"①《史记》只记载到此,没有记载"美人和之"的歌:"汉兵已略地,四方楚歌声。大王意气尽,贱妾何聊生?"这就比司马迁的记载更完整、真实了。

六、陆贾史学思想的官方性质

陆贾是汉初重要的功臣和成熟的政治家,其主要活动在汉高祖在位至汉文帝即位初年之间,官拜大中大夫。陆贾平生做了三件不仅在当时,而且在此后乃至今天仍有意义的事情。第一件事是两次出使南越,第一次是在汉高祖11年(公元前196年),说服已经割据封王的前朝秦将"南海龙川令"南越王尉他归顺汉朝,陆贾因此官拜大中大夫;第二次是在文帝时以大中大夫的身份安抚已经称帝的尉他放弃帝号,"长为藩臣,奉供职"。第二件事是协助陈平歼灭吕氏,恢复刘氏政权,"及诛诸吕,立孝文帝,陆生颇有力焉"。第三件事是建议刘邦"马上得之"应马下治之,"文武并用,长久之术",②使刘邦改变了对知识

---

① 司马迁:《史记》卷七《项羽本纪》。

② 司马迁:《史记》卷九十七《郦生陆贾列传》。

的态度,开始重视文治。陆贾为人最大的特点是娴于辞令,司马迁说他是"有口辩士"。初使南越,尉他十分傲慢,陆贾不亢不卑,先说尉他你是中原人,次说你割地封王是秦末大势使然,再说刘邦在群雄征战中的崛起尤其是击败项羽是带有天意的,后表明态度,说刘邦所以没用武力而派我来安抚是"怜百姓新劳苦",若一旦用武,且不说你家祖坟被掘,宗族被灭,即使你南越也将兵败投降。这种有理有据有节的劝说,使得尉他心服口服,举手称臣。陆贾深谙世俗,老于世故又坚守本分。他曾作为幕僚跟从刘邦打天下,"居左右",得到刘邦的信任,又能阿谀吕后,与吕后的情夫辟阳侯申食其结交,让申食其在平原君朱建无钱葬母的困难时期帮助朱建,获取信任。当吕后专权弄私时,他一方面建议丞相陈平与太尉周勃结好,埋下剪灭诸吕的线索;一方面将其家财均分给五个儿子置买田产,自己则购车养马,豢养歌舞乐伎,轮流到儿子家或官宦家吃喝玩乐,给吕后以纨绔浮夸的假象。

陆贾的学术旨趣属于官方史学。今人王兴国和余明光依据荀卿和陆贾的年龄及活动推断,认为陆贾有可能跟随荀卿系统地学习过儒家经典。① 据清唐晏与近人余嘉锡的考证,荀卿曾传谷梁春秋于浮邱伯,浮邱伯传申公,再传陆贾。② 总之,陆贾的学术与荀卿有渊源关系。由此,关于陆贾的学术旨趣,古今学者多数认为属于儒家。班固的《汉书·艺文志》、宋人黄震在《黄氏日钞》卷四十六、清《四库全书总目提要》、近人余嘉锡在《四库提要辩证·新语》、今人如金春峰都持此说。也有学者认为陆贾不是儒家。近人胡适在《述陆贾的思想》文章中,干脆指出陆贾是杂家。③ 今人萧萐父、熊铁基又说陆贾是道家,说:"陆贾《新语》所提供的以道家兼儒家的'无为'原则,虽尚粗浅而未形成

---

① 王兴国前揭书:"从陆贾的年龄来说,这种可能性是存在的。因为荀子死于公元前238年,到陆贾在文帝元年(前179年)第二次出使南越,其间不过六十年。如果陆贾二十岁以前从荀子受学,到文帝初年也不过八十来岁。"(第345页)余明光前揭文,陆贾承荀子之学,"这就与荀子离齐去楚有关系。公元前255年,荀子时年已70岁左右,他离开齐国来到楚国,楚国的春申君非常看重他,任命他为兰陵令。此时李斯、韩非与包邱子俱师事荀子。陆贾是楚人,虽不能入门为荀卿弟子,但与其门弟子浮丘(即包邱子)是非常要好的朋友。陆贾在《新语·资质篇》写道:'鲍丘之德行,非不高于李斯、赵高也,然伏隐于嵩庐之下,而不录于世,利口之臣害之也。'文中所提到的鲍丘,也就是包邱子,陆贾因与之友善,故得闻荀子之学。"

② 顾颉刚:《古史辨》第四册,第205~206页。

③ 胡适等,《张菊生先生七十生日纪念论文集》,商务印书馆,2012年版。

明确体系。"①我们认为,经历了先秦诸子的百家争鸣之后的中国学术思想,无论任何的学者或学派,都可以寻找到诸子的思想印痕,只不过是或多或少而已,因为那时是雅斯贝尔斯所说的思想文化原创性的轴心时期。因此,这种学派的定位定性的分析只能说明思想家的思想渊源或理论根据,而不能说明思想家本身的思想核心和主旨。若从后一点来说,陆贾作为汉初的功臣,主要是从政治、外交方面作出贡献的,陆贾是政治家、外交家。而从政治与史学的密切关系来说,可以说,陆贾是一个史学家。换句话说,陆贾思想的核心和主旨是史学。如若从史学思想的角度审视陆贾,则其思想精髓一览无余,尽收眼底。由此而反观陆贾史学思想的性质,毫无疑问,属于官方史学。

作为汉初官方史学的代表,陆贾是一个善于思考的现实思想家。如前所述,陆贾的思想渊源很复杂,有儒家的,有道家的,有阴阳家的,有法家的。②当然,其中儒家和道家的成分更多一些。但陆贾与原始儒家和道家已经有所不同。与儒家相比,陆贾所说的"仁义"与原始儒家的思想已经有所不同。③孔孟所强调的"仁义",其主要的内涵是指对于周礼实施中的个人主体性的发挥,是个人的修养。"仁者爱人","己欲立而立人,己欲达而达人","克己复礼为仁",等等,都是说个人如何修身养性的。而陆贾所说的"仁义",则主要是指圣贤利用和改造自然与社会以适应和满足人的需要和要求,是社会的,是政治的。如上所引,"仁义"就是圣贤或者说是英雄人物"能统物通变,治情性",即充分利用自然适应历史变化以协调和满足人的愿望。由此,若借用梁漱溟的区别印度与西方文化差异的话说,原始儒家的"仁义"是向内的,是精神的;陆

---

① 萧萐父:《秦汉之际学术思潮简论》,载熊铁基:《秦汉新道家略论》,上海人民出版社,1984年版,第77页。熊铁基:《秦汉新道家略论》,上海人民出版社,1984年版,第297页。

② 王兴国在《试论陆贾对儒学的改造》中指出:"陆贾在政治观方面,是以儒家的仁义德治思想为基调,同时吸收了黄老的某些思想","在方法论方面,他更多地是吸收了老子关于对立面转化的思想,而抛弃了其相对主义,同时也吸收了《易传》中的阴阳对立的思想。"任怀国先生则说:"陆贾的思想有儒道结合或儒道互补的倾向。""他对法家思想进行了批判吸收,在其儒学体系中融入了一定的法家精神"。而《新语·明诫》说:"恶政生恶气,恶气生灾异","治道失于下,则天示变于上;恶政流于民,则螟虫生于野。贤君智则知随变而改。""这里明显地吸收了阴阳五行家的思想,是'天人相感'的意思。"

③ 任怀国前揭文说陆贾是援道入儒:"陆贾将道家清静无为的思想纳入他的仁义观中,而避开了传统儒家崇尚仁义所要求的礼仪制度的外部形式。"此说似颇有道理。

贾的"仁义"则是向外的,是物质的。陆贾与原始道家也有所不同。① 原始道家是把"道"作为世界的本源,"道"是抽象的,理性的;用"无为"来抵御社会历史进步的,其历史态度基本上是保守的。而陆贾只是把"道"看作处理事情的准则,"道"是具体的,感性的;所说的"无为"只是一种政治的策略,是当局者应该选择的正确的措施,其历史态度基本上是进取的。总之,陆贾思想的主要内容是对现实社会政治的思考,目的是解决现实政治统治之中的策略转型,即从武治转为文治。因此,现实政治性是陆贾思想最大的特征。

陆贾是一个具有历史哲学意味的当代史家。说陆贾具有历史哲学意味,是因为他有着丰富的史学思想。如上所述,在《新语》中,无论在历史观、史学观、认识论和方法论,甚至历史编纂方面,陆贾都有深刻独到的思想见解,这充分说明那种否定传统中国史学有历史哲学的观点是不符合事实的。说陆贾是当代史家,是因为他编纂了记载现代历史进程的史学著作《楚汉春秋》,"开了记述当代史的先河,并且为司马迁作《史记》提供了楚汉史的第一手资料,其于秦后史学的创立建有第一功。《楚汉春秋》可谓二十四史之先祖"。② 有学者甚至说陆贾开秦史研究之先河,并定下了秦史研究的基调。陆贾总结秦朝灭亡的原因是"尚刑罚而不行仁义""用人上的错误"和"生活骄奢靡丽",从而奠定了贾谊《过秦论》的思想基础。所以,"陆贾才是历史上第一位研究秦史者"。③ 由于陆贾较为真实地记载楚汉之际的事情,所以一些学者称赞陆贾具有"史德","则其史德,亦足以风人矣",④"陆贾史德昭彰,足为史家楷模"。⑤

第二节 贾谊的史学思想

作为汉代著名的大思想家,贾谊的史学思想是极为丰富的。近三千余言

---

① 任怀国前揭文说陆贾的"无为""绝不是老子所主张的那种小国寡民、民至老死不相往来的自然状态,不是主张让百姓自化、自正、自朴,而是与实施儒家仁义之治相结合的理想境界……如此,陆贾把道家的'清静无为'又拉到儒家的立场,让无为而治的理想境界立足于现实和谐有序的人际关系之上。"
② 李存山:《秦后第一儒——陆贾》,《孔子研究》,1992年第3期。
③ 张秋升:《陆贾的历史意识及其文化意义》,《齐鲁学刊》,1997年第5期。
④ 胡兴华:《陆贾及其〈新语〉研究》,西北师范大学2003年度硕士学位论文。
⑤ 项永琴:《试论陆贾在学术、思想领域的创造性贡献》,《烟台师范学院学报》,2004年第3期。

的《过秦》专门探讨了秦王朝盛衰历史,而《春秋》《谕诚》《君道》《退让》《修政语(上、下)》《礼容语(下)》则辑录历史大事以作借鉴,其他篇章也不时地谈到历史事件、历史人物或历史规律,有的地方还直接讲到历史学的功用,这些都为我们把握贾谊的史学思想提供了珍贵的依据。

一、"太史之任也"的史学论

揭示史学研究的对象和任务,说明史学的作用,这是每一个史学思想家所要做得最基础的工作。在《新书》里,贾谊对这一方面也做了论述。

《傅职》:"不知日月之不时节,不知先王之讳与国之大忌,不知风雨雷电之眚,凡此其属,太史之任也。"这里的"太史"即史学家,是古代官府中的一级官吏。汉代的司马谈、司马迁父子曾充任此职。贾谊这里所讲的"太史之任也"可以说是史学研究的对象。可见,贾谊把史学对象规定为三个方面。一是"日月之不时节",即研究自然发展是否按其自身的规律进行;二是"先王之讳与国之大忌",研究政治发展中的成败规则;三是"风雨雷电之眚",即研究自然变化对人类社会的作用。如果将第一、第三看作同一个意义的话,那么,贾谊所讲的史学研究和司马迁所讲的"究天人之际,通古今之变"是一样的。只不过用贾谊在《过秦(中)》的话是"见终始不变,知存亡之由"。由此可见,在贾谊看来,史学的研究对象是自然与人的关系和社会的发展变化。从贾谊的《新书》来看,他本人讲得最多的则是社会的发展变化。可见,贾谊是把人类社会历史看作历史学的研究对象。

历史学研究人类社会历史,其目的是什么呢?也就是说,史学的任务是什么呢?从《新书》看,贾谊认为史学的任务有二。一是通过记录和保存历史以监督皇帝。《保傅》载,"及太子既冠成人,免于保傅之严,则有记过之史"。"天子有过,史必书之。史之义,不得书过则死。"这是说,皇帝即位之后,专门设有史官来记载皇帝的言行,借此来监督皇帝。监督皇帝的目的是督促皇帝为善。贾谊说,皇帝"食有礼,彻(饮)有乐。失度,则史书之","是天子不得为非也"。二是通过探讨历史发展的规律以备顾问。贾谊把探索历史发展的规律看作史学的又一重要任务。《过秦(中)》说:"故先王者见终始之变,知存亡之由。是以牧之以道,务在安之而已矣。"这就是说,史学要研究和揭示历史发展的规律,号召人们去遵循历史规律,顺应历史规律。在贾谊时代,他号召人们遵从历史规律的方式主要是劝谏皇帝。所以贾谊说史学家通过研究历史掌握丰富的历史知识,明了历史发展的规律,其目的就是备皇帝顾问,向皇帝提供建议。《保缚》引《明堂之位》:"博闻强记,捷给而善对者,谓之承。承者,乘天子之遗忘者也。常立于后,是史佚也。"正是史家做顾问,使皇帝不犯错误。"是以虑无失计,而举无过事。"这是"殷周之所以长久"的原因,也是秦王朝速亡的原因。

由此可见,在贾谊看来,历史学的作用是非常大的。从《新书》看,史学的作用在于以下三点。

第一,历史学提供教训以指导人们的活动。《过秦(下)》:"鄙谚曰:'前事之不忘,后事之师也。'是以君子为国,观之上古,验之当世,参之人事,察盛衰之理,审权势之宜,去就有序,变化因时,故旷日长久而社稷安矣。"当代的统治者在现实的政治统治和社会管理中,只有借鉴过去成功的经验和失败的教训,采取符合实际情况的措施,才能够使社会稳定,统治持久。《保傅》讲得较明白:"鄙颜曰:'不习为史,而视已成事。'又曰,'前车覆而后车戒。'夫殷、周之所以长久者,其已事可知也;然而不能从,是不法圣智也。秦之亟绝者,其轨迹可见也,然而不避,是后车又覆也。"《胎教》更是直接劝告人们不要重蹈历史覆辙。"明鉴所以照形也。往古所以知今也。夫知恶古之所以危亡,不务袭迹于其所安存,则未有异于却走而求及前人也。"参照已经逝去的历史实际,即可知道今天必须做的事情。只是讨厌已逝历史的艰难和灭亡,而不去吸收历史教训并践行其经验,那就与一味逃避现实却只是字面上阅读历史没有差异。可见,贾谊深刻地意识到,虽然历史学有借鉴功用,但其功用的发挥,尚需历史创造者的主体积极主动地实践,而不是字面或口头说说而已。

第二,历史学可以揭示历史发展的趋势,使人们有备无患。历史学研究历史发展的规律,揭示历史发展的趋势,从而使人们及早做出准备,以减少甚至消除对人类的危害。贾谊讲这一点,是在谈到经济问题时指出的。《忧民》:"王者之法,国无九年之蓄,谓之不足;无六年之蓄,谓之急;无三年之蓄,曰:'国非其国也。'今汉兴三十年矣,而天下愈屈,食至寡也。陛下不省邪?未获年,富人不贷,贫民且饥,天时不收,请卖爵鬻子,既或闻耳。曩倾不雨,令人寒心。一雨尔,虑若更生。天下无蓄若此,甚极也。其在王法,谓之何?必须困至乃虑,穷至乃图,不亦晚乎?""即不幸有方二、三千里之旱,天下何以相救?卒然边境有数十万之众聚,天下将何以馈之矣?兵旱相承,民填沟壑,剽盗攻击者,兴继而起。中国失救,外敌必骇。一日而及,此之必然。且用事之人,未必此省。为人上弗自忧,魄然事困,乃惊而督下曰:'此天也,可奈何?'事既无如之何。及方今始秋,时可善为。"在贾谊看来,与其在发生旱灾或战争时因无粮食之贮备而束手无策,而不如及早着手,贵粟积贮。这就是说,既然历史发展有其必然之趋势,那么作为生活在历史中的人就应及早做好准备,以防不测。否则,"困至乃虑,穷至乃图",就太晚了;或者"魄然事困",怪罪上天、命运也无济于事。早知今日,何必当初?人类历史应靠人类自己来创造,历史的命运也应由自己来把握。"有天下而欲其安者,岂不在于陛下者哉?上弗自忧,将以谁偷?"《匈奴》中讲到匈奴骚扰时,也说:"临事而重困,则难为工矣。陛下何不早图?"

第三,历史学可以确定英雄模范以资人们学习、效仿。历史学常常列举一些英雄人物作为榜样,让人们去学习,鼓励人们向善。这就是说,历史学有教育、培养人高尚品格与进取精神的作用。在《数宁》里,贾谊从两个方面来实施他的历史教育。一方面是借助历史发展规律塑造人的理想。在这里,贾谊借助孟子的"五百年必有王者兴"的循环史观说,从武王到现在正好又是五百年,汉文帝就是明王转世。"臣闻之,自禹以下五百岁而汤起,自汤以下五百余年而武王起。何怪矣?及秦始皇帝,似是而卒非也。终于无状。及今,天下集于陛下。臣观宽大知通。窃曰,是以把掺乱业、握危势。若今之贤也。明通以足,天纪又当。天宜请陛下为之矣。"另一方面是借助对历史人物功绩的赞美,诱导人的行为。"因生为明帝,没则为明神。名誉之美,垂无穷耳。礼,祖有功,宗有德。始取天下为功,始治天下为德。因观成之庙,为天下太宗。承下太祖,与天下汉长亡极矣!"可以想见,经过贾谊的这种历史教育之后的汉文帝会信心十足地创造他的历史了。

二、"攻守之势异也"的历史观

在历史观上,贾谊提出了历史是不断变化的历史发展观,又分析了历史发展的动力问题。这些分析和论述在当时或是在现在看来,都是非常精辟的。

在贾谊看来,历史是不断发展变化的。《鹏鸟赋》:"万物变化兮,固无休息。斡流而迁兮,或推而还;形气转续兮,变化而嬗。"万物的变化是没有休止的,事物的旋转迁徙也是不断交替的。自然历史是这样,人类社会历史也是这样。"彼吴强大兮,夫差以败;越栖会稽兮,勾践霸世。斯游遂成兮,卒被五刑;傅说胥靡兮,乃相武丁。"强大的国家,也有衰败之时;失败了的国家,卧薪尝胆,也有重新振兴的机会。荣显得意的人,竟不得善终;受挫压抑的人,终会志得意遂。《时变》:"秦国失理,天下大败。……曩之为秦者,今转而为汉矣。"强大一时,不可一世的秦王朝转眼间灰飞烟灭,为刘汉天下所取代。历史发展真是瞬息万变啊!

在考察瞬息万变的历史发展时,很可贵的是,贾谊看到了人类社会历史与自然历史的不同。人类社会历史的发展是由人类自己的活动创造的。《过秦(中)》:"夫并兼者高诈力,安定者贵顺权。言之取与守不同术也。"这里的"诈力""顺权"就是人的行为,"并兼""安定"则是历史的结果。这就是说,由于人的行为方式不同,历史发展也是不同的。运用"诈力"就可以统一,运用"顺权"则可守成。历史的发展依靠着人类自身的行为,历史是人类自己创造的。《胎教》中,贾谊说,禹建夏称王,而桀却使夏灭亡;汤建殷称王,而纣使殷灭亡;阖闾使吴强大无敌,而夫差却被越擒获;晋文公使晋称霸,而晋厉公却被杀死在匠丽宫;齐威王称雄天下,而齐简公在檀台被杀;秦穆公使秦国享有美誉,而秦二世在望夷宫被劫杀。同一国家而遭遇不同,原因是国君不同。又说,周成王婴儿时能使诸侯拜朝,那是有周公辅佐;周武灵王年五十而被弑于沙丘,是因为有李兑。齐桓公得管仲辅相而称霸诸侯,失去管仲却连死了都没有人埋,原因是任用的人不同。贾谊不厌其烦地列举这些历史事实,其目的无疑是说,人类历史是人类自己创造的,不是人类以外的东西主宰的。《俗激》:"夫立君臣,等上下,使父子有礼,六亲有纪。此非天之所为,人之所设也。夫人之所设,弗为不立,不植则僵,不修则坏。"人类若自己不去活动,不去做自己的事情,则不会成功,生命也会僵枯、坏死。

人类自己创造历史,其动力也只能从其自身去寻找,而不能从人类以外去寻找。贾谊探讨了这个问题,他认为,人类历史发展的动力就是人的思想,是人的愿望、理想、追求。用贾谊的话说就是"意""心"。《过秦(上)》讲秦王朝统一六国的原因就是秦从孝公开始就有了这样的欲望,然后经惠、文、武、昭、襄、始皇六代的努力,终于实现了统一大业。"秦孝公据崤函之固,拥雍州之地。君臣固守,以窥周室。有席卷天下,包举宇内,囊括四海之意,并吞八荒之心。……孝公既没,惠、文、武、昭、襄王,蒙故业,因遗策,……及至始皇,奋六世之余烈,振长策而御宇内,吞二周而亡诸侯,履至尊而制六合,执敲扑而鞭笞天下,威振四海。"这就是说,正是统一的欲望促使秦朝几代国王发奋努力,创造了自己辉煌的历史。

"意""心"促使人们去行动,从而推动着历史的发展。但"意""心"是多种多样的,因而人们的活动也是多样的,这就使历史呈现出多样性。《修政语(下)》:"故诸侯凡有治心者,必修之以道而与之以敬,然后能以成也;凡有战心者,必修之以政而兴之以义,然后能以胜也;凡有攻心者,必结之以约而谕之以信,然后能以得也;凡有守心者,必固之以和而谕之以爱,然后能有存也。"这里的"治心""战心""攻心""守心"说明了人的思想和欲求之丰富;修道与敬、修政兴义、结约谕信、固和谕爱则体现了在人的思想和欲求丰富基础之上的行为、活动之复杂;"成""胜""得""存"又表现了在人的行为、活动复杂基础之上的历史的多样性。这就是说,历史发展动力的内容是复杂的,所以也就导致了历史的复杂多样。

在贾谊看来,人的思想无论怎样丰富,不外乎两类,即"仁"与"戾",或者说是善与恶。《道术》:"心兼爱人谓之仁,反仁为戾。"仁心亦即善,它推动着历史进步、成功,戾心亦即恶、不仁,它促使历史倒退、失败。《退让》说,梁国有一个大夫宋就在梁楚边界线任县令。边界两国的人都种西瓜。梁国人勤劳,经常灌溉,所以西瓜好吃;楚国人懒惰,从不浇水,所以西瓜难吃。楚国的县令常以梁国西瓜好吃为由责斥本国人,被责斥的人生气了,迁怒梁国,便去砸碎梁国的西瓜。宋就知道后,就让梁国人去浇灌楚国的西瓜地,这样,楚国的西瓜也变得好吃了。楚王听说后,对梁国人的善意退让很是欣赏,送去许多钱币表示道歉,从此,梁楚交好。贾谊称赞说:"语曰,转败而为功,因祸而为福。老子曰,报怨以德。此之谓乎?夫人既不善,胡足效哉。"正是宋就的仁善之心,赢得了梁楚的友好关系。在《过秦(上)》中,贾谊又分析秦速亡之因,正是行恶而不行善,"仁心不施"。《耳痹》载杀伍子胥父兄,伍子胥奔吴,"忿心发怒,出凶言,阴必死,提邦以伐楚,五战而五胜,伏尸数十万。城郭之门,执高兵,伤五藏之实,毁十龙之钟,挞平王之墓,昭王失国而奔,妻生房而入吴。故楚平王怀阴贼,杀无罪,殃既至乎此矣!子胥发郁冒忿,辅阖闾而行大虐"。后来夫差不用子胥计,"伍子胥见事之不可为也。何笼而自投水,目抉而望东门,身鸱夷而浮江。怀贼行虐,深报而殃不辜,祸至乎身矣"。因此,贾谊非常强调仁心之重要。《大政(上)》:"行之善也,粹以为福已矣;行之恶也,粹以为灾已矣。""知善而弗行,谓之不明;知恶而弗改,必受天殃。""知善而弗行谓之狂,知恶而不改谓之惑。故夫狂与惑者,圣王之戒也,而君子之愧也。"但贾谊也看到了人自私、狭隘的本性。《阶级》说,人的本性是"但无耻,但苟安"。因此,贾谊提出用礼制去规范人的思想和行为。《俗激》:"今定经制,令主主臣臣,上下有差,父子六亲,各得其宜,奸人无所冀幸,群众信上而不疑惑哉。此业一定,世世常安。""夫移风易俗,使天下移心而向道。"移心向道就是使人的思想都遵循礼制,走向善、仁。《礼容语(下)》说,圣王执政,不诉诸战争,潜心修道,一心向上,按季节调遣百姓,这就会使境内没有战争,行德政,积爱心,消除邪恶。"故圣王在上,则使盈境内兴贤良以禁邪恶。"历史发展的动力"心"也就从正面推动着历史的进步了。

"心"作为历史发展的动力,不仅有善恶之分,而也有主动与被动之别。在贾谊看来,能了解、遵从历史发展规律的人能主动地创造历史。用贾谊的话说是"先醒"。《先醒》:"而贤主者学问不倦,好道不厌,锐然独先达乎道理矣。故未治也知所以治,未乱也知所以乱,未安也知所以安,未危也知所以危。故昭然先寤乎所以存亡矣。故曰先醒。"也有一些人在实践中受到教育和启迪,逐渐领悟到历史规律的重要性,开始遵从历史规律,主动地创造历史。贾谊将这些人称为"后醒者"。还有一些人终其一生都意识不到历史规律。"彼世主不学道理,则嘿然惛于得失,不知治乱存亡之所由,怊怊然犹醉也。"贾谊将这些人称为"不醒者"。纵观历史,楚庄王可说是"先醒者","楚庄王即位,自静三年,以讲得失,乃退僻邪而进忠正,能者任事而后在高位。内领国政治而施教。百姓富,民恒一。路不拾遗,国无狱讼"。这时宋、郑二国"无道,欺昧诸侯",于是楚庄王围宋伐郑,郑伯称臣,而赦之,又击败晋。宋昭公可说是"后醒者",当他被国人赶出境时,他知道自己错在何处,"……吾外内不闻吾过,吾是以至此,吾困宜矣。于是革心易行,衣苴布,食饻。昼学道而夕讲之。二年,美闻于宋。宋人车徒迎而复位,卒为贤君"。而虢君则是"不醒者",他"骄恣自伐,谄谀亲贵,谏臣诘逐,政治踳乱,国人不服。晋师伐之,虢人不守。虢君出走……",逃亡途中,侍从权谏他,"君好谄谀而恶至言",他"作色而怒";而谀他"君之所以亡者,以大贤也","天下之君皆不肖,夫疾吾君之独贤也",他反倒高兴。"遂徒行而于山中居。饥倦,枕御膝而卧。御以块自易,逃行而去。君遂饿死。为禽兽食。"由此可见,"心"作为历史的动力,觉悟与否,主动与否,对历史的结果将会产生完全不同的作用。所以贾谊说:"故先醒者,当时而伯;后醒者,三年而复;不醒者,枕土而死,为虎狼食。呜呼,戒之哉!"

在历史发展的实践中,作为历史动力之"心",其载体不同,作用也不同。在贾谊看来,民心是历史发展的决定力量,它决定着历史的成败得失,《大政(上)》:"故夫民者大族也,民不可不畏也。故夫民者多力而不可适(敌)也。""故夫战之胜也,民欲胜也;攻之得也,民欲得也;守之存也,民欲存也。故率民而守,民不欲存,则莫能以存矣;故率民而攻,民不欲得,则莫能以得矣;故率民而战,而民不欲胜,则莫能以胜矣。"人民是社会中人数最多,力量最大的,战、攻、守能否成功主要看人民的意志。因此,贾谊主张统治者要以民为本。"闻之于政也,民无不为本也。国以为本,君以为本,吏以为本。故国以民为安危,君以民为威侮,吏以民为贵贱,此之谓民无不为本也。"千万不可小视或慢怠人民。"故夫民者,至贱而不可简也,至愚而不可欺也。故自古至于今,与民为仇者,有迟有速,而民必胜之。"秦二世的灭亡正是触怒了民心。《过秦(中)》里秦二世"重以无道:坏宗庙与民,更始作阿房之宫;繁刑严诛,吏治刻深;赏罚不当,赋敛无度。天下多事,吏不能纪;百姓困穷,而主不收恤。然后,奸伪并起,而上下相遁。蒙罪者众,刑僇相望于道,而天下苦之。自群卿以下至于众庶,人怀自危之心,亲处穷苦之实,咸不安其位。故易动也。是以陈涉不用汤武之贤,不藉公侯之尊,奋于大泽,而天下响应者,其民危也"。人民是历史发展的决定力量,他们不是呆板僵化的。统治者只要能施之以人晓之义,就会赢得人民的支持,取得民心。《大政(上)》:"故夫士民者,率之以道,然后士民道也;率之以义,然后士民义也;率之以忠,然后士民忠也;率之以信,然后士民信也。故为人君者,其出令也其如声,士民学之其如响,曲折而从君,其如景矣。呜呼! 戒之哉! 戒之哉! 君乡善于此,则佚佚然协,民皆乡善于彼矣!"在贾谊看来,只要统治者实行"道""义""忠""信",行善心,那么投桃报李,人民就会报以"道""义""忠""信",报以善心,历史就会和谐向前发展了。

"心"作为历史发展的动力,不仅数量众多,而且质量也是很高的。换句话说,作为历史动力的人的欲望不仅是丰富的,而且也是无止境的。然而,在历史发展实践中,并不是所有的欲望都会得以实现。在历史实践中,人的欲望的满足很大程度上取决于当时的历史条件,这里的历史条件,在贾谊看来就是"势"。历史条件是复杂的,贾谊所说的"势"也是复杂的。从《新书》看,"势"有这样几种涵义。

一是指自然环境。《过秦(下)》:"秦地被山河以为固,四塞之国也。自缪公以来至于秦王,二十余君,常为诸侯雄。此岂世贤哉? 其势居然也。且天下尝同心并力攻秦矣,然困于险阻而不能进者,岂勇力智慧不足哉? 形不利,势不便。"正是秦拥有优越的地理环境,使东方六国攻灭秦的愿望落空了。《过秦(上)》:"秦孝公据崤函之固,拥雍州之地。君臣固守,以窥周室。"相反,秦却凭借自身优越的地理环境觊觎着东方六国。可见,"地势"影响制约着"心"的实现。

二是指为政之法,即政治统治的方法、工具。《制不定》:"权势法制,此人主之斤斧也。"在贾谊看来,统治方法的正确与否,直接关系着"心"能否被满足。《过秦(上)》总结秦灭亡之原因就是因为"权势"运用不当。"仁心不施,而攻守之势异也。"《过秦(中)》又把这种"势"叫作"术"。"夫并兼者高诈力,安定者贵顺权。言之取与守不同术也。"这就是说,要依据不同的追求目标来确定和使用相应的方法和手段,只有这样,才可志得意遂。因此,贾谊最注意"权势"。一部《新书》凡 58 篇文章,字里行间无不透露出贾谊对"权势"的看法。当然,贾谊所讲的"权势"就是他所主张的礼治思想。可以说,《新书》实际上是一本关于礼治的统治术,关于礼治的"权势"的教科书。

三是指社会地位或所处的社会环境。人处在什么样的社会地位中就会有什么样的"心",而社会地位的变化也会导致"心"的变化。贾谊认为,这是客观条件使然。《审微》:"彼人也,登高则望,临深则窥,人之性非窥且望也,势使然也。夫事有逐奸,势有召祸。"在贾谊看来,社会的经济地位和政治地位更能促使"心"的变化。《制不定》说黄帝和炎帝本是兄弟,两人进行逐鹿之战,血流漂杵,主要原因是炎帝享有一半的国土,经济实力强。汉高祖分封的淮阴侯、韩王信、陈豨、彭越、黥布及卢绾等诸侯之所以谋反,原因是他们政治上贵为诸侯,经济上拥有大片的土地。"所尝爱信也。所爱化而为仇,所信反而为寇。可不怪也?"实际上并不奇怪,这是他们的社会地位决定的。由此,贾谊对汉文帝优待诸侯王的政策很担心,因为这会为他们提供谋反的条件。《藩伤》:"既已令之为藩臣矣,为人臣下矣,而厚其力,重其权,使有骄心而难服从也。何异于善砥镆铘而予射子。自祸必矣。"所以,贾谊主张削弱诸侯王的实力,"众建诸侯而少其力",使诸侯王没有谋反的条件。"然而权力不足以徼幸,势不足以行逆,故无骄心,无邪行,奉法畏令,听从必顺,长生安乐。而无上相疑之祸。活大臣,全爱子,孰精于此?"

由此可以看出,社会地位之"势"对历史动力"心"的决定作用,实际上成为了统治方法之"势"实施的基础。贾谊主张通过确定社会地位的办法来固定人"心",即用"礼"来约束人的欲望和行为。《新书·服疑》:"贵贱有级,服位有等。等级既设,各处其检,人循其度。擅退则让,上僭则诛。建法以习之,设官以牧之。是以天下见其服而知贵贱,望其章而知其势,使人定其心,各著其目。"上述"众建诸侯而少其力",目的也是削弱其力量。而《匈奴》篇所提出的"三表""五饵"则是通过提高和改善匈奴的社会政治经济地位,诱使其归顺皈依。

综上所述,可以看出,在贾谊看来,历史是不断发展变化的。人类历史是人类自己的活动,其动力就是人"心",在复杂多样的人"心"中,民"心"起着决定性的作用。历史动力"心"是受社会条件"势"所制约和决定的。列宁说,马克思以前的历史观有两个根本的缺陷,一是没有说明人民群众在历史发展中的作用,二是至多揭示了历史发展的思想动机,而没有说明产生这种思想动机的社会根源。对照贾谊的历史观,我们感觉到,列宁这句话不适合于贾谊,因为贾谊特别强调了人民在历史发展中的作用,他也揭示了隐匿于思想动机之后的社会条件"势"的重要作用。尽管贾谊的这些观点是在为统治者讲政治统治方法时提出的,但作为"思维火花",贾谊毕竟是明白地流露出来了,应当说,这已是很了不起了。

当然,这并不说明贾谊的历史观就没有缺陷。相反,贾谊由于受时代文化的限制与个人认识水平的局限,还是有很多的不足。比如,贾谊历史观中流露出一种循环倾向。如前所引《鹏鸟赋》"斡流而迁兮,或推而还"。又如为了激发汉文帝发奋有为而采用了孟子的"五百年必有王者兴"的观点。

贾谊的历史观也没有摆脱天命论的束缚。在贾谊看来,天是有意志的。《耳痹》:"天之诛伐,不可为广虚幽闲,攸远无人,虽重袭石中而居,其必知之乎!若诛伐顺理而当辜,杀三军而无咎;诛杀不当辜,杀一匹夫,其罪闻皇天。故曰:天之处高,其听卑,其牧芒,其观察。故凡自行,不可不谨慎也。"天也是感应人事的。《藩伤》："凶饥数动,彼必将有怪者生焉。祸之所罹,岂可豫知。"这样又使其观点陷入了不可知论。

贾谊历史观受巫术、数术的影响,带有一些神秘的色彩。《六术》："德有六理,何谓六理?道、德、性、神、明、命。"这六理是"阴、阳、天、地、人"的内在法则,叫"六法"。"六法"表现在外是"六术""六行",即"仁、义、礼、智、信、乐"。"六行"又生出"六艺":《诗》《书》《易》《春秋》《礼》《乐》。"他事亦皆以六为度。"如一年十二月分为阴阳各六月。乐器有十二种,也分阴阳各六。音调有宫、商、角、徵、羽,再加"和"调。家族有"六亲"。丧服有六:"粗衰、齐衰、大红、细红、缌麻"。数也有六。总之,"事之以六为法者,不可胜数也。此所言六,以效事之尽。以六为度者谓六理,可谓阴阳之六节,可谓天地之六法,可谓人之六行。"这样,用数字"六"看待事物就带有一种神秘的色彩,限制了人的视野。

三、"往古所以知今"的历史认识论

贾谊在历史认识论方面有很多独到的论述。

贾谊指出,历史是可以认识的。《保傅》："夫殷周之所以长久者,其已事可知也。"殷、周二朝的历史已经是过去的事情,是可以认识的。因为作为人类自己创造的历史,其本性是一致的,也就是历史的本质是相同的,所以可以认识。"殷为天子二十余世而周受之,周为天子三十余世而秦受之,秦为天子二世而亡。人性非甚相远也。何殷周之君有道之长,而秦无道之暴也?其故可知也。"贾谊认为,"其故"在于殷、周天子从小受礼义之熏教化,即位又有史、宰监督,而秦二世接受的是"刑罚"教育,"非贵礼义也"。同时,借助于历史数据也可以认识历史。《傅职》："或称《春秋》而为之耸善而抑恶,以革劝其心。""教之《语》,使明于上世,而知先王之务明德于民也。教之《故志》,使知废兴者而戒惧焉。""教之《训典》,使知族类疏戚,而隐比驯焉。"这里的《春秋》《语》《故志》《训典》都是历史资料,通过学习这些历史资料,即可认识历史。

贾谊认为,认识历史的方式有以下三种。

一是"往古所以知今也"。贾谊作为一个思想家、政治家,他最关心的是当代史,是当代的社会问题。所以,贾谊主张认识历史的方法是借助古代认识当代。《胎教》："明鉴所以照形也,往古所以至今也。"《修正语(下)》载,周王向鬻子请教政治问题,共八个问题,其中五个问题的解答,鬻子都用"请以上世之政诏于君王"的句式,这说明他把历史看成是认识事物最基本的方式了。

二是由心"观存亡之征焉"。这就是说,依据历史人物的心态变化就可以推知历史发展的趋势。《礼容语(下)》说,鲁国的叔孙昭子被邀请聘于宋国。

宋元公设宴招待,饮酒听乐。叔孙昭子坐在宋元公右边,歌唱完后,两人说悄悄话,接着两人又都哭泣。乐祁看见了,说,国君太过分了,这并不是哀痛的地方呀!后来,乐祁又对人说,今年国君和叔孙昭子难道都要死吗?我听说,人哀痛歌乐或是歌乐使人哀痛,都是丧失心志。心志即为魂魄,魂魄已经丧失,怎么能长久。而且我又听说,执政的人不能说悄悄话,否则一定会死掉。现在国君与叔孙昭子说的话都是悄悄的,离死的日子不远了。六个月之后,宋元公死掉;又过一月,叔孙昭子也死掉了。在这里,如前所述,"心"是历史发展的动力,如果人的"心"过于悲伤,过于失望,那么就会丧失创造历史的本性,其前途自然是暗淡的。贾谊这种依据历史发展动力去认识、把握历史发展的主张,显然是正确的。贾谊又举例说,晋厉公带着三卿郤锜、郤犨、郤至在柯陵会盟诸侯,周单襄公也出席会盟。在拜会周单襄公时,晋厉公"视远步高",郤锜的话带有侮辱,郤犨的话带有嘲笑,郤至的话则带有攻讦。单襄公后来对鲁成公说,晋国将来发生动乱,它的国君和三郤不知能否对付。鲁成公说,我要晋强固使其国君强大。现在您说将要有动乱,敢问是上天的意志还是人为的原因呢?单襄公说,我不是史官,怎么知道上天的意志?我只是看晋国君之容貌,听二人的话语,就知道晋一定会动乱呀!一个正常的人"目以正体,足以从之",这样看其容貌就知道他的心思了,现在晋国"君视远而足高,目不在体,而足不步目,其心必异矣!体目不相从,何以能久?夫合诸侯,国之大事也。于是观存亡之征焉。故国将有福,其君步言视听,必皆得适顺善,则可以知德矣!视远曰绝其义,足高曰弃其德。言爽曰反其信。听淫曰离其名。夫目以处义,足以践德口以庇信,耳以听名者也,故不可不慎也。"果然,"居二年,晋杀三卿。明年,厉公弑于东门"。由此可见,一个人的眼神、足迹都是其心志的体现。如果心体合一,必预示着有充沛的精力去创造历史;如果心体分离,则预示着精力不济必遭不测。

　　三是"必审相疑之势"。贾谊将"心"看作历史发展的动力,而"心"之实现则依赖于"势"。由此可见,要认识历史,即可借助于"势",通过"势"来进行。《藩伤》:"夫树国必审相疑之势,下数被其殃,上数爽其忧,凶饥数动,彼必将有怪者生焉。祸之所罹,岂可豫知?"这里的"岂可豫知"是反诘,是通过设问来肯定的。这就是说,分邦建国时考察造成叛乱谋反的"势",即条件,就可以知道为什么会遭遇祸乱,这样就可以"预知"未来历史的发展趋势。《藩强》:"窃迹前事,大抵强者先反。淮阴王楚最强,则最先反。韩王信倚胡,则又反。贾高因赵资,则又反。陈豨兵精强,则又反。彭越用梁,则又反。黥布用淮南,则又反。卢绾国比最弱,则最后反。长沙乃才二万五千户耳,力不足以行逆,则功少而最完;势疏而最忠,全骨肉时长沙无故者,非独性异人也。其形势然矣。"

经过对"势"之考察,贾谊看到"强者先反,弱者不反"的规则。《数宁》:"臣窃惟事势,可痛惜者一,可为流涕者二,可为长大息者六,若其他倍理而伤道者,难偏以疏举。"这里贾谊之所以要"痛惜""流涕""长大息",正是经过对"事势"的考察,感知未来历史发展将会出现的问题。这正好说明了认识历史,可以借助于"势"来进行。

贾谊不仅揭示了历史认识的方式,而且还看到了历史认识是可以检验的。在贾谊看来,历史认识的对象一是"往古",一是"今"。通过"往古"可以知"今";同样,通过"今"也可以知"往古"。因此,历史认识的检验也是相互的。一方面,"往古"的历史正确与否可以用"今"的历史加以验证。《过秦(下)》:"观之上古,验之当世,参之人事。"这就是说,对"上古",即过去历史的认识正确与否,还要用"当世""人事",即今天的历史实际加以验证。另一方面,对"今"的历史认识正确与否,也可用"往古"的历史事实进行验证。《数宁》:"臣谨稽之天地,验之往古,案之当时之务,日夜念此至孰也。"贾谊认为,他为汉文帝提出的"治安策",即礼治思想,是根据对当代历史认识而提出来的,如果用"往术",即历史事实加以验证也是正确的。因为贾谊日思夜想,对这些问题已经非常熟悉了。贾谊很自信地说,对于他所提出的建议,"虽使禹舜而为陛下计,无以易此"。因为它已被"往古"历史"验之"是正确的了。

《过秦(中)》:"借使秦王论上世之事,并殷周之迹,以制御其政,后虽有淫骄之主,犹未有倾危之患也。故三王之建天下,名号显美,功业长久。今秦二世立,天下莫不引领而观其亡。"假如秦始皇能像殷、周建国之君主,行礼治,布仁政,那么就是在他身后有骄淫之主,秦也不会速亡,秦王也会如夏、商、周三王一样享有美名,功业长久。但是秦始皇不行礼治仁政,所以到二世即位,天下人民都盼着他早点下台。贾谊在这里是分析秦朝为什么"倾危",但似乎也告诉我们,在历史认识中,历史认识的对象对历史认识也是有一定作用的。夏、商、周三王建天下历史悠久,所以使人感觉"名号显美",而没有想到三代中也有骄淫之昏君;而秦二世厌亡,功业太短,使人感觉秦完全是一个昏庸透顶的王朝,而没有想到秦取天下"高诈力"也有其合理正确的一面。可见,历史对象的特点对历史认识有着极大的制约作用。

四、"正其本而万物理"的史学方法论

贾谊在历史研究的方法上也有独到的贡献。从《新书》看,贾谊研究历史的方法有辩证法、假设法、比较法和理论分析法。

一是辩证法。辩证法是贾谊研究历史的主要方法之一。在贾谊看来,辩

证法就是从历史现实中揭示出历史发展的可能趋势,从而为现实社会服务。辩证法要求用矛盾的观点分析历史事物,它要求在看待事物时有利中揭示不利,从不利中寻求有利。《过秦(中)》:"夫寒者利短褐,而饥者甘糟糠。天下嚣嚣,新主之资也,此言劳民之易为仁也。"处于寒冷之中的人只要有一件短大衣就觉得很温暖了,饥饿中的人把糟糠当作甘美的食品,天下动乱正是新上任统治者的财富,因为辛劳的百姓更容易推行仁政。显然,这样辩证的分析正是基于矛盾双方的互相转化。由此,贾谊对汉政府厚待诸侯的政策极为担心。《藩伤》:"令之为藩臣矣,为人臣下矣,而厚其力,重其权,使有骄心而难服从也。何异于善砥锒铘而予射子?"辩证方法还要求用发展的眼光分析历史事物,它要求从纷繁复杂的历史现象中寻找出足以影响未来历史进程的因素,目的是防患于未然。《审微》:"善不可谓小而无益,不善不可谓小而无伤,非以小善为一足以利天下,小不善为一足以乱国家也。当夫轻始而傲微,则其流必至于大乱也。"因此,贾谊特别强调要"慎始"。《胎教》:"《易》曰,正其本而万物理,失之毫厘,差之千里。故君子慎始。《春秋》之'元',《诗》之《关雎》,《礼》之《冠婚》,《易》之《乾坤》,皆慎始敬终云尔。"

二是假设法。假设法是在历史研究中针对历史发展的客观实际又虚拟出另一种历史事实与之比较对照的方法,目的是评价历史人物的行为。贾谊在研究秦速亡的原因时多次运用假设法。《过秦(中)》说秦始皇:"借使秦王论上世之事,并殷周之迹,以制御其政,后虽有淫骄之主,犹未有倾危之患也。"这是批评秦始皇不行礼治仁政。又说秦二世:"向使二世有庸主之行而任忠贤,臣主一心而忧海内之患。缟素而正先帝之过,裂地分民,以封功臣之后;建国立君,以礼天下,虚囹圄而免刑戮,去收孥污秽之罪,使各反其乡里,发仓廪,散财币,以振孤独穷困之士。轻赋少事,以佐百姓之急。约法省刑,以持其后。使天下之人皆得自新,更节循行,各慎其身。塞万民之望,而以盛德与天下息矣。即四海之内,皆欢然各自安乐其处,惟恐有变。虽有狡害之民,无离上之心。则不轨之臣无以饰其智,而暴乱之奸弭矣。二世不行此术。"这是批评秦二世为政失误,没有分封,没有礼治,没有仁政。《过秦(下)》说秦子婴:"借使子婴有庸主之材,而仅得中佐,山东虽乱,三秦之地,可全而有;宗庙之祀,宜未绝也。"这是批评子婴无才。显然,经过这种假设分析,作为人类自己的历史是人类自己的活动这种历史观更加突显出来;而每一个人物,特别是历史人物都应该为自己的行为负责,都应该谨慎地去创造自己的历史。否则,将会身败名裂,遗臭万年。

三是比较法。比较法是人类认识事物最基础的方法,也是历史研究的基础方法。贾谊也运用了这一方法研究历史。《过秦(上)》就进行了两个比较。

一个是对抗秦的比较。在秦统一前,山东诸国共谋抗秦。诸侯"同盟而谋弱秦","以致天下之士,合从缔交,相与为一。当此之时,齐有孟尝,赵有平原,楚有春申,魏有信陵,此四君者,皆明智而忠信,宽厚而爱人,尊贤而重士,约从离衡,兼韩、魏、燕、赵、宋、卫、中山之众。于是六国之士,有宁越、徐尚、苏秦、杜赫之属为之谋主,齐明、周最、陈轸、召滑、楼缓、翟景、苏厉、乐毅之徒通其意,吴起、孙膑、带佗、倪良、王廖、田忌、廉颇、赵奢之朋制其兵,尝以什倍之地、百万之众,仰关而攻秦。秦人开关延敌,九国之师逡遁而不敢进。秦无亡矢遗镞之费,而天下诸侯已困矣。于是从散约解,……"而秦始皇死后,陈涉抗秦却胜利了。陈涉"瓮牖绳枢之子,氓隶之人,而迁徙之徒也。材能不及中人,非有仲尼、墨翟之贤,陶朱、猗顿之富。蹑足行伍之间,倔起阡陌之中。率疲弊之卒,将数百之众,转而攻秦。斩木为兵,揭竿为旗,天下云合响应,赢粮而景从。山东豪杰并起而亡秦族矣"。贾谊质疑说:"且夫天下非小弱也,雍州之地,崤函之固自若也。陈涉之位,非尊于齐、楚、燕、赵、韩、魏、宋、卫、中山之君也。锄櫌棘矜,不敌于钩戟长铩也;谪戍之众,非抗九国之师也;深谋远虑,行军用兵之道,非及曩时之士也。然而成败异变,功业相反,何也?试使山东之国与陈涉度长絜大,比权量力,则不可同年而语矣。"另一个比较是秦朝前后历史之比较。"然秦以区区之地,致万乘之势,序八州而朝同列,百有余年矣。然后以六合为家,崤函为宫。一夫作难而七庙堕,身死人手,为天下笑者,何也?仁心不施,而攻守之势异也。"历史比较法的宗旨就是将相同的历史事物放在一起比较对照其异同和规律。贾谊对抗秦的六国与陈涉比较,前者势大而后者弱小,而最后推翻秦王朝的却是后者;而将秦王朝历史前后之对照,则判若两人。由此得出历史发展规律性的结论:"仁心不施""攻守之势异也",可以说,贾谊的分析是很正确的,是令人信服的。

四是理论分析法。理论分析法是借助于权威人物的思想去分析历史,其特点是爱憎分明,旗帜鲜明。读《新书》,发现贾谊所使用的理论很庞杂。

引孔子语,《等齐》:"孔子曰,长民者,衣服不贰,从容有常,以齐其民,则民德一。""孔子曰,为上可望而知也,为下可类而志也,则君不疑于其臣,而臣不惑于其君。"

引晏子语,《数宁》:"晏子曰,唯以政顺乎神为可以益寿。"

引发子语,《数宁》:"发子曰,至治之极,父无死子,兄无死弟,涂无襁褓之葬,各以其顺终。"

引管子语,《俗激》:"管子曰,四维,一曰礼,二曰义,三曰廉,四曰丑。四维不张,国乃灭亡。"《审微》:"管仲曰,备患于未形,上也。语曰'焰焰弗灭,炎炎奈何;萌芽不伐,且折斧柯。'智禁于微,次也。"

引老子语,《审微》:"老聃曰,为之于未有,治之于未乱。"《退让》:"老子曰,报怨以德。"

引儒经,《等齐》:"《诗》云:'彼都人士,狐裘黄裳'。'行归于周,万民之望。'"《胎教》:"《易》曰:正其本而万物理,失之毫厘,差之千里。"

引谚语,《过秦(下)》:"鄙谚曰:前事之不忘,后事之师也。"《保傅》:"鄙谚曰,不习为史,而视己事。又曰,前车覆而后车戒。"《连语》:"周谚曰,前车覆而后车戒。"《退让》:"语曰,转败而为功,因祸而为福。"谚语是流传于百姓中间的真理性认识,它通俗晓畅,往往带有公理性质。使用谚语分析历史,会使历史更加通俗易懂。司马迁写《史记》时就运用了大量的谚语,也许是受贾谊的影响。

虽然,贾谊引用的理论比较复杂,但其儒家的倾向还是很明显的。可以说,贾谊是汉代的新儒家。

五、贾谊史学思想的官方性质

与陆贾相比,贾谊虽然出生较晚,但确实是很精通历史的政治家。根据《史记》《汉书》本传所记载,贾谊十八岁的时候,已经做了河南守吴公的幕僚;二十岁之后,经吴公举荐,被汉文帝聘请为博士,因其卓越的才干,常常言人所未言,不到一年,又被越级提升为太中大夫。也许是知识渊博,所谓"颇通诸家之书",也许是精通历史,贾谊认为汉文帝所处的时代,正是制度建设的时代,"当改正朔,易服色制度,定官名,兴礼乐"。但是也因此使那些无德无才的同僚心生嫉妒,于是上了谗言,被汉文帝冷落,贬官为长沙王的太傅。在长沙期间,贾谊凭吊了屈原,对社会与人生有了更深刻的认识。三年后,远在西安的汉文帝想起了贾谊,将其召回京城,询问其鬼神之事,贾谊不俗的谈吐使得汉文帝心存羡慕,任命他为梁怀王的太傅。没几年,怀王坠马而死。贾谊心存懊悔,悲痛而终,年仅三十三岁。可见,在贾谊短暂的生命历程中,有一半时间都与政治相关。所以说,贾谊的思想属于政治,其史学思想则属于官方性质。

另外,从贾谊所提出的政治主张看,大多是切中时弊、切实可行的。如对亡秦毁灭原因的分析是缺少仁义,对于诸侯王问题所提出的"众建诸侯而少其力",对于匈奴的怀柔政策,等等,既显示了贾谊卓越的政治才干,也体现了其观点作为官方思想的务实性和可操作性。据此而言,贾谊的史学思想当然也具有官方性质。

第三章 西汉中期的史学思想(上)

西汉中期的史学思想是比较繁荣和丰富的。这一时期的史学任务是应对长期政治稳定和经济发展起来之后所面临的社会政治问题,其代表之一是董仲舒的《春秋繁露》和司马迁的《史记》,二是《淮南子》和《盐铁论》。

董仲舒和司马迁,一为民间学者,一为官府学者,完全可以代表当时史学思想的全貌。关于史学的性质,董仲舒和司马迁都认为,历史学是属于政治性的学问,学术本身就是政治的表现,是政治教化的方式。关于历史的发展,董仲舒和司马迁继承了陆贾、贾谊的思想,他们认为,历史是人类自身的活动,尤其是那些杰出人物的活动;人在活动中必须遵守规律,顾忌时势,经济、仁智和传统是构成历史规律的主要元素。关于历史认识论,董仲舒和司马迁都将文献看作历史认识的主要依据,将"天人""五行"与"阴阳"、"古今"与"始终"看作历史认识的范畴,将历史文献,即先秦诸子,尤其是孔子等的论著看作检验历史认识的标准。关于史学方法论,董仲舒和司马迁都采用了历史类比的方法,所不同的是,董仲舒的类比带有原始巫术的特征,注重的是天人关系的互相渗透,而司马迁的类比带有人文理性的特征,注重的是人类文明的演进。

第一节 董仲舒的史学思想

《春秋》是孔子所编著的以鲁国为中心的春秋时代史书,《春秋繁露》则是以阐发其中的所谓微言大义为鹄的,全面体现董仲舒史学思想的史学论著。

可喜的是,在专门研究董仲舒史学思想的论著中,诸如吴怀祺先生所主编、汪高鑫先生著的《中国史学思想通史·秦汉卷》,以及白寿彝先生所主编的《中国史学史·秦汉卷》中,都对董仲舒的史学思想予以了论述,不过遗憾的是,这些论述单单论及了天人合一、大一统和三统说等三个方面的内容,这对于具有丰富史学思想的《春秋繁露》来说,显然是远远不够的。而在思想史研究的论著中,诸如侯外庐先生所主编的《中国思想通史·秦汉卷》、徐复观先生的《两汉思想史》和金春峰先生的《汉代思想史》,以及王永祥的《董仲舒评传》和周桂钿的《董学探微》,等等,虽然都全面地论述了董仲舒的思想和生活,但是对于专门的史学思想来说,显然是不够专业的,也不够全面。全面地揭示和论析董仲舒的史学思想,对我们来说,就有了极为宝贵的机会。

一、"道往而明来"的史学论

可能是对于古代史学论著《春秋》的精研,董仲舒对于史学的研究对象和任务的论述,显得异常清晰。

《春秋繁露·楚庄王》:"《春秋》之道,奉天而法古。是故虽有巧手,弗修规矩,不能正方圆;虽有察耳,不吹六律,不能定五音;虽有知心,不觉先王,不能平天下,然则先王之遗道,亦天下之规矩六律已。故圣者法天,贤者法圣,此其大数也。"在这里,董仲舒所说的《春秋》,可以看作历史学。历史学的本质就是遵循历史规律、学习历史经验。再巧的手没有规矩是不能够画出方圆的,再聪明的耳朵不懂得音符是不能与社会沟通的。历史经验就是人类社会的规矩和音符。圣明的人遵循历史规律,聪明的人模仿圣贤,这就是历史发展的大势和规则。《春秋繁露·玉杯》:"《春秋》修本末之义,达变故之应,通生死之志,遂人道之极者也。"这里的"本末"就是指历史发展过程。历史学研究事物的过程,抽绎其发展的本质,并以之检讨历史发展的异常情况,通观人们在历史发展中的行为志向,从而展现人类历史发展的基本规律。换句话说,历史学的研究对象就是人如何创造历史的活动,或者说就是人类历史发展的过程。简而言之,历史学的研究对象就是历史发展的规律和经验。《春秋繁露·俞序》:"仲尼之作《春秋》也,上探正天端王公之位,万民之所欲,下明得失,起贤才,以待后圣。故引史记,理往事,正是非,见王公。"根据宣统年间苏州苏兴先生的意见,这里的"探"当为"援","正"在"王公"之前;后一个"王公"的"公"当为"心"。如此,孔子编纂《春秋》,最高的目标就是根据天神意志确定王公大臣的政治地位,以及百姓民众的经济诉求;最低的目标就是弄明白过去政治的得失,起用贤能人才,等待后来的圣人。所以,孔子才研究史学,探究过去的历史,确定执政者的得失,体现圣人贤者的仁爱之心。这就是说,历史学的研究对象一是政治体制中各级官员的地位关系及职能,二是据此考究在政治活动中各级官员履行职责的得失是非。总之,在董仲舒看来,历史学的研究对象就是政治发展的过程,是各级官员履行职责中的是非得失。

《春秋繁露·实性》:"《春秋》别物之理以正其名,名物必各因其真。真其义也,真其情也,乃以为名。"历史学的任务就是辨别事物的属性并给以相应的名分,任何事物的命名都是以其自身的真实性为依据的。真实既是客观事物的本质,也是主观认识的规范,于是才有了事物的名称。简而言之,历史学的任务就是揭示事物的本质,而对于事物本质的认识有两点要求,一是事物本身是真实的,二是事物认识的概念范畴是一致的。《春秋繁露·深察名号》:"《春秋》辨物之理,以正其名。名物如其真,不失秋毫之末。""《春秋》大元,故谨于正名。名非所始,如之何谓未善已善矣。"历史学的任务就是辨别事物的属性,并给以相应的名号,名号与事实应该恰如其分,不能有秋毫之差,历史学的最大任务就是谨慎地赋予事物相应的名号,名号不是生来就有的,而是根据历史实践中的善恶差异来命名的。在这里,董仲舒反复地说明历史学的任务是正名,其本意不仅仅是我们所说的辨别事物的属性,而是指区别行政事务中各级官员的职务和职责,考核其政治能力和贡献,即所谓的"循名责实,即正名也"。此其一。

《春秋繁露·仁义法》:"是故《春秋》为仁义法。仁之法在爱人,不在爱我;义之法在正我,不在正人。我不自正,虽能正人,弗予为义。人不被其爱,虽厚自爱,不予为仁。"历史学的任务就是宣传实施仁义的办法。实施仁义的办法是爱别人,不是爱自己;实施仁义的办法是督查自己,不是督查别人。自己如果不能立得正,就是能够督查别人,也不算是义;自己如果得不到别人的关爱,就是再怎么自爱,也不算是仁。《春秋繁露·竹林》:"《春秋》以为人之不知义而疑也,故示之以义。曰:'国灭君死之,正也。'正也者,正于天之为人性命也。天之为人性命,使行仁义而羞可耻,非若鸟兽然,苟为生,苟为利而已。是故《春秋》推天施而顺人理,以至尊不可以加于至辱大羞,故获者绝之;以至辱为亦不可以加于至尊大位,故虽失位弗君也。已反国复在位矣,而《春秋》犹有不君之辞。况其溔然方获而房邪。其于义也,非君定矣。"孔子编撰《春秋》就是要告诉那些不知道义理的人什么是义理。比如,若国家灭亡,国君就应该殉国,这才是符合义理的。历史赋予人性命,其目的是使其实施仁义,明白羞耻,而不是像鸟兽那样只知道活着和谋取私利。所以,历史学遵循历史规律并顺从人情伦理,指出那些处于国君尊位的人不能受到丝毫的羞辱,否则,理应殉国;同样的,那些遭遇到奇耻大辱的人也不可再以国君尊位来看待。所以,失去国君地位的人不能再被看作国君;就是重新复国的国君,孔子也没有将其看作国君,更何况那些做了俘虏的人,对照义理,肯定不能算是国君了。由此可见,历史学的研究任务就是用既定的伦理观念来评定历史人物的是非功过,并借此予以宣扬和批评。此其二。

《春秋繁露·竹林》:"《春秋》记天下之得失,而见所以然之故,甚幽而明,无传而著,不可不察也。"研究和学习历史学的人都应该知道,历史学的研究任务就是记载历史发展的是非得失,探析其形成的原因。这是因为历史的是非得失曲折复杂,难以弄清楚,没有专门的历史学研究是很难搞明白的。《春秋繁露·盟会要》:"至意虽难喻,盖圣人者贵除天下之患。贵除天下之患,故《春秋》重而书天下之患徧矣。以为本于见天下之所以致患,其意欲以除天下之患。何谓哉?天下者无患,然后性可善。性可善,然后清廉之化流。清廉之化流,然后王道举,礼乐兴。其心在此矣。"这里的"重"当为"申",就是申明、审查的意思。就是说,历史的是非得失是很难说清楚的,所以那些圣人贤者的使命和责任就是消除历史的祸患。因此,作为史学论著的《春秋》遍察并记载春秋时代的历史祸患。按孔子的初衷,只有揭示历史祸患的成因,才可消除未来的历史灾患。如果历史顺利发展,那么即可训导人们走向行善,各级官员也可清廉执政,太平盛世的局面即可呈现,礼乐制度也可推行。又,《春秋繁露·玉杯》:"《春秋》之道,视人所惑,为立说以大明之。"历史学的本质就是要解开人们的困惑,为之释疑解难。由此可见,历史学的研究任务就是探究历史发展的原因,训导人们避难趋乐,使社会历史的发展走向和谐、太平。此其三。

综上所述,在董仲舒看来,历史学研究政治的发展,其任务就是披露各级官员履行职责、实施仁义的实情,并分析其是非得失。据此而言,历史学的性质就是政治学。《春秋繁露·盟会要》:"立义以明尊卑之分,强干弱枝以明大小之职,别嫌疑之行以明正世之义,采撼托意以矫失礼。善无小而不举,恶无小而不去,以纯其美。别贤不肖以明其尊。亲近以来远。因其国而容天下。名伦等物不失其理。公心以是非。赏善诛恶而王泽洽。始于除患,正一而万物备。故曰:大矣哉,其号。两言而管天下。"在董仲舒看来,孔子所著的史学论著《春秋》的政治意识是非常鲜明的,其政治立场是明确各级官员的身份,其政治责任是加强中央政府的权威,弱化地方政府的权力,其实施步骤,一是区分哪些做法违背仁义的原则,并指出规范的做法,二是采用历史经验教训,以矫正那些违背礼仪的行为。在孔子的历史研究中,对于那些好事,无论多小都要予以褒扬;对于那些丑事,无论多小都要予以斥责,凭此来纯化社会历史的美德。为了确定历史秩序,谨慎地区别贤人和不肖之徒;为了吸纳远方的贤者,倡导亲和重用身边的人;为了把握整个中国的历史,而以鲁国为个案,明确职责、评价功过都没有脱离历史事实,用公平之心论定是非,并在每个评价中体现着君主的恩泽。孔子的初衷是为了消除祸患,通过明确职责使社会政治有序。所以,历史评价的功能是巨大的。"褒贬"或者说"正名"两个字,就可以管理全国的政治。由此可见,历史学的研究,无论是其初衷或是其进程,每个步骤和每个要素,都是与政治密切相关的。历史学就是政治学。

作为政治学的历史学研究,又有哪些功用呢?第一,历史学是管理国家政治的锁钥。《春秋繁露·俞序》记载,孔子的弟子子贡、闵子和公肩子都认为,《春秋》"言其切而为国家资也"。作为史学论著的《春秋》言语很深刻,确实是管理国家的宝贵资料。"故卫子夏言,有国家者不可不学《春秋》。不学《春秋》,则无以见前后旁侧之危,则不知国之大柄,君之任重也。"子夏也说,管理国家的执政者必须阅读《春秋》,否则,不会知道未来以及之前身边所隐藏的危险,更不知道什么是治理国家的权柄以及国君的重要性。"《春秋》之道,大得之则以王,小得之则以霸。"《春秋》所传颂的治理国家的经验,领悟深刻即可得道称王,即使领悟浅薄也可以成为霸主。可见,历史学的功用,就是指导人们行政的步骤,达到取得或维护政权的目标。简而言之,历史学就是人们管理国家政治的锁钥。其因如上所述,是因历史学以政治发展为其研究对象,以揭示成败经验为其研究对象。以《春秋》为例,孔子专门分析了其时十二君主的行政得失,为治理国家提供了丰富的材料。

第二,历史学是把握未来的学问。《春秋繁露·仁义法》:"兵已加焉,乃往救之,则弗美。未至预备之,则美之。善其救害之先也。夫救蚤而先之,则害无由起,而天下无害矣。然则观物之动,而先觉其萌,绝乱塞害于将然未形之时,《春秋》之志也,其明至矣。"这里的"蚤",根据下文的"故救害而先知之",当为"害"字。如果遭遇敌军侵犯才派军救助,不算是好的领袖;在敌军来犯之前就已经做好了防范的准备,这才算是好的领袖,因为提前防范是救助的最好办法,若提前防范,祸患就没有出现的机会,那么,国家也就没有祸患了。但是,问题是怎样在事发之前预警,在动乱和祸害萌芽时将其剪灭?这就是作为史学论著的《春秋》的初衷。反过来说,历史学的功用就在于探究历史发展中微小事物的变化,察觉并把握其未来的发展趋势,从而做出正确的举措。《春秋繁露·精华》:"古之人有言曰:'不知来,视诸往。'今《春秋》之为学也,道往而明来者也。"苏兴援引《管子·形势篇》:"疑今者察之古,不知来者视诸今。万事之生也,异趣而同归,古今一也。"就是说,只有理解过去,才能认识现在,从而把握未来。任何事物的发展,虽然具体形态不同,但是本质相同。历史上,同一事物的本质是一致的,只要理解过去,就可推知其现在和未来。《春秋》作为历史学的形式,其功能就是探究过去,从而把握未来。

第三，历史学是抒发政治抱负的凭借。《春秋》所记载的十二君王都是衰落时代的事情，孔子的学生对此很是困惑。《春秋繁露·俞序》："孔子曰：'吾因其行事而加乎王心焉。'以为见之空言，不如行事博深切明。"苏兴训"行事"为"往事"，"此言圣人因衰世往事，加以明王致治之深心，是故世衰而文自治"，"空陈古圣明王之道，不如因事而著其是非得失，知所劝戒"。孔子的初衷，就是凭借历史研究宣泄自己的政治理想，为君主如何面对动荡时代的政治问题提出策略。但是孔子的应对策略不是直接提出，而是通过历史经验的描述让君主感悟和借鉴。《春秋繁露·符瑞》说，"西狩获麟"，"然后讬乎《春秋》正不正之间，而明改制之义。一统乎天子，而加忧于天下之忧也，务除天下所患"。孔子自听说麒麟被捕获，心存忧郁，于是借助评论春秋时代各级官员的履行职责情况，表明改变制度的意思。孔子站在周天子的立场，为社会的动荡而忧虑，希望其务必消除各种不稳定的因素。可见，历史学的功用，对于历史学家来说，当是评判社会问题、发表政治见解和抒发政治理想的强有力的凭证。

二、"春王正月"的历史观

谈到董仲舒的历史观，大家都会想到他的"天人合一"的思想。但细读《春秋繁露》就会发现，其实"天人合一"与其历史观的关系并不大。

《春秋繁露·深察名号》："吾以心之名，得人之诚。人之诚，有贪有仁。仁贪之气，两任于身。"苏兴训"诚"，"诚，犹实也，言因名以得其实"。董仲舒将人的本性称作人心，从而认识到人在本质上有着贪婪和仁义两种情愫。贪婪与仁义汇集于一身的意思是说，人有创造历史或者毁坏历史两种能力，也就是说，历史发展有着进步或者退步的两种倾向、两种趋势。当然，董仲舒所坚持的，肯定是进步的趋势。《春秋繁露·人副天数》："天气上，地气下，人气在其间。……天地之精所以生物者，莫贵于人。人受命乎天也，故超然有以倚。物疢疾莫能为仁义，唯人独能为仁义。"人是自然界长期演化的精华，人虽然在自然中生长，但是却有着独自生存的本能，这就是人类独有的行使仁义、创造历史的能力。由此，在董仲舒看来，历史的发展是以人类为核心主体的，而仁义是人类创造历史的基本动力。

《春秋繁露·玉杯》："人受命于天，有善善恶恶之性，可养而不可改，可豫而不可去。"贪婪和仁义是人类的自然属性，人们常常喜欢美好，讨厌丑恶，所以，在历史实践中，可以培育仁义的品格，推动历史的进步；消灭贪婪的本性，防止历史的退步。

那么，怎样才能做到这一点？换句话说，怎样才能彰扬仁义，推进历史发展呢？

《春秋繁露·立元神》："夫为国，其化莫大于崇本，崇本则君化若神，不崇本则君无以兼人。"这里的"本"即事物的本质，也可以说是历史规律。这就是说，治理国家最好的办法就是抓住事物的本质，只要抓住本质，就可以随心所欲。也可以说，要想推进历史的进步，必须遵从历史规律；只有遵从历史规律，才可以创造历史。又，"君人者，国之本也。""君人者，国之元，发言动作，万物之枢机。"君主是政治的根本，其说话做事，对国民都起着引领的作用。换句话说，政治的最高管理者是历史发展的关键，其言行直接关系着历史的进步。一方面是历史规律，一方面是最高管理者，两相结合，管理者遵循历史规律，方可创造历史，推进历史进步。

问题在于，怎样做才算是遵循历史规律，推进历史进步？

对此，董仲舒予以了反复论述。《春秋繁露·立元神》将政治原则归纳为天、地、人三项，提出要"肃慎三本"；《十指》将所有的政治事宜归类为"十指"，提出要处理十项措施；《深察名号》将政治的责任归于君主，提出"王号"与"君号"各自有"五科"，即有五项职责需要履行。由此，董仲舒比较详细地论述了顺从历史规律、推进历史进步的基本原则，措施和责任，综其论析，其最为关键的问题，主要在于以下几点。

一是"春王正月"问题。《春秋繁露·三代改制质文》："何以谓之王正月？曰：王者必受命而后王。王者必改正朔，易服色，制礼乐，一统于天下。所以，明易姓，非继人，通以己受之于天也。王者受命而王，制此月以应变，故作科以奉天地。故谓之王正月也。"之所以说王正月，是说君王的政权是接受天神的赐予而得到的。君王得到政权后做的第一件事就是修改历法，变化服装颜色，制定礼乐制度，所以改制是顺从历史规律。改制表明政权已经改换了主人，不是继承别人，而是直接受封于天神，其政权的得到是合法的。选择正月即位就职，并改变礼乐制度，表明行使政权是合理的，是顺从了历史规律的。可见，董仲舒的"春王正月"，一方面是说掌握政权的合法性与合理性。《春秋繁露·玉英》："是故《春秋》之道，以元之深正天之端，以天之端正王之政，以王之政正诸侯之即位，以诸侯之即位正竟内之治。五者俱正，而化大行。"在这里，"正"就是指合法性与合理性；"五者"即"元之深""天之端""王之政""诸侯之即位"和"竟内之治"，用今天的话说，就是指职权确认、履职时间、履行职责、职权分工与职责目标。这就是说，《春秋》的政治规则就是作为行政最高端的首脑首先要合理合法地取得政权，选择合适的时间就职，了解自身的职责，明确责任，分工到人，确定并努力实现施政的目标。用孔子的话说，就是"正名"；用今天的话说，就是了解情况，明白身份。另一方面，是说行使政权的规则与规律。《春秋繁露·玉英》:"《春秋》变一谓之元。元,犹原也。其意以随天地终始也。""故春正月者,承天地之所为也,继天之所为而终之也。"《春秋》将历史的本质看作历史的开端,目的是要求人们顺从历史的变化,采取相应的活动。他提出"春王正月"的初衷,也是要求人们顺从历史规律,采取相应的活动。《春秋繁露·立元神》:"何谓本?曰:天、地、人,万物之本也。天生之,地养之,人成之。天生之以孝悌,地养之以衣食,人成之以礼乐。三者相为手足,合以成体,不可一无也。"天、地、人是构成历史的基本元素,其职责各具特色。在历史实践中,人们必须依照其特色来分别活动,如依照"天"的要求加强宗教信仰的管理,实施孝悌;依照"地"的要求加强经济财富的管理,丰富衣食;依照"人"的要求加强制度规范的管理,拟定礼乐制度。如果将天、地两个方面看作自然历史发展的内容,那么,人其实就是社会历史发展的内容。如果从政治内容说,其实就是宗教、财富和制度三项,它们囊括了人类社会的方方面面。总之,前者是就执政者的主体而言,后者是就执政者的客体而言。明白说来,就是掌握政权要合法,行使政权要合理。一些论者论及于此,说董仲舒有着"大一统"思想。考董仲舒"一统于天下"的原意,是指要将新即位君王的新制度推行于整个社会,虽然有着"大一统"的意思,但这不是其思想之主旨,其思想主旨是指新君王、新制度与新气象。可见,据此夸大"大一统"是不准确的。

二是鲁季子的问题。《春秋繁露·精华》记载,鲁僖公即位时,社会还比较动荡,但是鲁僖公任用了季子。当季子活着的时候,二十多年内,"国家安宁","内无臣下之乱,外无诸侯之患";但当季子去世之后,鲁国不能应对邻国的侵扰,向楚国请求援助。可见,季子在鲁国政治中的作用是非常重要的。"故天下虽大,古今虽久,以是定矣。以所任贤,谓之主尊国安;所任非其人,谓之主卑国危。万世必然,无所疑也。"天下虽然很广大,历史虽然很悠久,但是有一个普遍的规律,那就是只要选用贤能之人,就会出现君主尊荣、国家太平的局面;相反,选用的人如不能担当其职责,那么就是君主受辱、国家危乱的乱象。这是万代积累的经验,请不要怀疑。可见,董仲舒将任用贤能看作顺从历史规律的核心举措。"是故任非其人而国家不倾者,自古至今未尝闻也。故吾按《春秋》而观成败,乃切悁悁于前世之兴亡也。任贤臣者,国家之兴也。夫知不足以知贤,无可奈何矣。知之不能任,大者以死亡,小者以乱危。"经过考察历史上任用贤臣的情况,董仲舒认为有三种情形,一是任用贤臣引领国家兴旺;二是不知道也不能任用贤臣,其结果是随波逐流,不知去向;三是知道贤臣但是坚决不重用,其危害大的是导致身死国亡,小的是国家动乱。《春秋繁露·五行相生》:"司马尚智,进贤圣之士,上知天文,其行兆未见。其萌芽未生,昭然独见存亡之机,得失之要治乱之源,豫禁未然之前,执矩而长,至忠厚仁,辅翼其君,周公是也。"君主需要重用贤能,贤能需要拿出自己的才智和本领,并表明自己的忠心,如周公辅佐成王那样,察危于细微,防患于未然。《春秋繁露·楚庄王》:"《春秋》贤而举之,以为天下法。曰:礼而信。礼无不答,施无不报。天之数也。"孔子总结春秋时期的历史经验,也是作为君主要任用贤能,这是历史的法则。人们常说,要讲礼重信。讲礼说的是礼尚往来,尊重别人,别人就会以尊重回报;重信说的是知恩图报,施恩惠给别人,别人就会以恩惠回报。所以说,礼尚往来,知恩图报,正是历史发展的基本规则。可见,在孔子和董仲舒的心中,君臣关系是一种对等的交换关系,君主拿出爵禄与臣吏的智能进行交换,各得其所,相得益彰。其交换的平台就是讲礼重信。如果一方失礼或者轻信,势必会付出代价。由此,简单指责董仲舒宣扬君主专制,显然是不合适的。

三是"舜作乐"的问题。《春秋繁露·楚庄王》质疑说,既然改制是表明政权直接来自于天神,那么,为什么一定要特别"作乐"呢?"制为应天改之,乐为应人作之。彼之所受命者,必民之所同乐也。是故大改制于初,所以明天命也;更作乐于终,所以见天功也。"可见,"作乐"是为了与民同乐,让民众接受新生的政权;"作乐"是改制的延续,表明君权既神授,又民享。引申可知,天神与民众是一致的,天神不可见,民心殊难违。对于君主而言,其实,民众就是天神。所以,"作乐"问题的实质就是得民心问题。"是故舜作《韶》而禹作《夏》,汤作《濩》而文王作《武》。四乐殊名,则各顺其民始乐于己也。"虞舜、夏禹、商汤和周文王,各显其能,制作乐谱,其目的就是赢得民心,让民众感知到他们对自己的关爱。《春秋繁露·玉英》记载,宋缪公虽然继承王位,但是《春秋》很忧心;而卫宣公虽然不是继位之主,但是《春秋》却不担心。其因是卫宣公"能行善得众","以此见得众心之为大安也"。可见,《春秋》所谓的天命其实指民心。那么,如何赢得民心呢?《春秋繁露·保位权》:"故圣人之治国也,因天地之性情,孔窍之所利,以立尊卑之制,以等贵贱之差。设官府爵禄,利五味,盛五色,调五声,以诱其耳目,自令清浊昭然殊体,荣辱踔然相较,以感动其心。务致民令有所好,有所好然后可得而劝也。故设赏以劝之。有所好必有所恶,有所恶然后可得而畏也,故设罚以畏之。既有所劝,又有所畏,然后可得而制。""得民心"有三个步骤,第一步是根据民众的利益诉求设置职位和阶级,第二步是根据不同的职位和等级设定福利层次,第三步是依据民众的功绩给予相应的职位与爵禄。这样,又回到了制礼作乐的话题上了。《春秋繁露·度制》:"圣者则于众人之情,见乱之所从生。故其制人道而差上下也,使富者足以示贵而不至于骄,贫者足以养生而不至于忧。"圣明的人看到人们的贪婪本性是社会动乱的根源,于是制定社会制度,确定人们在社会上的地位有上下的差异,并使那些富有的人足以展示其显贵又不至于骄傲，使那些贫穷的人能够生活下去又不至于忧愁。又，"故明圣者象天所为，为制度，使诸有大俸禄亦皆不得兼小利，与民争利业，乃天理也。"圣明的人制定制度，明确规定享有高等俸禄的人，不能兼并那些享有低等俸禄人的职业，吞并那些小利益，其目的是不允许和民众争夺利益和产业，这是社会历史的基本规则。由此可见，董仲舒得民心的办法，既体现着先秦以来的民本思想，又充斥着政治的细节和步骤。旗帜鲜明，策略扎实，可以说是一幅完整的得民心或者说充满民本思想的画卷。

概括起来，董仲舒认为，作为行政首脑，要遵从历史规律，推进历史进步，其政治要点，一是根据历史现象的特性实施相应的对策和措施；二是任用贤能，给予相应的俸禄和地位，让其知恩图报，忠心尽力；三是通过社会地位的贵贱等级差别给予民众以不同的福利待遇，从而形成以君主为核心的民众围绕其周围的向心圆，简而言之，就是得民心，或者说是民本思想。可见，董仲舒的历史观是赤裸裸的政治史观，是从春秋政治实践中所得出的比较完备的执政策略或者说行政谋略方案，与其所谓的"天人合一"观念没有太多的关系。

三、"天人合一"的历史认识论

其实，董仲舒的"天人合一"论，主要是就历史认识论而言的。

天人合一的基础，是人们必须认识自然。所以，董仲舒分析了历史认识论的重要性及可能性。《春秋繁露·郊语》说，人们在社会历史生活中有很多奥秘，如磁石吸铁、橘生淮南，等等，"夫非人所意而然"，都是人们没有想到的。在生活中，"或者吉凶祸福、利不利之所从生，无有奇怪，非人所意，如是者乎"？面对着未知的未来，是福是祸，是好是坏，还是有更稀奇古怪的现象？如果不依照人们的意愿出现，该如何是好？由此，董仲舒强调了历史认识的重要性，提出了历史认识应持的正确态度，即孔子的"畏天命，畏大人，畏圣人之言"。进而董仲舒论析了历史认识的可能性。《春秋繁露·观德》："天地者，万物之本，先祖之所出也。历年众多，永永无疆。天出至明，众知类也，其伏无不炤也；地出至晦，星日为明，不敢暗。君臣、父子、夫妇之道取之此。"天地是万物生长的根源，也是人类历史的发源地。历史由来已久，未来无疆。但是正如自然万物各有其自身的特质与属性，各以其类，各有其分，人类历史也有着自己的本质属性，所表现出来的就是君臣、父子与夫妇关系。这就是说，人类历史的君臣、父子与夫妇关系是历史认识的基本条件，人们可以借此认识历史。换句话说，历史事物本身的属性差异，是构成历史认识的客观条件。《春秋繁露·玉杯》论析"赵盾弑其君"，说明赵盾没有捉拿弑君的罪犯，指责他没有尽到人臣的职责。"物莫无邻,察视其外,可以见其内也。"任何事物都有自己的同类,观察同类的属性,就可以了解该事物的本质。也就是说,认识主体通过比较类比可以认识历史。换句话说,历史认识主体的比较与类比能力,是其能够进行历史认识的主观条件。《春秋繁露·郊语》:"尧谓舜曰:'天之历数在尔躬。'言察身以知天也。"尧对舜说,历史规律是需要在实践中体验才能了解的。按照董仲舒的理解,个人只有通过亲身实践,才能够了解历史规律。可见,历史是可以认识的,但是需要在历史实践中来实现。又,"天地神明之心,与人事成败之真,固莫之能见也。唯圣人能见之。圣人者,见人之所不见者也。"历史发展的规律与人类社会是非成败的规则,都是难以清晰地认识到的,唯有圣人才能发现。所以,所谓圣人就是指那些具有看到别人看不到的能力的人。在这里,董仲舒发挥了圣贤史观的特长,认为圣贤同样是具备历史认识的能力的。

既然历史是可以认识的,那么,怎样认识历史呢?换句话说,历史认识的方式是什么呢?

董仲舒认为,历史认识的方式就是天人合一。一方面,历史认识是经过人自身的知识认识历史的,用董仲舒的话说,叫作"天之副在乎人"。《春秋繁露·为人者天》:"人之所以乃上类天也。人之形体,化天数而成;人之血气,化天志而仁;人之德行,化天理而义;人之好恶,化天之暖清;人之喜怒,化天之寒暑;人之受命,化天之四时;人生有喜怒哀乐之答,春秋冬夏之类也。喜,春之答也;怒,秋之答也;乐,夏之答也;哀,冬之答也。天之副在乎人。人之性情有由天者矣。故曰受。由天之号。为人主也,道莫明省身之天,如天出之也。使其出也,答天之出四时而必忠其受也,则尧舜之治无以加。"人自身就像自然,其形体四肢三节,像自然的四季三月;其血气畅通,像自然的风调雨顺;其德行的高低,像自然的山川峰峦;其好恶喜怒,像自然的阴晴寒暑;其人生的责任,又像一年四季的运行;其喜怒哀乐,也像自然的春秋冬夏。总之,天的缩影就是人。人的性情源于自然,所以,作为君主,可以借助自身的感受,来认知自然并顺从其变化,正如尧舜那样的圣君顺从自然。也可以说,作为历史认识的主体,也只能通过自身的感悟来把握历史规律,但是不能随意臆断猜测。

另一方面,历史认识是经过对于过去历史的认识来把握现实的。用董仲舒的话说,叫作"人副天数"。《春秋繁露·人副天数》:"天地之符,阴阳之副,常设于身,身犹天也。数与之相参,故命与之相连也。天以终岁之数,成人之身,故小节三百六十六,副日数也;大节十二分,副月数也;内有五藏,副五行数也;外有四肢,副四时数也;乍视乍瞑,副昼夜也;乍刚乍柔,副冬夏也;乍哀乍乐,副阴阳也;心有计虑,副度数也;行有伦理,副天地也。此皆暗肤著身,与人俱生,比而偶之弇合,于其可数也,副数;不可数者,副类。皆当同而副天,一也。是故陈其有形以著其无形者,拘其可数以著其不可数者,以此言道之亦宜以类相应,犹其形也,以数相中也。"就是说,自然现象浓缩于人的身躯,人身也像自然,所拥有的数目相互参照,所以它们的发展前景也是相关联的。如太阳运转,一年是三百六十六天,人的骨节也是三百六十六节;一年十二月,人的身躯也可分为十二分;人的五藏像五行,四肢像四时,眼睛的闭合像昼夜,性情的刚柔像冬夏,哀乐像阴阳,计谋像度数,伦理如天地,等等,能说出数目的,数目相对;说不出数目的,性质相同。总之,自然和人是相通的,其本质是一致的。所以,完全可以通过有形的身躯了解无形的自然,查阅有数的东西掌握那些无数的东西。可见,事物的本质可以以类相推知,事物的现象可以用数量来把握。

由此可见,董仲舒所谓的天人合一,其实是想通过自然与人的关系,相互参照,互相认知。《春秋繁露·深察名号》:"是故事各顺于名,名各顺于天。天人之际,合而为一。同而通理,动而相益,顺而相受,谓之德道。"任何事物都有合乎自己本质的名称,而名称的来源又是人们顺从自然属性的表现。可见,自然和人类似乎有别,实际上是合二为一的,相同的是其本质属性。由此可以互相推知,要么以自然推知人类,要么以人类推知自然,这就是人们所谓的认识论法则。据此,董仲舒的天人合一学说,本意是讲认识论,是认识论的展开,一方面是人通过感悟自身的知识去认识自然,认识历史;另一方面,人在认识自然和历史之后,运用已经掌握的知识再来认识人类自身。论者常常从本体论上论析天人合一,实际上距离董仲舒的原意已经很远。

在将天人合一看作历史认识论的形式之后,董仲舒还对历史认识的范畴,如对五行、阴阳等予以了论述。

第一,五行。所谓五行就是以自然界中五种物质,如木、火、土、金、水之间的关系为核心,以此解释自然和社会历史的发展。董仲舒继承了这种观点,并且用于阐释社会政治关系和历史发展。根据《春秋繁露》论述五行的文字,可以列出五行职能,如表3-1所示。

表3-1 《春秋繁露》五行职能

类别	时辰	职能	方位	对象	职责		标志		声貌		
木	春	生	左	东方	春气	司农	仁	执规	召公	风	角	貌
火	夏	长	前	南方	夏气	司马	智	执矩	周公	电	羽	视
土	季夏	养	中央	中央	天润	司营	信	执绳	太公	雷	宫	思
金	秋	收	右	西方	秋气	司徒	义	执权	子胥	霹雳	商	言
水	冬	藏	后	北方	冬气	司寇	礼	执鼓	孔子			听
篇章	五行对		五行之义		五行相生				五行五事			

《春秋繁露·五行对》:"是故父之所生,其子长之;父之所长,其子养之;父之所养,其子成之。诸父所为,其子皆奉承而续行之,不敢不致如父之意,尽为人之道也。""由此观之,父授子,子受之,乃天之道也。故曰:夫孝者,天之经也。"五行依次相生的关系,正如父子关系。所以,子尽孝道,正如五行相继,符合自然法则和历史规律。《春秋繁露·五行相生》:"五行者,五官也,比相生而间相胜也。故为治,逆之则乱,顺之则治。"木、火、土、金、水等五行的职责就像司农、司马、司营、司徒、司寇五种官职,依照顺序行使职责,就会实现社会太平,违背顺序行使职责就会造成社会动荡。也就是说,人处在历史中,必须遵循历史规律,不能悖逆。《春秋繁露·五行变救》:"五行变至,当救之以德,施之天下,则咎除。不救以德,不出三年,天当雨石。"当五行的变化没有依照原有的顺序,就需要人们通过自己的修德来进行救赎,恩泽天下人,消除祸咎。如果一意孤行,没有布德施恩,要不了三年,天神就会下石头予以警告。"火有变,冬温夏寒。此王者不明,善者不赏,恶者不绌,不肖在位,贤者伏匿。则寒暑失序,而民疾疫。救之者,举贤良,赏有功,封有德。"如火发生了变故,冬温夏寒的气象反常,那就表明社会出问题了,有功劳的没有得到奖赏,有罪恶的没有得到处罚;无德无才者占据了领导地位,贤能者则归隐山林。救赎的办法,就是举贤才,奖赏有功的人。可见,五行的观念依然是"天人合一"思想的延续和细化。

第二,阴阳。所谓阴阳是构成事物中互相对立又互相依赖的两个方面。董仲舒以此为据来阐释人类社会历史的现象。一是用阴阳关系来解释三纲。《春秋繁露·基义》:"物莫无合,而合各相阴阳。""君臣、父子、夫妇之义,皆取诸阴阳之道。君为阳,臣为阴;父为阳,子为阴;夫为阳,妻为阴。阴道无所独行,其始也不得专起,其终也不得分功,有所兼之义。是故臣兼功于君,子兼功于父,妻兼功于夫,阴兼功于阳,地兼功于天。"二是用阴阳关系解释德刑关系。《春秋繁露·天辨在人》:"故刑者德之辅,阴者阳之助也,阳者岁之主也。"阳是一年岁月中的主管,阴要辅助阳来成事,刑罚要辅佐德政来执政。"阳贵而阴贱,天之制也。"阴阳的奴主关系,是自然生成的。三是用阴阳关系解释历史的发展。《春秋繁露·阳尊阴卑》:"是故推天地之精,运阴阳之类,以别顺逆之理。安所加以不在?在大小,在强弱,在贤与不肖,在善恶。恶之属尽为阴,善之属尽为阳。阳为德,阴为刑。""是故阳行于顺,阴行于逆。"将阴阳作为事物发展的顺序和悖逆两种趋向,即可以把握其发展的大势。大与小、强与弱、贤与不肖和善与恶等,都有其阴阳作为底蕴和基础。阳大致代表着顺畅的发展,阴代表着逆反的发展。可见,阴阳是事物发展的内在根源。《春秋繁露·阴阳出入》:"天道大数,相反之物也,不得俱出,阴阳是也。春出阳而入阴,秋出阴而入阳,夏右阳而左阴,冬右阴而左阳。阴出而阳入,阳出而阴入;阴右则阳左,阴左则阳右。……并行而不相乱,浇滑而各持分,此之谓天之意。"自然发展的趋向,是阴阳不能同时出现。从时间上说,春天阳气生发而阴气隐匿,秋天阴气生发而阳气隐匿,夏季阳气浓郁而阴气稀薄,冬季阴气浓郁而阳气稀薄。阴阳互相转化,促使四季变化。《春秋繁露·阴阳位》:"阳气始出东北而南行,就其位也,西转而北入,藏其休也;阴气始出东南而北行,亦就其位也,西转而南入,屏其伏也。是故阳以南方为位,以北方为休;阴以北方为位,以南方为伏。阳至其位,而大暑热;阴至其位,而大寒冻;阳至其休,而入化于地;阴至其伏而避德之下。……故阴阳终岁各一出。"阴阳转化一周是一年。从空间上说,在一年中阳气由东北、南、西再到北,阴气由东南、北、西再到南,这样,阳是以南方为其位,阴是以北方为其位。由此可见,阴阳观念不仅能够说明历史发展的时间顺序,而且也能说明其空间方位。总之,阴阳不仅构成人类历史的内核,也是认识人类历史的锁钥。

在讨论历史认识的方式、范畴的同时,董仲舒还对历史认识的检验予以了论述。《春秋繁露·深察名号》:"名生于真,非其真,弗以为名。名者,圣人之所以真物也。"事物的名称源自于事物自身的属性,没有其属性,就不会用相应的名称。可见,任何名称都是圣贤对事实的认识结果。这就是说,任何历史见解都是学者从对历史事实的认识中总结出来的,不是凭空想象的。换句话说,历史认识正确与否,都需要历史事实来予以检验。从董仲舒的论述看,历史认识的检验方式,有以下几种。一是通过历史事实予以考察。《春秋繁露·竹林》:"夫泰山之为大,弗察弗见,而况微渺者乎?故按《春秋》而适往事,穷其端而视其故,得志之君子,有喜之人,不可不慎也。"泰山虽然巨大,但是不观察是看不见的,历史规则那样的微妙东西更需要观察体验。《春秋》所记载的历史,都是尽量探究其缘由并仔细观察其效果的。所以,后来者如果想实现理想、成就事业,都应该谨慎地予以借鉴。可见,《春秋》所得出的历史观点,都是经过历史事实检验的。《春秋繁露·楚庄王》:"孔子曰:'无为而治,其舜乎!'言其主尧之道而已,此非不易之效与?"孔子非常赞赏舜能够承继尧的政治传统,实现了无为而治。董仲舒认为这是经过历史检验的不可改变的政治经验。二是通过学术讨论予以澄清。《春秋繁露·仁义法》:"夫目不视弗见,心弗论不得。虽有天下之至味,弗嚼弗知其旨也;虽有圣人之至道,弗论不知其义也。"美味佳肴需要品尝才能知其味,卓见高论需要讨论才能领悟其真意。《春秋繁露·深察名号》:"知之名乃取之,圣。圣人之所命,天下以为正。正朝夕者视北辰,正嫌疑者视圣人。"只有圣贤才能准确地把握事物的本质属性,给予正确的名分。圣贤所提出的意见,社会上的人们都以为是正确的。俗话说,了解早晚要看北斗星,辨别是非就要看圣贤。可见,在董仲舒的心目中,圣贤不仅是历史的创造者,而且也是鉴别历史认识对错的标准。三是通过政治实效予以考核。《春秋繁露·保位权》:"挈名考质,以参其实。赏不空施,罚不虚出。是以群臣分职而治,各敬而事,争进其功,显广其名,而人君得载其中,此自然致力之术也。"政治实践中,君主可以根据职位职责及其实际工作予以考核,奖功罚过,注重实效。这样,既可激励各级官员尽职尽责,又可以享受遵从无为之治的规则。而作为历史研究,亦可借此考察当时的历史进程并给予合适的评价。

四、"善善恶恶"的史学方法论

在董仲舒看来,"天人合一"不仅是历史认识的形式,而且也是史学研究的方法论。

"天人合一"讲究的是顺从历史规律,即依照历史发展的顺序采取相应的适应措施。在历史学研究中,历史主义方法论讲究的是根据历史事实来看待历史,尽量减少研究者主观的情感。由此,两者便有了自然的耦合。用董仲舒的话说,就是"善善恶恶"。《春秋繁露·楚庄王》:"吾以其近近而远远,亲亲而疏疏也,亦知其贵贵而贱贱,重重而轻轻也。有知其厚厚而薄薄,善善而恶恶也。有知其阳阳而阴阴,白白而黑黑也。"董仲舒认为自己看透了孔子,对他近身的就写得详细,距远的就写得简略,好的就写好,坏的就写坏,由此可以推知,显贵的就写出其显贵,卑贱的就写出其卑贱;重要的就写出其重要,次要的就写出其次要。也能推知,仁义厚重的就写出厚重,浅薄的就写出浅薄;善良的就写出善良,丑恶的就写出其丑恶。还能推知,属于阳性的就写出其阳性,属于阴性的就写出其阴性;属于金的就写出其白色,属于水的就写出其黑色。总之,历史是什么样子,就照样描述成什么样子。《春秋繁露·竹林》:"《春秋》之道,固有常有变,变用于变,常用于常,各止其科,非相妨也。"《春秋》记载历史有自身的特征,这就是经常依据客观历史情况而变化叙述方法。当历史发生变化,那么,叙述的方式也变化;当历史如常发展,那么,叙述的方式也不变。《春秋繁露·玉英》:"从贤之志以达其义,从不肖之志以著其恶。由此观之,《春秋》之所善,善也;所不善,亦不善也。不可不两省也。"孔子编著《春秋》,按照历史本来的样子,如果实际上是善的,那么在记述中也撰写成善的;如果实际是不善的,那么在记述中也写成恶的。所以阅读《春秋》,一定要注意到善恶两种不同的书写形式。可见,"善善恶恶"笔法,就是事实分析的方法,也可以说是历史主义的方法,是符合史学研究的科学精神的。《春秋》记载齐桓公,只讲"即位",没有称他为"王",原因是齐桓公篡弑其兄,自己不好意思称王,但是毕竟他登上了王位,所以,《春秋》"从其志以见其事也"。《春秋繁露·精华》:"《春秋》固有常义,又有应变。"史学研究历史,有固有的方法论,但也会根据具体情况相应作出应变。"《春秋》之听狱也,必本其事而原其志。志邪者不待成,首恶者罪特重,本直者其论轻。"《春秋》对于历史的评价,一定是依据事实并考核其初衷,其初衷邪佞的不考虑其客观的积极效果,其为首的丑恶者一定要严加斥责,其本性憨直者则予以从轻论处。由此,用历史主义方法分析问题,是根据实际情况分别对待的。所谓的具体问题具体分析,其实正是这个意思。

"天人合一"的内容是将自然与人类两相对照,要么用自然说明人类,要么用人类说明自然,总之是通过比较来实现的。历史学的研究是一种事实分析,其本质就是比较研究。《春秋繁露·楚庄王》:"《春秋》之辞多所况,是文约而法明也。"《春秋》作为历史论著,其叙述大多是用比较的形式,所以其言语很简洁而道理说得很透彻。《春秋繁露·玉杯》:"是故论《春秋》者,合而通之,缘而求之,五其比,偶其类,览其绪,屠其赘,是以人道浃而王法立。"阅读《春秋》,就是综合考察所有的事情,以其本质属性为旨归,将其放在一起比较对照,寻求其相同,删除其不同,即可发现人类历史的本质及规律。如《春秋繁露·三代改制》将夏、商和春秋三个时代进行比较,回答了为什么春秋时代施行的是三等爵制的问题。"春秋何三等?曰:一商一夏,一质一文。商质者主天,夏文者主地,春秋者主人,故三等也。"商代讲究的是内容,信仰天,天有三光,所以施行的是三等爵;夏代讲究的是形式,信仰地,地有五行,所以施行的是五等爵;春秋时代顺从天、地,信仰人,所以也施行三等爵。《春秋繁露·身之养重于利》比较义、利对人生的关系:"利以养其体,义以养其心。心不得义不能乐,体不得利不能安。义者心之养也,利者体之养也。体莫贵于心,故养莫重于义,义之养生人大于利。"如此比较,通俗明白,让人容易接受。《春秋繁露·竹林》记载齐顷公的事迹,说他在即位初年,傲慢无礼,蔑视四邻。晋、鲁联合曹、卫围攻之,结果他做了俘虏。此后,齐顷公发愤图强,伐鲁击卫,一雪前耻。董仲舒比较其前后功过,说:"是福之本生于忧,而祸起于喜也。"由此,董仲舒已经将比较研究升华为辩证分析。又如,《春秋》的主旨是讲究爱人,但是却记载了许多杀人的战争,这个问题怎么看呢?董仲舒分析说,战争虽然总体上说是不对的,但是比较来说,有的战争还是值得肯定的。"战不如不战,然而有所谓善战。不义之中有义,义之中有不义。辞不能及,皆在于指,非精心达思者,其孰能知之。"战争中的是非错综复杂,用言语是很难讲清楚的,只有深入调查,掌握事实本身,进行全面的比较研究,才能把握历史的本质。

"天人合一"注重的是圣贤的先知先觉,意图借助于圣贤的智慧把握历史发展的趋向。历史学研究是一项重要的文化遗产,是凭借着代代薪火相传的方式才能得以传承和发展的。简单说来,历史学的研究,讲究的是承继前人的学术观点,并予以发扬光大。这从史学方法论的角度讲,就是理论分析法。由此,在圣贤的历史观点上,两者就有了共同的话题。为此,董仲舒特别看重前人的尤其是儒家的学说,常常借助孔子的话语论析历史。《春秋繁露·重政》:"圣人思虑不厌,昼日继之以夜,然后万物察者,仁义矣。由此言之,尚自为得之哉。故曰:为人师者,可无慎邪!夫义出于经,经传,大本也。"圣贤们夜以继日地思索考察,才能领悟仁义的真谛,而后将其心得教诲弟子,做教师需要自己谨慎地为人。仁义思想存在于史学论著《春秋》,所以为《春秋》作传疏,是学术发展的最基本形式。《春秋繁露·竹林》叙述宋楚两国相战,楚国围宋城七天还没有攻下。楚庄王派司马子反去查看敌情,宋国华元出城迎见,互相透露实情。当司马子反听说宋城内民众疲惫不堪,缺粮少物时,毅然退兵,并将剩余的粮食送给宋。从行政角度看,司马子反没有及时向楚庄王汇报擅自做主,"是内专政而外擅名也"。但是《春秋》却给予了很好的评价,"为其有惨怛之恩,不忍饿一国之民,使之相食,推恩者远之而大,为仁者自然而美"。董仲舒引用孔子的话说:"故曰:'当仁不让。'此之谓也。"《春秋繁露·精华》为说明任用贤能的重要:"其在《易》曰:'鼎折足,覆公悚。'夫鼎折足者,任非其人也。覆公悚者,国家倾也。"据此,任用贤能的重要性不言而喻。《春秋繁露·度制》更多引用孔子的话语,说明制度建设中的一些原则,是需要考虑的。如,"孔子曰:不患贫而患不均。"再如,"孔子曰:君子不尽利以遗民。"都是说执政者不能尽情奢靡和掠夺财富,而应该给民众以恩惠和适当的财富。

"天人合一"的目的就是借助自然的灾异来警告人们应该谨慎,遵循历史规律,施恩布仁,促进历史进步。由此,"天人合一"所注重的是历史创造主体的自觉性和能动性。在史学研究中,虽然历史主义讲究从客观历史进程看待问题,但是在实践中,常常是以史家主观的意志为转移的。这样,在认识主体性方面,"天人合一"与史学方法论紧密结合,都注重历史的价值分析。《春秋繁露·楚庄王》:"《春秋》分十二世以为三等,有见,有闻,有传闻。"孔子编著《春秋》,根据自己的见闻分为三个时期,第一个是亲身经历的,有哀、定、昭三代;第二个是听亲身经历的人所说的,有襄、成、文、宣四代;第三个时期是听传说的,有僖、闵、庄、桓、隐五代。"所见六十一年,所闻八十五年,所传闻九十六年。于所见微其辞,于所闻痛其祸,于传闻杀其恩。与情俱也。"在亲身经历的六十一年历史中,采用隐晦的语言叙述;在所听到的八十五年历史中,采用鲜明的语言叙述;而在所传说的九十六年历史中,采用纯粹客观的语言叙述。总之,在历史叙述中,与自身的情感态度密切关联。也就是说,孔子的历史叙述采用的是价值分析的方法。《春秋繁露·阳尊阴卑》:"是故《春秋》君不名恶,臣不名善。善皆归于君,恶皆归于臣。"《春秋》记载历史,不会将丑恶的事情记载君主名下,也不会将善良的令名归于臣子。因为在贵族君主政治生活中,所有的好事功绩都归于君主,所有的害事错咎都归于臣子。由此可见,《春秋》的价值分析法是与当时的专制君主制密切相关的,是以违背客观历史真实为代价的。

历史主义方法讲求实事求是,强调研究的客观性;价值分析法讲求情感好恶,强调研究的主观性。那么,究竟何去何从?《春秋繁露·楚庄王》:"然则《春秋》,义之大者也。得一端而博达之,观其是非,可以得其正法。"《春秋》所包含的内容非常广泛,如果能够从中掌握哪怕是一点,并将其理解透彻,弄清是非,那么,就可以得到史学的真谛。由此,对于董仲舒史学方法论中的矛盾,不能用矛盾视角看待,而是应该用复杂的历史研究视野和孔子优秀史学传统的承继视角看待。

五、董仲舒史学思想的民间性质

据《史记》和《汉书》本传记载,董仲舒一生大多是在民间度过的。汉景帝时,董仲舒以《春秋》为博士,带徒授学,但是深居简出,潜心学术,传说"三年不窥园"。汉武帝时,以贤良文学身份应对武帝的问题,被任命为江都王刘易相,其间曾被贬为中大夫,差点被其学生吕步舒诬陷而处死。之后,被公孙弘馋奏,受命任胶西王相。虽然备受礼遇,但是仍然辞官,隐居在家,"终不问家产业,以修学著书为事"。"年老,以寿终于家,家徙茂陵,子及孙皆以学至大官。"可见,虽然董仲舒曾经两度担任封国之相,但是时间很短;虽然也与汉武帝交接,甚至接受廷尉张汤的问学,官位很显要,可是毕竟是瞬间之事,所以董仲舒的一生是求学隐居的一生,是深入了解民间文化的一生。因此,他的史学思想也属于民间文化的范围。

董仲舒的人格体现了娴熟于学问而不谙世事的民间书生特征。他虽然带徒授学,但是与其学生并不熟悉。他做中大夫,以灾异解说辽东高庙、长陵高圆的火灾,他的学生吕步舒并不知道是他的意见,反而参奏其"大愚",使其下狱并要处死。任江都王相期间,江都王曾拿殷三仁与越王勾践的泄庸、文种和范蠡相比,又拿齐桓公请教管仲与自己向他请教作比较。董仲舒自然知道刘易的意思,于是拿柳下惠拒绝回答鲁君关于征伐问题为例,指出仁人的价值是"正其谊不谋其利,明其道不计其功"。由此可见,董仲舒作为书生的卓见及其赤诚,也充分体现了民间学者的迂腐与坦率。如果是一个精通世事或者有野心的人,自然不会有如此固执的历史见解。

最重要的是,董仲舒的思想核心是民间的。众所周知,孔子是"不语怪力乱神"的,但是董仲舒却是以讲鬼神起家的。从汉武帝天人三策开始,董仲舒就竭力宣传他的天人合一思想。所谓"善言天者必有征于人,善言古者必有验于今",专门描述天人感应。在江都王相任上,"仲舒治国,以《春秋》灾异之变推阴阳所以错行,故求雨,闭诸阳,纵诸阴,其止雨反是"。如果求雨,禁止阳性的事物,放纵阴性的事物;相反,如果止雨,则放纵阳性事物,禁止阴性事物。用科学的话说,完全是在装神弄鬼,但用人类学的话说,则是原始感应巫术的民间遗存。按照王先谦追述苏兴的话,"董生此书,说《春秋》者不过十之五六"。考《春秋繁露》,其中讲阴阳、五行等篇章,实际上与《春秋》的原意没有多少关系,可以说是董仲舒借机贩卖自己的私货。而这恰恰是董仲舒对儒学的贡献,是他以民间文化引领儒学发展的新阶段。从儒学发展史看,先秦至汉代儒家的贡献,如果说孔子是引仁注礼,孟子是引义注礼,荀子是引法注礼,那么,可以说,董生就是引天注礼,即用民间的阴阳五行文化解释社会历史的发展问题。由此可见,董仲舒史学思想的民间文化性质及其卓越的历史地位与贡献是相当巨大的。

第二节　司马迁的史学思想

作为中国史学史上的一代昆仑,司马迁及其《史记》受到了历代学者的高度关注,其研究成果之多,可以说是举不胜举。总的来看,目前的司马迁研究,主要集中在以下三个方面。一是将司马迁看作百科全书式的学者,以现代学科知识为底蕴,全面梳理其哲学、经济学、社会学、天文学、军事学、历史学等方面的思想。在这方面,中国史记研究会最为典型。在 20 世纪,他们主编了两套丛书。一套是陕西人民教育出版社 1994 年出版的《司马迁与华夏文化丛书》,共 28 本,包罗天、地、人各方面的系统司马迁研究;一套是华文出版社 2005 年出版的《史记研究集成》,共 14 卷,约 500 万字,从传记、文献、学科和注疏对司马迁予以论析。二是将司马迁看作专门史研究中的一个重要环节。通史有侯外庐主编的《中国思想通史·两汉卷》、张岂之主编的《中国思想学术史·秦汉卷》,断代史有徐复观主编的《两汉思想史》、金春峰主编的《汉代思想史》,等等,都辟有司马迁的专栏。三是将司马迁看作独立的课题来专门研究,如肖黎的《司马迁评传》、李长之的《司马迁的人格与风格》、周一平的《司马迁的史学批评及其理论》,等等。无疑地,这些研究对于我们了解或深入探究司马迁的思想,都有着巨大的指导意义。但是,如果从学科范畴来看,作为史学家的司马迁史学思想研究,显然是非常不够的。一方面,从研究内容来说,上述的司马迁研究虽然成绩非凡,但就史学思想而言,充其量是论析了其在历史哲学思想,或历史文献学与历史研究方法论上的成就,而关于历史学性质、历史认识论等问题,尚缺乏深入全面的谈论。另一方面,从研究方法来说,论者大多紧随司马迁的学术理论来解释司马迁的贡献,忽略了历史学学科本身的要求,因而不能站在学科理论的高度,准确、深入地挖掘司马迁的史学思想。这样,就为进一步梳理司马迁的史学思想提供了相应的空间,使得我们的探究有了可能。

一、"考其行事"与"究天人之际"的双重史学论

对历史学的研究对象及研究任务、历史学的性质及功用等问题有一个清晰的认识,这是历史学家最基本的要求。司马迁作为一名伟大的历史学家,对此问题的认识,当然是有着超越古今的见解。

在《报任安书》中,司马迁论述了历史学的研究对象与研究任务。"仆窃不逊,近自托于无能之辞,网罗天下放失旧闻,略考其行事,综其终始,稽其成败兴坏之纪,上计轩辕,下至于兹,为十表,本纪十二,书八章,世家三十,列传七十,凡百三十篇。亦欲以究天人之际,通古今之变,成一家之言。"在司马迁看来,历史学的研究对象及研究任务有两个层面的内容。在第一个层面,历史学研究的对象是历史事实,其研究任务是揭示历史发展的规律。在这里,"旧闻"包括文献记载和传说(口述)的历史事件,"考其行事,综其终始"是指分析事件的真实状况和完整过程,"稽其成败兴坏之纪"就是说要揭示人们在历史活动中成败得失的缘由,即揭示历史发展的基本规则。总的来说,历史学要研究历史事实的真确状况和完整过程,其任务是揭示人们的得失成败原因,从而寻求历史发展的规则。在第二个层面,历史学研究的对象是"天人之际"和"古今之变",其研究任务是"成一家之言"。也就是说,历史学在探究历史规律(天)与人们活动之间的关系,以及其自身发展变化(古今)之中体现史学家独到的史学见识。显然,第一层面的史学意识是历史学的基本观念,是普通史学必须解决的问题;第二层面的史学意识则是司马迁所处的西汉中期的历史学观念,是史学时代精神的体现。或者也可以说,第一层面是对历史学理论的学科知识的阐释,第二层面则是对历史学理论的课题确立的解释。据此而言,以往的学者在论析司马迁时,大多将注意力放在第二层面上,而忽略了史学思想的一般

观念。如著名的史学家白寿彝先生的论文《司马迁》《说成一家之言》、汪高鑫的《中国史学思想通史·秦汉卷·司马迁的史学思想》里,主要谈到就是第二层面的问题。

关于历史学的学科性质问题,司马迁虽然没有给予明确的论述,但从他对学术性质、五经功用,尤其是对《春秋》性质的论述中,可以总结出其观点:历史学是属于政治性的学问。在司马迁看来,学术本身就是政治的表现,是政治教化的方式。以孔子为例,正是因为春秋时期周朝中央政治的衰落,孔子才开始整理历史典籍,试图以政治教化的方式,实现政治统一。《史记·儒林列传》:"夫周室衰而《关雎》作,幽厉微而礼乐坏,诸侯恣行,政由彊国。故孔子闵王路废而邪道兴,於是论次《诗》《书》,修起礼乐。适齐闻《韶》,三月不知肉味。自卫返鲁,然后乐正,《雅》《颂》各得其所。……西狩获麟,曰:'吾道穷矣。'故因史记作《春秋》,以当王法,其辞微而指博,后世学者多录焉。"据此而论,任何一部学术论著,各自都蕴含着政治教化的功用。《史记·滑稽列传》:"孔子曰:《六艺》于治一也。《礼》以节人,《乐》以发和,《书》以道事,《诗》以达意,《易》以神化,《春秋》以义。太史公曰:天道恢恢,岂不大哉!谈言微中,亦可以解纷。"《太史公自序》又将儒家的典籍功用予以详细论述:"夫《春秋》,上明三王之道,下辨人事之纪,别嫌疑,明是非,定犹豫,善善恶恶,贤贤贱不肖,存亡国,继绝世,补敝起废,王道之大者也。《易》著天地阴阳四时五行,故长于变;《礼》经纪人伦,故长于行;《书》记先王之事,故长于政;《诗》记山川溪谷禽兽草木牝牡雌雄,故长于风;《乐》乐所以立,故长于和;《春秋》辩是非,故长于治人。是故《礼》以节人,《乐》以发和,《书》以道事,《诗》以达意,《易》以道化,《春秋》以道义。"

在儒家典籍中,司马迁最为推崇的是《春秋》,认为它既记载了春秋时期政治的变化,又揭示了政治演进的基本规则。"拨乱世反之正,莫近于《春秋》。《春秋》文成数万,其指数千。万物之散聚皆在《春秋》。《春秋》之中,弑君三十六,亡国五十二,诸侯奔走不得保其社稷者不可胜数。""故《春秋》者,礼义之大宗也。"

那么,作为政治化性质的历史学,其社会政治的鉴戒功用,可以说不言自明:"故有国者不可以不知《春秋》,前有谗而弗见,后有贼而不知。为人臣者不可以不知《春秋》,守经事而不知其宜,遭变事而不知其权。为人君父而不通于《春秋》之义者,必蒙首恶之名。为人臣子而不通于《春秋》之义者,必陷篡弑之诛,死罪之名。其实皆以为善,为之不知其义,被之空言而不敢辞。"《史记·高祖功臣侯者年表序》明确提出要借鉴历史经验:"居今之世,志古之道,所以自镜也,未必尽同。帝王者各殊礼而异务,要以成功为统纪,岂可绲乎?观所以得尊宠及所以废辱,亦当世得失之林也,何必旧闻?"《史记·项羽本纪》批评项羽不接受历史的教训:"自矜功伐,奋其私智而不师古,谓霸王之业,欲以力征经营天下,五年卒亡其国,身死东城,尚不觉寤而不自责,过矣。"《史记·酷吏列传》中,司马迁理性地指出,像杜周、郅都等十位酷吏,也有经验教训需要借鉴:"然此十人中,其廉者足以为仪表,其污者足以为戒,方略教导,禁奸止邪,一切亦皆彬彬质有其文武焉。"

二、"天人合一"视域下的仁智历史观

深刻揭示历史本质也是历史学家最基本的要求。司马迁出于历史学职业和时代的需要,对历史本质予以了比较全面的论析。

《史记·项羽本纪》评说项羽,"非有尺寸",在秦末"豪杰蜂起,相与并争,不可胜数"之时,只用三年的时间,"将五诸侯灭秦,分裂天下;而封王侯,政由羽出,号为霸王","近古以来未尝有也"。但是项羽没有吸取历史上封邦建国的经验,又只用了五年时间,身败国亡。《史记·楚元王世家》批评楚王刘戊不听从其太傅申公培的劝诫反而囚禁之,而赵王刘遂不接受防与的劝诫,与吴王刘鼻联合谋反,最后遭遇杀戮,其问题在于诸侯王不能任用贤人,"安危在出令,存亡在所任。诚哉是言也"。由此看来,在司马迁的心目中,历史是人类自身的活动,尤其是那些杰出人物的活动。据此而言,人是历史的主人,人们似乎可以肆意主宰历史的发展,但是人必将受到自己肆情任性所带来的不利后果。换句话说,历史虽然是人类自己的活动,但是人并不能完全主宰历史,因为历史有其自身的运动规律。人在活动中必须遵从其规律,否则终将受到历史的处罚,被历史的滚滚洪流所淘汰。《史记·外戚世家》:"夫乐调而四时和,阴阳之变,万物之统也。可不慎与?人能弘道,无如命何?"这就是说,正如乐声谐调、四季和顺、男女匹配是世间生物发展的基本规则,历史发展的规律就是和谐共处、互生互荣。诚然,历史规律体现在人们的活动之中,但人不能完全主宰自己的命运,肆意妄为。以男欢女爱为例,君主不可能得到臣子享有的欢爱,父辈也不可能得到子辈享有的欢爱;即使享有男女欢爱,也不一定会生育后代;即使生育后代,也不一定能得以善终。其原因就是历史发展有其不以人意志为转移的客观规律。所以,谨慎地遵从历史规律,才是正确的选择。

那么,历史规律究竟是什么呢?"孔子罕称命,盖难言之也。非通幽明之变,恶能识乎性命哉!"这里的"命""幽明之变"就是基于历史规律认识上的人的行为及其结果。连孔子都难以把握的历史规律,看来是真的很难讲清楚。如果不深入理解天人之间的关系,是不可能认识历史规律的。当然,司马迁这

样讲,实际上是表明自己才是真正了解"幽明之变",即历史规律的人。

那么,司马迁眼中的历史规律是什么呢?《史记》洋洋洒洒数十万言,司马迁并没有明说历史规律是什么,但是字里行间却无不透露其卓越的见识。

在司马迁看来,历史规律固然难以言表,但是在人们的历史活动中,却应该考虑以下与历史规律相关的因素。

第一,时势。所谓时势,主要是指历史发展的时间和人在社会中的地位两个因素。司马迁认为,历史与自然融为一体,构成了影响人们活动成败的因素。《史记·天官书》:"日变修德,月变省刑,星变结和。凡天变过度,乃占。""太上修德,其次修政,其次修救,其次修禳,正下无之。"日蚀的时候,国君要修德;月蚀的时候,国君要赦免刑犯;星象变异的时候,国君要考虑与邻国议和。总之,只要天象发生异常,君王就要考虑为政之得失,采取相应的对策,从而顺应历史规律。《史记·楚世家》描述,楚灵王得势时,会盟诸侯于申,诛杀庆封于朱方,建筑章华台,问鼎周天子,其得意忘形,不可一世;而当他受到弟弟比、哲的篡逆,却饿死在申亥家,闹成天下笑话。楚平王更是荒唐,将本来做儿媳妇的秦女霸占为妃,差点亡国。"操行之不得,悲夫。势之于人也,可不慎与?"掌握权势的人,一定要保持高尚的品行,谨慎地运用权势。换句话说,就是要遵从历史的规则。《史记·郑世家》引民谚"以权利合者,权利尽而交疏",其意是说,依靠权利获得暂时的政治结合,终将随着权利的消逝而分开。如郑国的甫瑕指望杀害子婴以获得厉公复位而使自己争得政治地位,却被厉公视为二心之人而遭杀。由此,在司马迁看来,密切关注自然的变化,适时采取行动,谨慎地利用权势,恰当地料理事务,是遵从历史规律,推进历史进步的基本途径。

第二,经济。所谓经济,主要就是指历史发展中社会经济生活或物质资料所占的主导因素。《史记·货殖列传》从三个方面讲述经济的作用。其一,自然资源是人类生存的基本条件,谋取资源是历史的基本内容和规则。如山西的木材,山东的鱼、盐,江南的枏、梓,龙门、碣石的马、牛、羊,等等,都是人们生活的必需物品,"皆中国人民所喜好,谣俗被服饮食奉生送死之具也"。一部人类历史就是经济开发的自然发展过程,"人各任其能,竭其力,以得所欲。故物贱之征贵,贵之征贱,各劝其业,乐其事,若水之趋下,日夜无休时,不召而自来,不求而民出之。岂非道之所符,而自然之验邪"。谋取经济利益是人类历史的基本规则。"故曰:'天下熙熙,皆为利来;天下壤壤,皆为利往。'夫千乘之王,万家之侯,百室之君,尚犹患贫,而况匹夫编户之民乎!"其二,基本经济需要的满足是人类道德和制度的保障。"故曰:'仓廪实而知礼节,衣食足而知荣辱。'礼生于有而废于无。故君子富,好行其德;小人富,以适其力。渊深而鱼生之,山深而兽往之,人富而仁义附焉。富者得势益彰,失势则客无所之,以而不乐。"其三,重视经济发展是政治的基本职能。"周书曰:'农不出则乏其食,工不出则乏其事,商不出则三宝绝,虞不出则财匮少。'财匮少而山泽不辟矣。此四者,民所衣食之原也。原大则饶,原小则鲜。上则富国,下则富家。贫富之道,莫之夺予,而巧者有余,拙者不足。"如齐国在姜太公时就注意因地制宜,发展纺织业和盐业,桓公时管仲又注意工商业的发展,才铸就了齐国的富强。众所周知,强调经济在历史发展中的主导作用,是唯物史观的基本观点,而早在两千年前的司马迁就已经充分注意到了,由此可知,古代中国的史学家具有卓越的见识。

第三,仁智。所谓仁智,主要是指历史发展中人的仁德和智慧所起到的主导作用。强调仁义在历史发展中的重要作用,是汉初著名的思想家陆贾、贾谊对秦朝速亡史的总结,即所谓"仁义不施"。司马迁完全接受了仁义历史观,并且特别强调所谓的仁德。在他看来,所谓仁义就是充分关注大多数人的利益。用今天的话说,就是关注社会下层百姓的生活。所以对于汉初的黄老无为政策,司马迁予以了高度的评价。《史记·吕太后本纪》记载,其时,"黎民得离战国之苦,君臣俱欲休息乎无为",惠帝、高后,"政不出房户,天下晏然。刑罚罕用,罪人是希。民务稼穑,衣食滋殖"。《史记·孝文本纪》:"汉兴,至孝文四十有余载,德至盛也",但是仍然推行无为,"呜呼,岂不仁哉"。《史记·律书》:"文帝时,会天下新去汤火,人民乐业,因其欲然,能不扰乱,故百姓遂安;自年六七十翁亦未尝至市井,游敖嬉戏如小儿状。孔子称有德君子者耶!"在这里,司马迁非常欣赏汉文帝,因为汉文帝完全有能力"改正服封禅",即在政治上有所作为,可是他"谦让",仍然实行无为政策。可见,司马迁的仁义史观是基于时代政治对儒家仁德思想发展的基础之上。此其一。

其二,司马迁又特别强调智慧的作用。《史记·荆燕世家》记载,荆王刘贾在楚汉激战之时,紧随汉高祖,占领项王的后方,断其给养,又策反楚大司马周殷,所以被分封为荆王。燕王刘泽则是在吕后当政时,接受田子春的计谋,攀附吕氏被封为王;当吕氏过世,又积极谋划歼灭诸吕,迎立文帝,被徙为燕王。对荆王、燕王,司马迁称赞,"岂不为伟乎"。考"伟"字,泷川资言《史记会注考证》中注引唐司马贞《史记索隐》:"伟者,盛也。"日中井隆德:"伟者,超常之意。不当训'盛'。"王念孙:"《汉书》'危',读为'诡'。'诡'者,奇异之称。"在这里,笔者觉得将"伟"解释为"盛",比解释为"超常""奇异",或"危""诡"更贴合司马迁的本意。因为司马迁的本意是说,刘贾、刘泽能在历史发展的紧要关头,毫不犹豫地做出正确的抉择,顺从了历史规律,从而展现了令人惊叹的历史智慧。换句话说,充分地发挥个人的智慧,是遵从历史规律,并推进历史发展的前提。《史记·萧相国世家》记载,萧何仅是个"刀笔吏",即文书,他跟随刘邦也只是做了管理仓库和更改秦法两件事,但是"位冠群臣,声施后世,与闳夭、散宜生等争烈矣"。其因就是萧何有顺从历史规律的大智慧,"依日月之末光,何谨守管籥;因民之疾法,顺流与之更始",与被诛灭的韩信、黥布等相比,"而何之勋烂焉"。《史记·韩信卢绾列传》记载,韩王信、卢绾凭借一时的智慧被封为王侯,但是对内不能消除猜忌,对外又不能抵御匈奴,"是以日疏自危,事穷智困",最后投降匈奴,"岂不哀哉";陈豨"将军守边,招致宾客而下士,名声过实",当"邪人进说"时,不能妥善处理,结果被逼叛国。"於戏悲夫!夫计之生孰成败於人也,深矣。"真是可悲呀,个人智慧的成熟与否、成功与否都完全取决于其能否顺从历史规律。可见,如果说司马迁对荆王刘贾、燕王刘泽和相国萧何能够发挥智能、顺从历史规律予以赞扬的话,那么,对韩王信、卢绾和陈豨不能顾全大局、顺应形势则予以批评。可见,司马迁对于智慧的历史功用并不是无原则地推崇。

第四,传统。所谓传统,就是历史发展的延续性、连续性和继承性。在历史发展中,传统的呈递,充分体现着历史的规律性。司马迁在历史研究中,非常重视传统的历史功用。在他的心目中,传统对于历史的积极作用,主要体现在两个方面:一方面,所谓传统就是指家族的血缘承传。《史记·陈杞世家》指出,舜禅位于禹,"而后世血食者历三代。及楚灭陈,而田常得政于齐,卒为建国,百世不绝,苗裔兹兹,有土者不乏焉"。与舜相比,禹家族传承到周杞国时已经衰微,后来又被楚惠王所灭。另一方面,所谓传统是指基于家族血缘之上的"善",亦即能够顺从历史规律的文明传承。《史记·秦楚之际月表》:"昔虞、夏之兴,积善累功数十年,德洽百姓,摄行政事,考之于天,然后在位。汤、武之王,乃由契、后稷修仁行义十余世,不期而会孟津八百诸侯,犹以为未可,其后乃放弑。秦起襄公,章于文、缪、献、孝之后,稍以蚕食六国,百有余载,至始皇乃能并冠带之伦。以德若彼,用力如此,盖一统若斯之难也。"虞、夏两个朝代的兴盛,是因为之前有舜、禹数十年的德政;商汤、周武王能够夺得政权,也是因为其祖宗契、后稷以后十几代人都在推行仁政;秦始皇能够统一六国,也是因为从秦襄公开始的计划准备。《史记·越王勾践世家》分析勾践所以能够卧薪尝胆、灭吴称霸,是因为有大禹的德行恩泽。"勾践可不谓贤哉!盖有禹之遗烈焉。"《史记·东越列传》指出,越虽然是蛮夷,但是能够"历数代长为君王""世为公侯",还是因为大禹的功劳。"其先岂尝有大功德于民哉","盖禹之余烈也"。可见,历史业绩的创建,来自于久远的历史传统。换句话说,传统是历史发展的量的积累,这个量不仅仅是指历史时间,还指历史活动者的德行,即符合百姓利益、遵从历史规律的行政能力和行为。

综上所述,在司马迁心目中,时势、经济、仁智和传统是构成历史规律的主要元素。人们要想顺从历史规律,应该充分考虑这四个因素。其中,司马迁最重视的是仁智因素,这显然是承继了陆贾、贾谊的历史观。

三、"好学深思,心知其意"的历史认识论

历史认识论的任务是探讨如何准确地把握历史规律。既然司马迁在历史规律方面有着独到的见识,那么,其在历史认识论方面自然亦有高见。

在司马迁看来,历史是可以认识的,其客观原因是历史文献的存在。《史记·六国年表》:"太史读秦记,至犬戎败幽王,周东徙洛邑,秦襄公始封为诸侯,作西畤用事上帝,僭端见矣。"又,编纂《六国年表》的目的是,"著诸我闻兴坏之端。后有君子,以览观焉"。编纂《史记·高祖功臣侯者年表》的目的是,"后有君子,欲推而列之,得以览焉"。由此,通过文献不仅可以了解历史发展,还可以传播历史信息,其主观原因是历史认识主体的主动性和能动性。《史记·孔子世家》:"余读孔氏书,想见其为人。适鲁观仲尼庙堂车服礼器,诸生以时习礼其家,余只回留之,不能去云。"读孔子的书,考察孔庙的陈设以及正在研习礼仪的学生,司马迁逐渐理解了孔子的政治理想。《史记·五帝本纪》:"《书》缺有间矣,其轶乃时时见于他说。非好学深思,心知其意,固难为浅见寡闻道也。余并论次,择其言尤雅者,故著为本纪书首。"文献如《尚书》记载黄帝事迹还有很多的缺漏,但是可以在相关的文献中找到。如果不勤读多思,就很难心领神会,所以对于那些见识浅薄的人,不容易说清楚。由此,司马迁将黄帝等五帝事迹编排一起,选择那些记述真实的作为《史记》的篇首。可见,正因文献传递着历史的信息,加之主体相应的知识背景,历史认识即可展开。

问题在于,历史认识是如何展开的?换句话说,历史认识有哪些形式呢?

读《史记》可知,司马迁认识历史的形式主要有以下三种。

其一,文献形式,即通过文献来认识历史。《史记·五帝本纪》:"予观《春秋》《国语》,其发明五帝德、帝系姓章矣,顾弟弗深考,其所表见皆不虚。"《春秋》《国语》等文献有关五帝政绩、赓续事迹很明白,不用过多考证,它们所记载的都是真实的。《史记·三代世表》:"五帝、三代之记,尚矣。自殷以前诸侯不可得而谱,周以来乃颇可著。"有关五帝、三代的记述,已经很久远了。殷商以前诸侯的事迹不能描述,但是周代以来的事迹,文献记载得很明白。

其二,考察形式,即通过实地调研认识历史。《史记·礼书》:"余至大行礼官,观三代损益,乃知缘人情而制礼,依人性而作仪,其所由来尚矣。"司马贞《史记索隐》:"大行,秦官,主礼仪。汉景帝改曰大鸿胪。鸿胪者,掌九宾之仪也。"礼仪是政治的枢纽,所谓"宰制万物,役使群众"。但是,礼仪缘何而产生?

为此,司马迁亲临掌管礼仪的官衙,体验礼仪设置缘自"人情""人性"。《史记·屈原贾生列传》:"余读《离骚》《天问》《招魂》《哀郢》《悲其志》。适长沙,观屈原所自沉渊,未尝不垂涕,想见其为人。及见贾生吊之,又怪屈原以彼其材,游诸侯,何国不容,而自令若是。读《鵩鸟赋》,同死生,轻去就,又爽然自失矣。"一边是阅读屈原、贾谊的诗赋,一边是实地调研,设身处地,司马迁愈加理解二位先贤的生活遭遇及精神。

其三,口述形式,即通过身边人的介绍认识历史。《史记·淮阴侯列传》:"吾如淮阴,淮阴人为余言,韩信虽为布衣时,其志与众异。"口述史学中,韩信布衣时"志与众异",与甘受胯下之辱的事实相符。《史记·卫将军骠骑列传》:"苏建语余曰:'吾尝责大将军至尊重,而天下之贤大夫毋称焉,愿将军观古名将所招选择贤者,勉之哉。'大将军谢曰:'自魏其、武安之厚宾客,天子常切齿。彼亲附士大夫,招贤绌不肖者,人主之柄也。人臣奉法遵职而已,何与招士!'骠骑亦放此意,其为将如此。"卫青、霍去病以外戚身份荣升大将军,统军剿灭匈奴,但其威名不扬。苏建建议卫青仿效古代名将招养贤士以博取美名,岂知卫将军胸中自有镜鉴,不愿如魏其、武安被天子所嫉恨。听苏建话,方知作为外戚的卫青、霍去病并不是不懂政治的人。《史记·魏公子列传》:"吾过大梁之墟,求问其所谓夷门。夷门者,城之东门也。"经实地调研,司马迁才知道所谓的"夷门"就是"城之东门"。

明白了历史认识的形式之后,如何通过文献、考察与口述的方法来把握历史呢?换句话说,认识历史要掌握那些内容?亦即历史认识的范畴是什么?

读《史记》可知,司马迁心目中历史认识的范畴主要是"天人""古今"与"始终"三个概念。

所谓"天人"范畴,如上所述,就是司马迁所说的"究天人之际",亦即探究历史规律与人的历史活动之间的相互关系。一方面,历史发展是一个自然的过程;另一方面,历史不过是追求着自己的目的人的活动而已。理论上说,当人们的活动符合客观外界的规律,即可达到自己主观的目的。可是在实践中,即使人们符合规律性的活动,也有可能事与愿违,这就是司马迁非常纠结的地方。《史记·伯夷列传》:"或曰:'天道无亲,常与善人。'若伯夷、叔齐,可谓善人者非邪?积仁洁行如此而饿死!且七十子之徒,仲尼独荐颜渊为好学。然回也屡空,糟糠不厌,而卒蚤夭。天之报施善人,其何如哉?盗跖日杀不辜,肝人之肉,暴戾恣睢,聚党数千横行天下,竟以寿终。是遵何德哉?此其尤大彰明较著者也。若至近世,操行不轨,专犯忌讳,而终身逸乐,富厚累世不绝;或择地而蹈之,时然后出言,行不由径,非公正不发愤,而遇祸灾者,不可胜数也。余甚惑焉,倘所谓天道,是邪非邪?"人们常说,历史规律是不以人的意志为转移的,那些遵从规律的人经常会得到恩惠。但是像伯夷、叔齐这样遵从历史规律的人,一味地操守节行却被饿死。孔子的学生颜回最勤于探究历史规律,却连糟糠都吃不饱,夭折而死。而盗跖群集罪犯,杀人吃人,竟然享有天年。再说近代以来,那些违礼犯忌者反而享乐富有,而那些谨慎操行者反遇灾祸。由此,历史规律与人的操行,究竟是什么关系呢?司马迁十分困惑。考"天人之际"的缘由,盖因秦汉时代虽仍为礼治社会,但沧桑巨变,价值取向错位,优秀传统遗失,因而历史规律与人的际遇不一定吻合。正如《史记索隐》所指出:"盖天道玄远,聪听暂遗,或穷通数会,不由行事,所以行善未必福,行恶未必祸,故先达皆犹昧之也。"司马迁虽"甚惑""犹昧",但不沮丧。一方面,他赞同孔子的"各从其志"的人生态度;另一方面,他要尽自己所能,"究天人之变"。由此,可以说,"天人"范畴是时代所赋予的重要的社会历史问题。司马迁以之作为历史认识的范畴,有着深刻的时代意义和学术价值。

所谓"古今"范畴,如上所述,就是司马迁的"通古今之变",亦即探究历史的发展变化。根据"古今之变",司马迁将历史大致分为三个时期。第一时期是从远古到周召共和,这一时期又可分为两个阶段,第一阶段是从远古到夏禹,其特点是渺茫难知,主要是传说的资料,也有文献资料,但是司马迁认为"文不雅驯";第二阶段是从夏禹到周召共和,《尚书》和一些传说,证实这个阶段的历史大多是可信的。第二时期是从周召共和到西汉王朝的建立,这一时期可分为三个阶段,第一阶段是周召共和到孔子编纂《春秋》;第二个阶段是从春秋到秦始皇统一,主要是周天子、诸侯王国和秦王朝的赓续;第三个阶段是楚汉战争。《史记·十二诸侯年表》:"谱十二诸侯,其共和讫孔子。"《史记·六国年表》:"起周元王,表六国时事,讫二世,凡二百七十年。"《史记·秦楚之际月表》:"初作难,发于陈涉;虐戾灭秦,自项氏;拨乱诛暴,平定海内,卒践帝祚,成于汉家。五年之间,号令三嬗。自生民以来,未始有受命若斯之亟也。"第三个时期是汉王朝建立到汉武帝,这一时期可分为两个阶段。第一阶段是从汉高祖刘邦到汉景帝,第二个阶段是汉武帝在位时期。在整个历史时期,司马迁最为重视的当然是第三个时期,亦即汉王朝时期,按其乃父的意见,这是亘古以来最为辉煌的时期。依后世王充对《史记》的理解,身处其时的史学家的职责就是"宣汉"。读《史记》,我们知道司马迁不辱使命,很全面地记述了汉代的社会历史面貌。遗憾的是,因司马迁遭遇辱刑,其文字多有怨愤;可喜的是,这反而更真实地反映了社会生活的情形。

所谓"终始"范畴,就是对历史发展的源流自始至终地完整地予以考察分析。"终始"有两个方面的含义,其一是时间上,主要是指历史发展的来龙去脉,亦即历史存在的延续性、连续性,也可以说是规律性;其二是空间上,主要是指历史发展的联系性、延伸性,也可以说是事物之间的互相依存、作用与转化。可以说,"终始"是历史认识最基本的要求,当然也是司马迁"天人"与"古今"范畴的综合体现。在"天人"范畴中,司马迁纠结的问题,在这里得到了解决。《史记·陈涉世家》:"陈胜虽已死,其所置遣侯王将相竟亡秦,由涉首事也。高祖时为陈涉置守冢三十家砀,至今血食。"陈胜个人没有享受首义的福分,但其后代却承其福祉。可见,个人福祉不能仅以自己的享有为评价的标准,而是要考察其身前身后家族的祖荫。《史记·天官书》指出,要想掌握"天运",即历史规律,必须从总体上认识历史,"为国者必贵三五,上下各千岁,然后天人之际续备"。只有积聚三十年一小变,五百年一大变,甚至一千年的变化的天人关系知识,才能理解历史规律。在"古今"范畴中,司马迁困惑的问题,在这里也得到了解释,如前述勾践的强大是因夏禹的余烈。《史记·六国年表》指出,"法后王",即重视近代史的研究是对的,因"战国之权变亦有可颇采者";"秦取天下多暴,然世异变,成功大","近己""易行";批评"法先王",即重视古代史的研究是"牵于所闻","不察其终始",是"耳食"。《史记·太史公自序》中司马谈以"孝"为个案,讲"终始"的意蕴,"且夫孝始于事亲,中于事君,终于立身。扬名于后世,以显父母,此孝之大者"。

在司马迁的历史认识范畴中,可以说,"天人"范畴体现了司马迁所处的时代精神,"古今"与"终始"范畴则是历史认识的基本要求。当然,在史学实践中,"天人""古今"则都受到"终始"范畴的制约。

历史认识是对过往的事情予以评判论析,其正确与否,尚需要一定条件的验证。问题在于,检验历史认识正确与否的标准是什么?在司马迁看来,主要是历史事实和历史文献。

一是历史事实。所谓历史事实就是指客观历史事件。因历史已逝,似乎可以任人臆说。其实,客观历史事实却可以经过人们的主观思维予以推知。首先可以通过历史时间来考证。《史记·周本纪》:"学者皆称周伐纣,居洛邑。综其实,不然。武王营之,成王使召公卜居,居九鼎焉,而周复都丰、镐。至犬戎败幽王,周乃东徙于洛邑。"周武王开始营建洛阳,成王时召公将九鼎置放在洛阳,但是周的国都一直到周幽王时,都设置在丰镐。其次可以通过历史地理的考察来验证。《史记·淮阴侯列传》:"其母死,贫无以葬,然乃行营高敞地,令其旁可置万家。余视其母冢,良然。"司马迁从风水学的角度认为,韩信如果能够学会谦让,其功勋可以与周公、召公和太公相提并论,可惜他"谋叛逆,夷灭宗族",是其咎由自取。《史记·孟尝君列传》:"吾尝过薛,其俗闾里率多暴桀子弟,与邹、鲁殊。问其故,曰:'孟尝君招致天下任侠,奸人,入薛中盖六万余家矣。'世之传孟尝君好客自喜,名不虚矣。"

二是历史文献。司马迁所谓的历史文献主要是指先秦诸子,尤其是孔子等的论著。《史记·管晏列传》:"吾读管氏《牧民》《山高》《乘马》《轻重》《九府》及《晏子春秋》,详哉其言之也。"管仲和晏子的书籍即可验证其执政的理念和行为。《史记·伯夷列传》:"夫学者载籍极博,犹考信于六艺。诗书虽缺,然虞夏之文可知也。"阅读儒家的经典就可以丰富和验证历史知识。

四、"以仁义为本"的史学方法论

史学方法论是史学家研讨历史,形成历史观点的基本技能,司马迁能著《史记》这部不朽之作,其史学方法论当然有着独步百家的地方。唯物史观认为,史学方法论是历史观的具体展现,受制于历史观念,有什么样的历史观就会有什么样的史学方法。如前所述,司马迁的历史观以仁智为主,那么,其史学方法论自然也以仁智为主。《史记·陈涉世家》借褚少孙的话:"夫先王以仁义为本,而以固塞文法为枝叶,岂不然哉。"将仁义作为政治的根本,将险峻地理和严酷刑罚作为枝叶,这是历史最宝贵的政治经验。同样的,研究历史也要以仁义为价值核心,而将其他史学方法看作细枝末节。

以仁义为核心价值,品味《史记》的史学方法,可以发现,司马迁的观点主要展现在历史类比、文明史观和理论分析三个方面。

一是历史类比法。所谓历史类比就是将两个或两个以上的历史事物放在一起,比较对照,寻绎其异同,分析其缘由,总结其规则。可以说,类比法是人类认识世界的基本方式,但因事务繁杂,事物的性质也丰富多姿,类比的内容也就可能多种多样。因而,类比法实施的前提就是依照既定的历史观念,或者说是为论证既定的历史观念而进行。《史记》的叙述,本身就是依据历史类比的规则来进行的;而其历史观念,正是儒家的仁义观念。《史记·项羽本纪》根据周生的口述,"舜目盖重瞳子",又听说项羽也是"重瞳子",由此推测,项羽是舜的后裔,"羽岂其苗裔邪",以此来隐喻项羽成为霸王的历史合理性。《史记·袁盎晁错列传》载,袁盎和晁错是汉文帝、汉景帝时的两个大臣。两人的出身经历相仿,都是以智能谋划赢得政治本钱的,如袁盎曾建议周勃、申屠嘉恪守礼仪,而晁错做太子舍人时已被誉为"智囊",但是两人平时却互相敌视,"盎素不好晁错,晁错所居坐,盎去;盎坐,错亦去。两人未尝同堂语"。晁错出任汉景帝朝的御史大夫,就以接受吴国贿赂罪将袁盎贬为庶人;吴楚之乱发生,晁错准备继续惩治袁盎,袁盎则联合窦英归咎晁错,晁错反而被处死。吴楚之乱平息后,袁盎出任楚国相,不久病免,最终被景帝所派刺客所杀。司马迁是从两个角度评价二人,一是从政治上,司马迁指斥两人关键时刻不能以国家大局为重,"诸侯发难,不急匡救,欲报私雠,反以亡躯。语曰:'变古乱常,不死则亡。'岂错等谓邪"?二是从德行上,司马迁比较偏爱袁盎,不太喜欢晁错,说"袁盎虽不好学,亦善傅会,仁心为质,引义慷慨";说晁错"为人穞直刻深",借其乃父的话批评其削藩政策,"刘氏安矣,而晁氏危矣,吾去父归矣","吾不忍见祸及吾身"。可见,历史类比法的运用中,客观上是历史现象的属性抽绎,主观上则是司马迁仁智史观的展现。

二是文明史学的研究法。所谓文明史学就是注重历史发展中的创造和创新。文明史学如果作为史学中的新课题或新门类来说,肇端于20世纪初,其时西学东渐,承戊戌变法的遗续,诸学者欲效西方先进的物质文明,故在史观上重视历史的发明创造,在史学上讲究史学的科学性,即将史学看作探究世界的一种方式,在史学方法上则重视归纳和统计,试图在诸多相似的历史现象中抽绎历史发展的规则。以此观照《史记》,即可发现,司马迁基于历史传统,更重视人们凭借仁智的历史创造。《史记·孔子世家》:"天下君王至于贤人众矣,当时则荣,没则已焉。孔子布衣,传十余世,学者宗之。自天子王侯,中国言六艺者折中于夫子,可谓至圣矣!"孔夫子虽然出身布衣,但其创造的"六艺"却成为中华优秀文化的载体,可以说他是历史上最伟大的人。在这里,司马迁所讲究的创造发明,是以儒家的仁智为核心价值的。换句话说,虽然历史上也有很多人做了创造发明的事宜,但因其初衷是谋求私利,司马迁并不是很赞同。《史记·吕不韦列传》记述吕不韦扶持子楚归国上位秦王,被委任为丞相,又招募士人,编纂《吕氏春秋》,这在历史上也算是前所未有的贡献。但是司马迁评价说:"孔子之所谓'闻'者,其吕子乎?"《论语》:"夫闻也者,色取仁而行违,居之不疑,在邦必闻,在家必闻。"《史记集解》引马融话说:"此言佞人也。"《史记·李斯列传》批评李斯由布衣出任秦相,不胜其任,"斯知六艺之归,不务明政以补主上之缺。持爵禄之重,阿顺苟合,严威酷刑。听高邪说,废適立庶。诸侯已畔,斯乃欲谏争,不亦末乎!人皆以斯极忠而被五刑死,察其本,乃与俗议之异。不然,斯之功且与周、召列矣"。《史记·蒙恬列传》:"吾适北边,自直道归,行观蒙恬所为秦筑长城亭障,堑山堙谷,通直道,固轻百姓力矣。夫秦之初灭诸侯,天下之心未定,痍伤者未瘳,而恬为名将,不以此时强谏,振百姓之急,养老存孤,务修众庶之和,而阿意兴功,此其兄弟遇诛,不亦宜乎!何乃罪地脉哉?"蒙恬所修筑的长城虽然险固,但是没有考虑秦灭六国之后,民心思定,民生是困。作为名将的蒙恬不去劝谏,反而为了保全自己的地位,阿谀奉承,结果兄弟双双被杀。由此可见,司马迁所谓的创造发明是基于仁智,即儒家的民本思想之上的,是有着深厚的社会伦理基础的。对于推崇科技发明和创新的今天来说,司马迁的文明史方法可以说有着积极的借鉴意义。

三是理论分析法。所谓理论分析,就是以现有的真理性认识的思想观点作为价值标准,评价历史事物。考《史记》的理论价值标准,如前所述,主要是以儒家思想为核心。《史记·万石张叔列传》:"仲尼有言曰:'君子欲讷于言而敏于行。'其万石、建陵、张叔之谓邪?是以其教不肃而成,不严而治。塞侯微巧,而周文处讇,君子讥之,为其近于佞也。然斯可谓笃行君子矣!"根据孔子的意见,万石君石奋、建陵侯卫绾、御史大夫张叔(欧)、塞侯直不疑、郎中令周文等,都是不善言谈,不随便搬弄是非的人。《史记·张释之冯唐列传》:"张季之言长者,守法不阿意;冯公之论将率,有味哉!有味哉!《语》曰:'不知其人,视其友。'二君之所称诵,可著廊庙。《书》曰:'不偏不党,王道荡荡;不党不偏,王道便便。'张季、冯公近之矣。"在这里,司马迁用《论语》和《尚书》的话语称赞张释之、冯唐不唯上不欺下,以制度为准绳。在《史记》中,司马迁也引用《老子》的话语评判历史。《史记·扁鹊仓公列传》:"女无美恶,居宫见妒;士无贤不肖,入朝见疑。故扁鹊以其伎见殃,仓公乃匿迹自隐而当刑。缇萦通尺牍,父得以后宁。故老子曰:'美好者,不祥之器。'岂谓扁鹊等邪?若仓公者,可谓近之矣。"身处高位或者身怀奇才,应该说是人的福分,但因引人妒忌,就有可能带来灾难。老子的无用即有用的逆向思想,在司马迁这里得到了很准确的诠释。此外,在《史记》中,司马迁还常常用民谚俗语来评价历史。《史记·汲郑列传》批评人情冷暖,借廷尉翟公的话:"一死一生,乃知交情。一贫一富,乃知交态。一贵一贱,交情乃见。"可见,民谚俗语蕴含着明白晓畅的哲理智慧,深刻揭示了社会历史的公理性知识。司马迁不惜笔墨引用,可能正是其"成一家之言"的努力吧。

五、"奉职循理"的史料编纂论

史料作为历史研究的基础,在史学理论中占据着极为重要的地位。可以说,历史研究的进程就是史料的搜集到考释,再到编纂的过程。前述司马迁有关历史、认识和方法的观点,正是对史料考释的说明,而有关史料编纂的观点,还需要我们来讨论。

作为一部体大思精的史学巨著,《史记》在史料编纂方面有什么特别的贡献呢?考《史记》的编纂原则,其基本内容就是宗法政治、仁义与智慧。

其一,"奉职循理"。《史记·循吏列传》:"奉职循理,亦可以为治。"司马迁认为,行政的奥秘在于法律制度颁布实施后,行政官吏若能够各司其职,依职行事,百姓自然就遵纪守法。"良民惧然身修者,官未曾乱也。"显然,司马迁是用道家的无为观念来阐释政治艺术的。但若以此观照《史记》的编纂艺术,即可发现,司马迁正是模仿政治体制来编制史书的。《史记》共130卷,其中十二本纪、十表、八书、三十世家、七十列传,其总体架构完全是依照宗法制度下的政治体制来安排的。本纪、世家和列传相当于天子、诸侯和士大夫,表则是从历史延续上考察天子、诸侯和士大夫的政治沿革,书则相当于制度法令。由此,可以说,一部《史记》实际上就是政治体制的浓缩,是宗法政治的折射。后世诸君讨论《史记》的编纂成就,往往拘泥于本纪、表、书、世家和列传的创制,而忽略其社会政治历史的本源,显然不能把握司马迁的初衷。

其二,"以仁义为本"。《史记·汉兴以来诸侯王年表》:"臣迁谨记高祖以来至太初诸侯,谱其下益损之时,令后世得览。形势虽强,要之以仁义为本。"总结汉高祖到武帝太初年间诸侯王的盛衰荣辱,供后世阅读借鉴,虽然内容异常复杂,但关键是以仁义作为编纂的标准。由此可见,虽然历史上人事繁杂,但《史记》的编纂以"仁义"为遴选的价值标准,使得符合者列入青史,不符者即可剔除。《史记·礼书》:"人道经纬万端,规矩无所不贯,诱进以仁义,束缚以刑罚,故德厚者位尊,禄重者宠荣,所以总一海内而整齐万民也。"人事繁杂,法令繁芜,但是按照仁义的标准,参照宗法政治制度,就可以纲举目张,治理社会。同样的,历史学所要描述的事物纷繁复杂,但是如果以仁义为价值尺度,参照宗法政治体制,就可以自在描述了。

其三,智慧。《史记·三王世家》:"自古至今,所由来久矣。非有异也,故弗论箸也。燕齐之事,无足采者。然封立三王,天子恭让,群臣守义,文辞灿然,甚可观也,是以附之世家。"历史悠久,人事繁芜,但是如果没有什么出色的表现,就没有必要予以记述。燕齐三王没有什么事情可以记述,但是三王封立之事,天子的谦逊,大臣的守义,以及册封文本的灿烂,很是值得纪念,于是将之录入,攒集为世家。司马迁讲究奇异,可以说是尽人皆晓。但是为什么讲究奇异,则知论者少矣。如前所述,司马迁将智慧看作创造历史的重要因素,智慧也是孔子修身养性的重要内容,构成儒家五常的重要因素。由此可见,凡是以智慧彰显仁义的事迹,就成为入选《史记》的对象。

考《史记》的编纂方法,其基本的内容是"述而不作""雅驯"和"论其轶事"。

一是"述而不作"。所谓"述而不作"就是依据已有的史料且不掺杂自己的主观见解来编纂史书。"述而不作"是孔子的治史理念,司马迁可谓是承其遗绪。《史记·三代世表》:"孔子因史文次《春秋》,纪元年,正时日月,盖其详哉。至于序《尚书》则略,无年月;或颇有,然多阙,不可录。故疑则传疑,盖其慎也。"《史记·十二诸侯年表》:"故西观周室,论史记旧闻,兴于鲁而次春秋,上记隐,下至哀之获麟,约其辞文,去其烦重,以制义法,王道备,人事浃。"可见,"述而不作"就是根据现有的史料来叙述历史,其基本要求,第一是"疑则传疑",史料有缺失就保持其原貌;第二是"约其辞文,去其烦重",就是简约文辞,删去繁重的内容。司马迁撰写《史记》,亦以此为范例。以《三代世表》为例,其主要依据就是《五帝德》《历谱牒》和《尚书》,"于是以五帝《系》《谍》《尚书》集世纪黄帝以来讫共和为《世表》"。又,《史记·殷本纪》:"余以《颂》次契之事,自成汤以来,采于《书》《诗》。"《殷本纪》的撰写主要是根据《诗经》和《尚书》。

二是"雅驯"。所谓雅驯,根据司马迁的意思,是指主要讲人类的历史,而不是讲神怪的历史。前者是可以理解的,因而也是正确可信的;后者则是很难弄懂的,因而有可能是虚妄的。《史记·五帝本纪》:"学者多称五帝,尚矣。然《尚书》独载尧以来;而百家言黄帝,其文不雅驯,荐绅先生难言之。""余并论次,择其言尤雅者,故著为本纪书首。"《史记正义》:"太史公据古文并诸子百家论次,择其言语典雅者,故著为五帝本纪,在史记百三十篇书之首。"《史记·天官书》:"幽厉以往,尚矣。所见天变,皆国殊窟穴,家占物怪,以合时应,其文图籍禨祥不法。是以孔子论六经,纪异而说不书。至天道命,不传;传其人,不待告;告非其人,虽言不著。"周厉王、周幽王时代的史书都是记载占卜神怪的,基本上是不可信的。孔子编撰六经,只是记载自然的变化,不记载相关的感应。至于天道性命,就不轻易地讲授。如果遇到知音,只是简单地说说;如果不是知音,就是说也不说明白。又,《史记·大宛列传》:"至《禹本纪》《山海经》所有怪物,余不敢言之也。"可见,所谓的雅驯,似指神怪、占卜、天人感应之类。由此而言,《史记》的撰写传世,当然是中华文明的巨大成就,但同时也是对远古至司马迁时代的神话传说的一次彻底毁灭。这当是另话,次不赘言。

三是"论其轶事"。所谓"论其轶事",主要是针对现存史书、专著而言,因其传布日久,妇孺皆知,所以不再重复记载,而是只描述那些史书、专著之外的逸闻趣事。应该说,这是司马迁文明史学研究法的体现。《史记·管晏列传》中《管子》《晏子春秋》:"至其书,世多有之,是以不论,论其轶事。"《史记·司马穰苴列传》:"世既多《司马兵法》,以故不论,著穰苴之列传焉。"《史记·孙子吴起列传》:"世俗所称师旅,皆道《孙子》十三篇,吴起《兵法》。世多有,故弗论,论其行事所施设者。"

综上所述,在《史记》的编纂实践中,"述而不作"是基本的撰写理念,"雅驯"是选择史料的标准,同时也是其追求的目标,"论其轶事"则可谓是尊重前期学术成果而致力于学术创新的诉求。

六、"欲遂其志之思"的史家论

历史学家是历史研究的主体,其决定着史学之旨趣及价值功用。由此,正确地界定史家的个性特质，可以说是每位史家或多或少、或直接或隐约所必须做的工作。司马迁当然以其独特的经历和特殊方法在《史记》中论析了这个问题。

在司马迁看来，凡是有专著传世的学者，都可以看作历史学家。也就是说，在司马迁的心目中，历史学是一个包罗万象的、统率着所有学问的学科。根据《史记·十二诸侯年表》，《春秋历谱谍》主要是记载周厉王的事迹，《关雎》《鹿鸣》则是揭示"周道缺""仁义陵迟"。《史记·平准书》："故《书》道唐虞之际，《诗》述殷周之世，安宁则长庠序，先本绌末，以礼义防于利；事变多故而亦反是。是以物盛则衰，时极而转，一质一文，终始之变也。《禹贡》九州，各因其土地所宜，人民所多少而纳职焉。"《尚书》是有关远古唐尧虞舜的历史，《诗经》是有关殷周以来的历史，《禹贡》则是涉及历史地理和各地贡赋的历史。《史记·司马相如列传》："《春秋》推见至隐，《易》本隐之以显，《大雅》言王公大人而德逮黎庶，《小雅》讥小己之得失，其流及上。所以言虽外殊，其合德一也。"《春秋》研究重大历史的发生往往追溯之前的微小事端，《易经》则是从微小事端揭示其所引发巨大影响的可能性，《大雅》叙述王公大人的德行以感化普通百姓，《小雅》则是讥讽百姓的自私狭隘以警戒上层阶级。可见，虽然每位学者的研究方向不同，但是其目的是一致的，即都以历史借鉴为旨趣。换句话说，虽然史学家研究历史的方法有所不同，但是其论著却是属于史学的性质。也就是说，能够撰写论著的学者，也就是能有"一家言"者，都应该被称为史学家。至此，司马迁所谓"成一家之言"的诉求，才得以明白，在他的心目中，史学是一门包罗世态万象的学问，而深入探究万象世态的学者，即史学家，才是最伟大的。《史记·太史公自序》："先人有言：'自周公卒五百岁而有孔子。孔子卒后至于今五百岁，有能绍明世，正易传，继春秋，本诗书礼乐之际？'意在斯乎！小子何敢让焉。"孟子的"五百年才有王者兴"的话，在司马迁父子这里予以转化，所谓的"王者"已经不是指那些执鼎中原的政治首脑，而是指能够揭示历史规律的史家。可惜扬雄等学者不解其意，认为王者是指所有的圣贤，只有司马贞才理解其本意是赞颂史家。《史记索隐》："具述作者，盖记注之志士耳，岂圣人之论哉。"

在司马迁看来，史家的伟大是基于论著中历史规律的揭示，从而指导人们的历史活动，尤其是政治行为。如前所述，孔子编纂《春秋》就是试图通过历史事实来警醒执政者谨遵法制；其他儒家典籍或者说其他类型的史学著作，也都是指导人们的行政事宜。在司马迁看来，儒家典籍作为史学类的论著，各自有着不同的政治价值。换句话说，史学家的特质就是政治，可谓是集制度的制定者、行政的监督者、经验的借鉴者和战略的筹划者于一身。

当司马迁遭遇李陵之祸后，进一步加深了对于史学家的认识。《史记·太史公自序》："夫《诗》《书》隐约者，欲遂其志之思也。昔西伯拘羑里，演《周易》；孔子厄陈蔡，作《春秋》；屈原放逐，著《离骚》；左丘失明，厥有《国语》；孙子膑脚，而论《兵法》；不韦迁蜀，世传《吕览》；韩非囚秦，《说难》《孤愤》；《诗》三百篇，大抵贤圣发愤之所为作也。此人皆意有所郁结，不得通其道也，故述往事，思来者。"史学史上，诸多史学家之所以撰写史学论著，都是因为现实生活中遭遇挫折，为疏解自身的郁闷，于是探究历史，憧憬未来的生活。

从大史学的视野将所有的学者视为史学家，又将史学家的特质规范为政治，可以说是司马迁那个时代的学术本性；而将史学研究归结为个人的遭遇与挫折，可以说是司马迁人生的体验和感悟。前者揭示了史学学术的发展规律，凡问津史学者，必须具备这两个条件，即具有整体的学术视野和为政治服务的包袱；后者则透露了史学家个人的成就规则，即欲以"成一家之言"，虽未必一定经受挫折和凌辱，但是其心中必有块垒。可见，司马迁的伟大，不仅仅是创作了《史记》，更重要的是其创作《史记》的理性自觉。

七、官方史学藩篱中的社会史学性质

《史记·太史公自序》所载司马谈的遗嘱，司马迁撰写《史记》，一是家族的传统和乃父的遗愿，"余先周室之太史也"，"汝复为太史，则续吾祖矣"，"余死，汝必为太史；为太史，无忘吾所欲论著矣"；二是太史公职责的需要和时代的呼唤，"今汉兴，海内一统，明主贤君忠臣死义之士，余为太史而弗论载，废天下之史文，余甚惧焉，汝其念哉"；三是史学发展的自律，"自获麟以来四百余岁而诸侯相兼，史记放绝"。在这里，搁置家族传统和史学自律不论，单从职责需要来讲，《史记》的编纂即属于汉代政府的行为。此其一。其二，司马迁借职务之便遍阅大量国家档案和图书。其三，司马迁又借职务之便游遍全国的山山水水，为《史记》的创作采集实地资料。因此，《史记》不同于之前孔子的《春秋》和后世王充的《论衡》等民间私人著作，而应该与《盐铁论》《白虎通》，甚至《汉书》相似，属于政府行为或官方性质。

但是《史记》又不同于《盐铁论》《白虎通》的属于会议的论集，也不同于《汉书》那种纯粹的政治性质，它充斥着人情关怀和悲剧理念。一方面，司马迁直面鞭挞那些一味讲究政治，而不顾人情伦理的历史人物。《史记·商君列传》："商君，其天资刻薄人也。迹其欲干孝公以帝王术，挟持浮说，非其质矣。且所因由嬖臣，及得用，刑公子虔，欺魏将卬，不师赵良之言，亦足发明商君之少恩矣。余尝读商君《开塞》《耕战》书，与其人行事相类。卒受恶名于秦，有以也

夫!"另一方面,对那些注重人情冷暖的政策予以热情讴歌,如对于推恩令,司马迁就很拥护。《史记·汉兴以来诸侯王年表》:"诸侯稍微,大国不过十余城,小侯不过数十里。上足以奉贡职,下足以供养祭祀,以蕃辅京师。而汉郡八九十,形错诸侯间,犬牙相临,秉其厄塞地利,强本干,弱枝叶之势也,尊卑明而万事各得其所矣。"《史记·建元以来王子侯者年表》:"盛哉,天子之德! 一人有庆,天下赖之。"由此,在鞭挞和讴歌中,《史记》中的历史人物各个鲜活起来,他们的得意失落,生动地展现在读者眼前;他们的荣辱得失,鲜明地刺激着每位读者。可以说,《史记》就是一部优秀的社会生活史,是一部人生的光辉史、悲剧史和借鉴史。鲁迅先生称赞《史记》是"史家之绝唱,无韵之《离骚》",其因概源于此吧。

第四章 西汉中期的史学思想(下)

《淮南子》是淮南王刘安"招致宾客方术之士数千人"编纂而成的,其史学思想既是属于官方的,又是属于民间的;而《盐铁论》作为西汉政府盐铁会议的重要文献,因大量在野人士即"文学""贤良"的参与,也带有某种民间的意识。因此,可以说,表面上的集体意识与本质上的官方史学中之民间性质,就构成了这两部书的共同特征。在史学性质上,《淮南子》将历史学看作研究包括自然史、人类社会史和思维发展史等方面的综合性的百科全书式的学问;《盐铁论》则将历史学作为一门经验和价值科学。在历史观上,《淮南子》将"道",即"时"与"利民"看作历史发展的渊源及规律,人们创造历史必须顺从"道";《盐铁论》强调了历史的发展,但是桑弘羊主张在历史发展中采取积极的态度以推动社会的进步,"文学""贤良"却持以一种悲观的态度,认为历史发展越来越糟,其原因在于人们趋利忘义。在历史认识论上,《淮南子》主张"执一而应万",即从历史发展的根本原因和基本规律出发来认识历史;《盐铁论》主张"夫道古之者稽之今","言远必考之迩",即借助于现实认识历史。在史学方法论上,《淮南子》主要采用辩证的方法,而《盐铁论》则采用了历史类比与价值分析的方法。

第一节 《淮南子》的史学思想

《淮南子》由西汉时期的刘安编著。刘安是汉高祖刘邦的孙子,刘长的长子,刘长是刘邦在高祖八年(公元前 199 年)征讨韩王信途经赵国,与赵王张敖所贡献的美人媾和而生。高祖十一年(公元前 196 年),刘长在两岁时被封为淮南王。汉文帝元年,刘安出生,六年(公元前 170 年),刘长以谋反罪被发配到蜀,途中绝食而死。十六年(公元前 164 年),刘安以长子身份被封为淮南王。汉景帝三年,吴楚七国之乱。《汉书·淮南王传》记载说,刘安曾想发兵支持,徐复观先生认为是汉武帝"陷害他的方法之一"。汉武帝建元元年到二年(公元前 141～140 年),刘安将其所编著的《淮南子》献给汉武帝,并受命编纂《离骚传》。汉武帝建元六年(公元前 135 年),刘安曾上书建议汉武帝不要用兵闽粤。元朔五年(公元前 124 年),刘安因太子刘迁与雷被比剑之事被"削二县"。元朔五年(公元前 127 年),刘安被告发谋反"阴事"自杀,时年五十九岁。

《汉书·淮南王传》:"淮南王安为人好书,鼓琴,不喜弋猎狗马驰骋。亦欲以行阴德拊循百姓,流名誉。招致宾客方术之士数千人,作为《内书》二十一篇,《外书》甚众,又有《中篇》八卷,言神仙黄白之术,亦二十余万言。时武帝方好文艺,以安属为诸父,辩博善为文辞,甚尊重之。"可见,《淮南子》的编纂是刘安策划很久的事情。按照徐复观先生的推测,刘安编纂的时间大约在汉景帝四年到汉武帝建元二年之间,即在刘安二十七岁到四十岁之间。① 以往的《淮南子》研究大都注重其道家思想旨趣、文艺思想甚至神话思想,而有关其学术的学科建树则论之甚少。在这里,我们基于历史学理论的基本要求,探究《淮南子》的史学思想。

一、"纪纲道德,经纬人事"的史学论

《淮南子》虽然是一部道家的政治思想论著,但是对于历史学研究的对象和任务及其性质、功用,也或多或少地予以了论析。

《淮南子·要略》在讲到著作的宗旨以及旨趣时,可以将其看作对于历史学研究对象和任务的论析。"夫作为书论者,所以纪纲道德,经纬人事,上考之天,下揆之地,中通诸理。虽未能抽引玄妙之中才,繁然足以观终始矣。"在《淮南子》看来,历史学的研究对象有内外两个方面,外表是研究社会发展的道德准则和人事管理制度,即所谓的"纪纲道德,经纬人事",研究自然现象及其发展,即所谓"天""地";内在则是研究蕴含其中的发展规律和规则。用今天的话说,历史学研究的对象就是社会历史和自然历史及其发展的规律。历史学的研究任务则是尽量揭示其所体现的人的能力和智慧,提供足够的能够把握历

---

① 徐复观:《汉代思想史》第二卷,华东师范大学出版社,第 110 页。

史发展规律的理论和方法。《淮南子》的编撰旨趣就是实践这一史学理念:"若刘氏之书,观天地之象,通古今之事;权事而立制,度形而施宜。原道之心,合三王之风,以储与扈冶;玄眇之中,精摇靡览,弃其畛挈,斟其淑静,以统天下,理万物,应变化,通殊类,非循一迹之路,守一隅之指,拘系牵连之物,而不与世推移也。故置之寻常而不塞,布之天下而不窕。"《淮南子》所研究的对象就是自然和人类社会的发展,即所谓的"天地之象"和"古今之事";其研究的任务就是揭示人类在自然和社会活动中的能力和智慧,即所谓的"权事而立制,度形而施宜"。具体说来,历史学的宗旨就是本着历史的发展规律,以"道"的理论要求检讨三代历史的实践,以扎实广博的历史资料为依据,探疑索稽,钩沉提要,去其差异,求其规则,用以把握世界,处理事务,应对时势,识别未知,不是死守成见,恪守教条,拘泥于相关的事物,而遗忘与时俱进的旨趣。由此,可以说,《淮南子》也就是历史学,它既是解决日常事物的指南,也是治理政治的纲要。

《淮南子》还借介绍自己所涉及的内容阐述了历史学所研究的范围。"故著书二十篇,则天地之理究矣,人间之事接矣,帝王之道备矣。"这就是说,历史学的研究范围很广泛,大致上包括自然历史、人类历史和政治历史三个方面的内容,而每个方面又都有其自身的性质规定。历史学的研究任务就是按照不同方面内容的要求来揭示相应的本质规定。

其中,属于自然历史方面的有:

"道"→"始终"→"天地四时"→"引譬援类"→"精微"

属于人类历史方面的有:

"人之神气"→"人情"→"大圣大德"→"五行"

属于政治历史方面的有:

"帝道"→"君事"→"称喻"→"动静之宜"

　　　　　　　　"俗变"→"合同大指"

　　　　　　　　　　"往事"→"道德之应"→"世曲"→

　　　　　　　　　　"耦万方"

此外,《淮南子》还对学术史方面所研究的内容予以了介绍:

"氾论"→"大略"→"譬喻"→"明事"→"公道"→"祸福"→"修务"→"学者劝力"

"诠言"

"书文"

如果我们用表4-1来表示,那么,《淮南子》的历史学范围及研究任务的描述则更为清晰。

表 4-1　历史学研究范围示意表

历史学范围	范围Ⅰ	范围Ⅱ	范围Ⅲ	范围Ⅳ	范围Ⅴ	范围Ⅵ	范围Ⅶ	范围Ⅷ
自然历史 人类历史	道 人之神气	始终 人情	天地四时 大圣大德	引譬援类 五行 动静之宜	精微			
政治历史	帝道	君道	称喻	俗变	合同大指 往事	道德之应	世曲	藕万方
学术史	氾论 诠言 书文	大略	譬喻	明事	公道	祸福	修务	学者劝力

可见,历史学所研究的内容,无论是自然历史或者是人类历史,无论是政治历史或者是学术历史,每一个研究内容都是互相关联、互相递进的。而无论历史学研究的内容多么广泛,其核心的旨趣就是研究历史规律的发展及其在各个方面的体现,用《淮南子》的话说,就是"今专言道,则无不在焉"。如果能够洞悉其中奥秘,掌握本质特征,就是最伟大的历史学家了,用《淮南子》的话说就是"圣人":"然而能得本知末者,其唯圣人也。"

综上所述,在《淮南子》看来,历史学的研究对象就是历史发展的现象及规律,其研究的任务则是揭示人类创造历史的能力和智慧。鉴于《淮南子》所阐释的历史学的研究范围则包括了自然史、人类史、政治史和学术史等方面,可以说,历史学的性质应该是研究包括自然史、人类社会史和思维发展史等方面的综合性的学问。换句话说,在《淮南子》里,历史学就是一部百科全书式的学问。

作为综合性的、百科全书式的学问,历史学的功用是什么呢?《淮南子·要略》认为主要是给人提供智慧和能力。"凡属书者,所以窥道开塞,庶后世使知举错取舍之宜适,外与物接而不眩,内有以处神养气,宴炀至和,而已自乐所受乎天地者也。"历史学就是揭示事物的发展规律,使人们知道处理事务的方式、方法,对于外界事物能够应付自如,对于内心则能安神养心,享受自然所赋予的福分。《淮南子·原道训》说历史学就是给人们提供经验。"先唱者,穷之路也;后动者,达之原也。""何者? 先者难为知,而后者易为攻也。先者上高,则后者攀之。先者逾下,则后者蹶之。先者隤陷,则后者以谋。先者败绩,则后者违之。由此观之,先者,则后者之弓矢质的也。"在历史实践中,最先行动的因为缺乏经验和知识都容易失败,而后来者则吸取先行者的经验和教训,利用先行者所积累的知识,实现目标理想。当然,这里所说的后来者不是指那些裹足不前、不善于吸取历史经验的人,而是指那些勇于实践、遵循历史规律的人。"所谓后者,非谓其底滞而不发,凝结而不流,贵其周于数而合于时也。"因此之故,人生在世,都是处于经常后悔的状态,"凡人中寿七十岁,然而趋舍指凑,日以月悔也,以至于死。"其因就在于不断地总结历史经验,吸取历史教训。

《淮南子·氾论训》更是将历史学看作政权盛衰的标志。"圣人见化以观其征。德有盛衰,风先萌焉。故得王道者,虽小必大;由亡形者,虽成必败。夫夏之将亡,太史令终古先奔于商,三年而桀乃亡。殷之将败也,太史令向艺先归文王,期年而纣乃亡。故圣人之见存亡之迹,成败之际也。"历史学的任务就是揭示事物发展规律,从细枝末节中寻求未来历史发展的趋向。传统史学将道德看作政权稳定的关键,常常根据道德风气来观察其命运。所以,夏朝、商朝的末年,作为史学家的终古、向艺都纷纷离开即将溃败的政权而投奔具有前途的政权。可见,历史学虽然只是一门学问,但因其研究的对象属于政治,所以它是政权盛衰的标志。

二、"万物固以自然"的历史观

历史观是构成《淮南子》的主要史学思想内容之一,因此,它得到了众多学者的关注。如徐匡一的《淮南子思想内容评述》将《淮南子》的历史观概述为"认为精神文明与物质文明的发展是不平衡的,甚至是对立的","反对盲目崇古,主张礼法因时俗而变","君源民本思想"三个方面。① 张秋升将《淮南子》的历史观概括为"历史变动不已,人应与化推移","道的历史作用最大,以下依次为仁、义、礼、法","时势造英雄,至于由谁来担当之一角色,则与个人修养与能力是否符合时代需要有关"。② 汪高鑫将《淮南子》的历史观描述为"历史阶段论注重关注和把握历史发展大势,探寻历史发展规律;历史变异论一方面强调礼乐制度必须与时俱变,一方面又认为仁义之道万世不变;历史决定论是一种君主决定历史治乱兴衰论,但强调决定历史治乱兴衰的君主必须以无为为本,以民为本"。③ 马庆洲博士将《淮南子》的历史观概括为"历史发展是有规律的,这种规律是可以认识的","基本倾向是反对复古主义,认为人类社会在不断发展变化,这种发展变化有其进步意义","时势造圣贤","社会的治乱主要在于君主的好坏"。④ 孙纪文博士将《淮南子》的历史观概括为"五大方面:

---

① 徐匡一:《淮南子思想内容评述》,《武汉教育学院学报》,1994年第4期。
② 张秋升、李伟:《淮南子历史观新论》,《安徽史学》,2000年第1期。
③ 汪高鑫:《淮南子历史哲学三论》,《安徽教育学院学报》,2000年第4期。
④ 马庆洲:《淮南子研究》,北京师范大学博士学位论文,2001年5月。

天道自然论、天人相感论、历史通变论(原始察终论)、民本思想论和崇圣思想论"。① 上述这些论述虽然在不同程度上揭示了《淮南子》的历史观,但是在其研究中,或者将历史认识论的内容或政治的内容混进了历史观中,或者没能从整体上掌握历史观的内涵,所以对《淮南子》历史观的把握是不够准确的。

《淮南子》将"道"看作历史发展的渊源及规律,人们创造历史必须顺从"道"。《淮南子·原道训》:"夫道者,覆天载地,廓四方,柝八极,高不可际,深不可测,包裹天地,禀受无形。""山以之高,渊以之深,兽以之走,鸟以之飞,日月以之明,星历以之行,麟以之游,凤以之翔。"这就是说,所谓道,既是世界万物的主宰,也是世界万物发展的准则。换句话说,"道"既是一切历史发展的根源,又是一切历史发展的规律。同样的,对于人类社会历史来说,"道"既是其根源,又是其发展的规律。人类在历史面前,只能顺从"道",而不能创造"道"。"万物固以自然,圣人又何事焉?"所有事物都要顺从"道",何况是人类历史呢?当然也是要顺从"道",即遵从自然。"是故大丈夫恬然无思,澹然无虑;以天为盖,以地为舆,四时为马,阴阳为御,乘云陵霄,与造化者俱。"所以在历史发展中,人们不用过多地思考,只要将黄天作盖子,大地作车子,四时作马,日月作驾驭者,即可自由自在,遵从规律,创造历史。因此,人类历史发展的奥秘就是尽量剔除人的思虑,顺应自然。这用《淮南子》的话说,就是"无为":"无为为之而合于道,无为言之而通乎德,恬愉无矜而得于和,有万不同而便于性,神托于秋毫之末,而大宇宙之总。"不是按照自己主观的来做就合乎历史规律,不是按照自己主观的来说就合乎人伦习俗,自然而不是主动的即可以创造一切,所有的事物,无论是小到纤微小事,或是大到宇宙天体,都是出自自然的本能。可见,顺从历史规律,就是回归到人的自然本能,根据人的自然本能来创造历史。

这就要求人们一方面是要顺从历史规律,另一方面要消除自己的主观能动性,《淮南子》的历史观岂不是矛盾的?但是仔细品味,《淮南子》的作者也尽量予以合理的解释。一方面,从处世谋略方面考虑,它讲究的是"后发优势"。在《淮南子·原道训》看来,顺从历史规律即所谓的"无为",就是不为"天下先","所谓无为者,不先物为也";创造历史即所谓的"无不为",就是后来发展,"所谓无不为者,因物之所为"。如政治管理,讲究的就是"无治""无不治"。"所谓无治者,不易自然;所谓无不治者,因物之相然也。"另一方面,从历史主体方面考虑,顺从历史规律即所谓的"无为",就是消除"私志",创造历史即所谓的"无不为",就是主持"公道"。《淮南子·修务训》:"若吾所谓'无为'者,私志不得入公道,嗜欲不得枉正术,循理而举事,因资而立,权自然之势,而曲故

---

① 孙纪文:《淮南子研究》,福建师范大学博士学位论文,2004年4月。

不得容者,事成而身弗伐,功立而名弗有。非谓其感而不应,攻而不动者。"可见,《淮南子》所说的顺从历史规律和创造历史主要是要克服自我的偏见,更客观地推进历史的发展。

在《淮南子》看来,遵从历史规律,最主要的是要注重"时",亦即注意依据历史条件的变迁而采取相应的措施。《淮南子·原道训》:"得在时,不在争;治在道,不在圣。"历史的创造,比如,得到与否,主要是遵从规律不在于主动;社会安定与否,主要是维持公道不在于圣人。"时之反侧,间不容息。先之则太过,后之则不逮。夫日回而月周,时不与人游,故圣人不费尺之璧,而重寸之阴,时难得而易失也。禹之趋时也,履遗而弗取,冠挂而弗顾,非争其先也,而争其得时也。"顺从历史规律创造历史主要是把握好历史机遇,目的不是争先,而是恰到好处地推进历史的发展。由此,《淮南子·俶真训》专门谈事物发展的"有始",《天文训》《时则训》则谈论日月星辰四时变化,可以说,都与遵从历史规律的主张有关。《精神训》:"故圣人因时以安其位,当世而乐其业。""圣人",即聪明的人依据社会历史条件来安置自己的位子,处理自己的事业。

值得注意的是,《淮南子》讲遵从历史规律,也注意到了人民在历史发展中的作用。《淮南子·原道训》:"处上而民弗重,居前而众弗害,天下归之,奸邪畏之。"处于上位的人,因实施"无为"的执政理念,所以百姓的赋税负担不会加重,遇到危机不会遭遇灾难,民众敬仰归顺,奸佞邪恶也就会远离。《淮南子·主术训》:"食者,民之本也。民者,国之本也。国者,君之本也。是故人君者,上因天时,下尽地财,中用人力,是以群生遂长,五谷蕃殖。教民养育六畜,以时种树,务修田畴,滋植桑麻,肥硗高下,各因其宜。"执政者的职责就是按照季节的变化、土壤的肥力,安排民众种植粮食、饲养家畜。《淮南子·泰族训》:"圣人之治天下,非易民性也,拊循其所有而涤荡之,故因则大,化则细矣。""民有好色之性,故有大婚之礼;有饮食之性,故有大飨之谊;由喜乐之性,故有钟鼓筦弦之音;有悲哀之性,故有衰绖哭踊之节。故先王之制法也,因民之所好,而为之节文者也。""故先王之教也,因其所喜以劝善,因其所恶以禁奸。故刑罚不用而威行如流,政令约省而化耀如神。"执政者还要根据民众生活的需要,制定相应的礼仪制度,引导民众走向善良,远离邪恶。《淮南子·氾论训》:"治国有常,而利民为本。"治理国家有一定的规则,这就是使人民富裕安康。上述的这些说法,在讲究"无为"的《淮南子》来说,是很难得的,表明传统的民本思想在这里得到了承继和发扬。

从强调遵从历史规律来创造历史的角度来说,《淮南子》的历史观是完全正确的。但是一旦接触到历史发展的实际,则有着反对文明进步的倾向。一方面,《淮南子》将"仁""义""礼""乐"等现象的出现不看作文明发展到一定程度的产物,反而看作人类危机自救的东西。《淮南子·本经训》:"夫仁者所以救争也,义者所以救失也,礼者所以救淫也,乐者所以救忧也。"因为社会历史的进步,出现了"争""失""淫""忧"等问题,于是就产生了"仁""义""礼""乐"等社会政治管理的观念。本来,这是历史的进步,但是,《淮南子》却把它看作历史退步的表现。《淮南子·诠言训》:"天下不可以智为也,不可以慧识也,不可以事治也,不可以仁附也,不可以强胜也。五者,皆人才也,德不胜,不能成一焉。""智为""慧识""事治""仁附""强胜"也是人们主动创造历史的表现,但是《淮南子》也把它翻过来看待,被认为是与远古的纯朴的顺应历史规律的行为相违背的。另一方面,《淮南子》对于整个人类的历史发展的估价是退步的,是一代不如一代。以《淮南子·本经训》为例,它认为,历史的童年时期是最好的,"大清之始也",人们纯朴地生活,没有争斗,没有纹饰,顺从自然;而现代却越来越退化,"逮至衰世",石玉铜铁,取火开田,构筑城池,"兵革兴而分争生,民之灭抑夭隐,虐杀不辜而刑诛无罪"。可见,《淮南子》把人类历史在物质文明方面的进步也看作致使人伦道德失落的原因,是历史退步的象征。显然,《淮南子》所崇尚的是处于原始状态的低级阶段的自然和谐,所以可以说,这是一种复古的历史观,也是反文明的历史观。

三、"执一而应万"的历史认识论

《淮南子》对于历史认识论的论析最为精辟和独到。虽然许多学者曾经专门论析《淮南子》的认识论①,但都是从一般认识论的角度进行的,专门地从历史认识论的角度论析的还很少。

在《淮南子》看来,历史是可以认识的。《淮南子·本经训》:"天地之大,可以矩表识也;星月之行,可以历推得也;雷震之声,可以鼓钟写也;风雨之变,可以音律知也。是故大可睹者,可得而量也;明可见者,可得而蔽也;声可闻者,可得而调也;色可察者,可得而别也。"所有的自然现象,如天地、日月、雷电、风雨等,都可以认识并表现出来。《淮南子·精神训》:"故睹尧之道,乃知天下之轻也;观禹之态,乃知天下之细也;原壶子之论,乃知死生之齐也;见子求之行,乃知变化之同也。"所有的历史事实,如尧舜的禅让、大禹的治水、壶子的言论、

---

① 如丁原明的《淮南子的认识论探析》(《哲学与文化》1995年第4期),袁春华的《淮南子认识论初探》(《复旦学报》1985年第1期),日本学者川津康弘在黄留珠先生指导下所撰写的学位论文《淮南子认识论研究——以把握本质的方法为核心》(西北大学博士学位论文2008年)。

子求的畸形,都可以被人所理解和认识。

在《淮南子》看来,历史之所以能被认识,主要是由历史认识的客体特征和主体意向所决定的。就历史认识的客体来说,是因为其在发展中有着自身的特征和规律,这为认识提供了可能。《淮南子·精神训》:"夫天地运而相通,万物总而为一。能知一,则无一之不知也;不能知一,则无一之能知也。"这里所说的"一"就是"道",就是事物的本源和本质。《淮南子·原道训》:"道者,一立而万物生矣。""万物之总,皆阅一孔;百事之根,皆出一门。"这就是说,因为事物的产生与发展都是在"道",即规律的支配之下来进行的,所以人们认识事物,即可依据"道"的本质和源流来把握和理解。换句话说,历史事实之所以能被认识,是因为历史发展有着自身的规律和本质特征。

就历史认识的主体来说,因为认识主体有着与客体相应知识的意向,所以可以接受历史所给予的信息。《淮南子·原道训》:"物至而神应,知之动也。知与物接,而好憎生焉。好憎成形,而知诱于外,不能反己,而天理灭矣。故达于道者,不以人易天。外与物化,而内不失其情。"这就是说,历史发展的波澜壮阔刺激着人的情感反应,一旦情绪波动,人对于历史就产生了理解和省悟,于是历史认识就形成了。反过来说,如果人们主动地认识历史,就会产生爱、憎、好、恶,而如果人们按照自己的爱憎观念来观察、评价历史,就会被好奇的求知欲所困惑,反而会失去对历史客观的认识。因此,能够掌握真理的人,不会以自己的主观见解改变历史事实,同时在认识历史事实时,也不会因此而损害自己的主观见解。可见,《淮南子》要求历史认识的主体一定要符合自然的本性。而所谓的自然本性,《淮南子》是指历史认识的主体必须要有认识客体的相应的知识结构和知识趋向,即所谓的"反诸性也"。《淮南子·原道训》:"夫心者,五藏之主也。所以制使四支,流行血气,驰骋于是非之境,而出入于百事之门户者也。是故不得于心而有经天下之气,是犹无耳而调钟鼓,无目而欲喜文章也,亦必不胜其任矣。""夫内不开于中而强学问者,不入于耳而不著于心。此何异于聋者之歌也?""所以然者,何也?不能反诸性也。"人的心(大脑)就是用来分辨是非,处理各种各样的事情,但是如果没有相应的知识就不能够接受事物的变化和发展,如同耳聋者聆听音乐,目盲者阅读文章,是不可能胜任的。由此,认识历史要求历史认识主体必须具有相应的学术知识。论及与此,《淮南子·修务训》一反"无为"的主张,要求历史认识主体要充分地学习历史知识。"纯钩""鱼肠"宝剑是在砥砺中坚韧,明镜是在粉锡中亮清。"夫学,亦人之砥锡也。而谓学无益者,所以论之过。""知者之所短,不若愚者之所修;贤者之所不足,不若众人之有余。"历史上,仓颉造文字,容成创历法,胡曹做衣服,后稷种粮食,仪狄酿酒,奚仲制车,"各悉其知,贵其所欲达","由此观之,学不可已,明矣","指认无务,不若愚而好学"。

在《淮南子》看来,构成历史认识结构的,除了历史认识的客体和主体之外,还有历史认识的媒介。而文章和情绪则是构成历史认识媒介的主要因素。《淮南子·缪称训》:"文者,所以接物也;情,系于中而欲发外者也。以文灭情则失情,以情灭文则失文。文情理通,则凤麟极矣,言至德之怀远也。"文章是历史客体的直接反映,情绪则是历史认识主体的直接表现。文章要客观地反映和记载历史,情绪既然能表示主体的价值欲求又切合客观历史,那么就可以得出让更多人理解和接受的结论。在历史认识中,不能完全依赖于文章,即史料的记载,而忽视主体的价值欲求,也不能只顾主体的价值欲求忽视史料的记载。

弄明白了历史的可知性及构成条件,那么,历史认识如何进行呢?也就是说,历史认识的形式是怎样的?历史认识又包括哪些范畴?

在《淮南子》看来,历史认识的形式主要有两个方面。一方面是深层的,从历史发展的根本原因和基本规律出发来认识历史。这用《淮南子》的话说,就是"执一而应万"。《淮南子·人间训》:"发一端,散无竟,周八极,总一筦,谓之心。见本而知末,观指而睹归,执一而应万,握要而治详,谓之术。"可见,所谓的"心术",亦即历史认识的形式,其基本要求,就是依照历史的本质"道"来把握历史,将历史上所有的事实都归纳于"道"的名下来加以理解和阐释。《淮南子·诠言训》:"一也者,万物之本也,无敌之道也。""道"就是研究历史的根本,是把握历史的精髓。另一方面是表层的,从历史发展的基本形式认识历史。《淮南子》将"道"看作历史的真谛,那么,所有的具体的历史形式,都是"道"的具体表现。所以认识历史,除了从根本上把握"道"之外,还应该依据"道"的表现形式来把握。《淮南子·缪称训》:"欲知天道,察其数;欲知地道,察其树;欲知人道,从其欲。"认识历史,应该根据历史的具体属性,即看其是属于"天道""地道"或"人道"来把握。这种按照属性来把握历史的方式又称作类推。《淮南子·说山训》:"见窾木浮而知为舟,见飞蓬转而知为车,见鸟迹而知著书,以类取之。"可见,表层的历史认识就是以类推的形式,从已知走向未知。《淮南子·齐俗训》:"凡以物治物者不以物,以睦;治睦者不以睦,以人;治人者不以人,以君;治君者不以君,以欲;治欲者不以欲,以性;治性者不以性,以德;治德者不以德,以道。"《淮安子·诠言训》:"能有天下者必不失其国,能有其国者必不丧其家,能治其家者必不遗其身,能修其身者比不忘其心,能原其心者必不亏其性,能全其性者必不惑其道。"可见,认识事物的本质是一个逐渐类推递进的过程,即:

物→睦→人→君→欲→性→德→道。

天下→国→家→身→心→性→道。

由此可见，在表层的认识中，其终点仍然是深层的历史本质，即"道"。这样说来，历史认识的两个层面实际上是互相补充、相得益彰的。

在《淮南子》看来，历史认识的基本范畴主要是"阴阳"和"五行"。

一是"阴阳"。《淮南子》承继传统道家的思想，将阴阳看作"道"的初步展现，是事物发生和发展的源泉。《淮南子·天文训》："天地之袭精为阴阳。阴阳之专精为四时。四时之散精为万物。积阳之热气生火，火气之精者为日；积阴之寒气为水，水气之精者为月。日月之淫为精者为星辰。"天地、四时、火水、日月等都是阴阳的具体展现。《淮南子·精神训》则说天地开始形成时，"有二神混生，经天营地，孔乎莫知其所终极，滔乎莫知其所止息，于是乃别为阴阳，离为八极，刚柔相成，万物乃形，烦气为虫，精气为人"。阴阳是造就天地万物之始，由此，阴阳是认识世界、认识历史的基本法则。"以天为父，以地为母，阴阳为纲，四时为纪。天静以清，地定以宁，万物失之者死，法之者生。"

二是"五行"。《淮南子》承继了战国以来邹衍的五行学说，将五行看作历史发展的决定力量。《淮南子·天文训》将五行与五星等相联系，解读天文星象。"何谓五星？东方，木也，其帝太皞。""南方，火也，其帝炎帝。""中央，土也，其帝黄帝。""西方，金也，其帝少昊。""北方，水也，其帝颛顼。"《淮南子·地形训》将五行与农作物相联系，解读农作物生长的情况。"木胜土，土胜水，水胜火，火胜金，金胜木。故禾春生秋死，菽夏生冬死，麦秋生夏死，荞冬生中夏死。"《淮南子·本经训》将五行与政治相联系，解读政治中的各种衰颓迹象。"凡乱之所由生也，皆在流遁。"政治衰颓的原因是执政者的放纵淫乐，放纵的现象在于五行：痴迷于"大构架、兴宫室"与"木巧之饰，盘纡刻俨"，即建筑木雕方面的，"此遁于木也"；痴迷于"凿污池之深，肆畛崖之远，来溪谷之流，饰曲岸之际"与"以食鳖鱼，鸿鹄鹔鹕"，即池塘水产方面的，"此遁于水也"；痴迷于"高筑城郭，设树险阻"与"残高增下，积土为山，接径历远，直道夷险"，即构建城堡、修路基建方面的，"此遁于土也"；痴迷于"大钟鼎，美重器，华虫疏镂，以相缪珍"，即青铜铸造方面的，"此遁于金也"；痴迷于"煎熬焚炙""焚林而猎"与"燎木以为炭"，即山珍美味的，"此遁于火也"。"此五者一，足以亡天下矣。"可见，人的任何行为，都与五行相关。执政者如果过于放纵，就会导致政权瓦解。由此，《淮南子》特别提倡执政者要"无为"节俭，"以示民知俭节"。

在《淮南子》看来，历史认识的真理只能是相对的，绝对的真理是很难掌握的。《淮南子·齐俗训》："天下是非无所定，世各是其所是而非其所非。所谓是与非各异，皆自是而非人。由此观之，事有合于己者，而未始有是也；有忤于心者，而未始有非也。故求是者，非求道理也，求合于己者也；去非者，非批邪施也,去忤于心者也。忤于我,未必不合于人也;合于我,未必不非与俗也。至是之是无非,至非之非无是,此真是非也。若夫是于此而非与彼,非于此而是与彼者,此之谓一是一非也。此一是非,隅曲也;夫一是非,宇宙也。"历史认识是没有一致性的,因为每个时代有每个时代的认识,历史认识主体不同,认识结论也是不同的。每一个认识主体都以自己的需要来把握历史,与自己的主观要求一致就会肯定,不一致就会否定。所以,被肯定的,不一定就是对的;而被否定的,不一定就是错的。实际上,对于真理的诉求,不是真正地寻求真理,而是实现自己的欲求;对于谬误的剔除,不是真正地荡涤谬误,而是排除异己力量。当然,有的东西,无论何时、何地、何人都被认为是对的;也有的东西,无论何时、何地、何人都被认为是错的,这才是绝对真理性的认识。由此,历史认识实际上有两种,一种是局限于某时、某地、某人的,这就是相对真理,即所谓的"隅曲";一种是超越天、地、人的限制的,这就是绝对真理,即所谓的"宇宙"。那么,如何来寻求绝对真理呢?《淮南子》予以了矛盾的解答。它一方面认为绝对真理是不可能的。"今吾欲择是而居之,择非而去之,不知世之所谓是非者,不知孰是孰非。"另一方面又认为真理性的认识必须通过社会生活的实践和体验。《淮南子·俶真训》:"始吾未生之时,焉知生之乐也?今吾未死,又焉知死之不乐也?"放弃真理性认识的概念阐释,借助于庄周的诡辩式的反诘,强调自身的实践和体验,才是最为主要的。"夫圣人用心,杖性依神,相扶而得终始,是故其寐不梦,其觉不忧。"掌握历史真理性的人,能顺从自己的自然本性和觉悟,实践并体验客观历史的发展,没有困扰和忧愁。考虑到《淮南子》的主编者刘安在西汉政府中的尴尬地位及政治理想,即可理解《淮南子》对于历史真理矛盾论述的社会现实原因。

四、"论世而立法"的方法论

史学研究方法是构成历史学研究思想的基本因素,在这方面,《淮南子》同其他史学论著一样,也从历史的方法、辩证的方法和理论分析的方法等角度进行了论述。

一是历史的方法。所谓历史的方法,就是按照历史发展来把握历史的本质。《淮南子·齐俗训》:"是故世异则事变,时移则俗易。故圣人论世立法,随时而举事。""所以为法者,与化推移者也。夫能与化推移为人者,至贵在焉尔。"世移事易,所以在历史研究中,就应该根据时势的变迁寻求其原因和规则,不能死守教条,恪守过往的成见。"不法其已成之法,而法其所以为法。"在实际历史研究中,《淮南子》将历史方法的使用体现在对于历史的阶段性论析之中。《淮南子·本经训》将历史分为两个阶段,即"太清之世"("古之人")和"逮至衰世","古者"与"末世"("晚世");《淮南子·主术训》将历史划分为两个阶段,即"古之王者"("昔者神农之治")与"末世之政"。在这里,《淮南子》所划分的两个历史阶段,大致上是指远古社会和近代社会,而这种划分的主旨是本着"无为"的总体思想,将历史看作不断衰颓的过程的。

二是辩证的方法。所谓辩证的方法就是从事物的对立面或事物发展的角度来把握其本质。《淮南子·精神训》:"以无应有,必究其理;以虚受实,必穷其节。"研究历史,应该考虑其从无到有的发展历程及其原因,考虑其从理论设想到实际出现的过程及其原因。《淮南子·原道训》:"故得道者志弱而事强,心虚而应当。""是故贵者必以贱为号,而高者必以下为基。托小以包大,在中以制外,行柔而刚,用弱而强,转化推移,得一之道,而以少正多。"获得真理性的认识,应该从事物的相反方向来把握;分析高贵者的本质应该从卑贱者方面考虑,了解高贵者的特征应该以低下者为基点;小中见大,内里表外,柔弱与刚强互相转化;掌握历史发展的这些最为基本的准则,即可获得历史真理性的认识。

三是理论分析的方法。所谓理论分析的方法就是借助于已有的圣贤思想来评析历史事实,揭示历史发展的规则。《淮南子·道应训》列举了众多的历史事件和历史传说,以阐释《老子》的话语为真理性的历史认识。如白公胜篡夺了楚国政权,贪恋财物而舍不得分配给属下,结果被叶公所杀,这就应验了《老子》所说的"持而盈之,不知其已;揣而锐之,不可常保也"。赵简子深知庶子、襄子可以为国家含垢忍辱,于是遴选其为接班人。知伯与襄子饮酒时,用手敲襄子的头,襄子不以为怒,最终消灭了知伯,将其头作为"饮器",这就应验了《老子》所说的"知其雄,守其雌,其为天下谿"。赵襄子打败了翟国获得"尤人""终人"两个邑,襄子十分郁闷,孔子知道后也十分担心,这是因为《老子》曾经说过,"道冲,而用之又弗盈也",就是说,"善持胜者,以强为弱"。由此,可以说,《淮南子·道应训》就是对《老子》一书的历史阐释。

五、《淮南子》史学思想的性质

综上所述,首先,《淮南子》作为道家的政治思想论著,在史学思想上有着非常独到的建树。可以说,《淮南子》史学思想的性质首先就是道家的,是道家在史学方面上的展现。当然,必须看到,《淮南子》史学思想的道家属性,其实也是西汉前期"无为"政治指导思想的折射。换句话说,《淮南子》的道家史学思想,其实也是时代的精神反映。《淮南子》所编纂的时间,如前所述,大约在汉景帝四年到汉武帝建元二年之间,这个时期的政治思想基础正是"黄老""无为"学说。以刘安为代表的西汉统治者对于"无为"的执政理念不仅以实践体验,而且也试图用文字加以总结和升华。由此,与汉初史学对于亡秦教训的总结相比,《淮南子》更看重政治实践所面临的新现象、新问题,看重执政者对于新的社会问题的解决。所以,《淮南子》不再强调行政中"仁义"的重要性,而是重视具体问题具体分析的实事求是的执政方法。《淮南子·齐俗训》批判那些脱离现代实际而只讲究远古"仁义"的执政理念是不明白政治的方法。"世之明事者,多离道德之本,曰礼义足以治天下,此未可与言术也。所谓礼义者,五帝三王之法籍风俗,一世之迹也。"现在"世异而事变",还要求恪守"礼义",显然是不合适的。由此可见,《淮南子》已经超越了汉初的鉴戒史学,开始注重现实政治问题的解决史学,这与《盐铁论》所展现的桑弘羊执政史学观念颇有一致的方面。

其次,《淮南子》是淮南王刘安召集人来编纂而成的。由此,可以说,《淮南子》的史学思想是属于官方的,是官方史学的基本标志。当然,也不排除淮南王试图借此来谋得名声,以篡夺中央政府权力的可能性。如上所述,《淮南子》在谈到历史真理性认识时,曾经指出,这是不可能的。真理掌握在历史认识者的手中,历史认识者只能在满足自己欲望的情况下,肯定历史,这其中也可能是刘安为其父被告发谋反的一种隐晦的抗争。另外,《淮南子》虽然特别强调"无为",但也重视实践。《淮南子·说山训》:"巧者善度,知者善豫。"《淮南子·说林训》:"知己者不可诱以物,明于死者不可却以危。故善游者不可惧以涉。""临河而羡鱼,不如归家织网。"这些积极的人生态度和政治态度,与道家的"无为"是有所抵触的,而与刘安的心态可能是吻合的。

最后,《淮南子》是淮南王"招致宾客方术之士数千人"编纂而成的。由此,可以说,《淮南子》是属于民间的,是民间史学的体现。据东汉高诱介绍,参与编纂的有"苏飞、李尚、左吴、田由、雷被、毛被、伍被、晋昌等八人,及诸儒大山、小山之徒"。这些人中,除了儒家"大山、小山之徒",余下的应该是所谓的"宾客、方术之士",亦即民间的文人雅士。他们所探讨的主题是"讲论道德,总统仁义";理论依据是《老子》,"其旨近《老子》,淡泊无为,蹈虚守静";所谈论的话题,一是政治的,"古今治乱存亡祸福",一是民俗的,"世间诡异瑰奇之事"。由此,《淮南子》的编纂者、编纂的话题、编纂的主旨,都与西汉民间社会有所关联,可以说,《淮南子》的史学思想有属于民间的特性。

第二节 《盐铁论》的史学思想

《盐铁论》作为反映西汉盐铁会议的重要文献，虽不是史学著作，但却反映了系统的史学思想。桑弘羊、"文学"等人的知识结构主要是史学知识，在他们的脑海中充溢着历史的事例和经验，他们在对现实问题的分析中，用的是历史类比方法。而且，《盐铁论》的编纂者桓宽的宗旨就是把关于所谓盐铁讨论一事作为历史来予以保存和研究。他曾说："欲以究治乱，成一家之法焉。"由此，我们完全可以把《盐铁论》作为一部史学思想的资料来阅读，可以探讨它所体现的史学思想。

一、作为经验学科和价值学科的历史学

从《盐铁论》看，当时的桑弘羊、"文学"等人都把史学作为一门经验学科来看待。史学作为一门经验学问，其特征就是将历史上的两种事物看作一样的，因而其本质也是一样的。用柯林武德的话说，"它意味着扮演一种经验或完成一种思想的行动"，要么"有似于前一次"，要么"严格地与前一次雷同"。① 桑弘羊为盐铁专卖政策辩护，言其同历史行为一样。《盐铁论·本议》："古之立国家者，开本末之途，通有无之用。市朝以一其求，致士民，聚万货，农商工师，各得所欲，交易而退。《易》曰：'通其变，使民不倦'。故工不出，则农用乏；商不出，则宝货绝。农用乏，则谷不殖；宝货绝，则财用匮。故盐铁、均输，所以通委财而调缓急。罢之，不便也。""文学"反对盐铁专卖政策，言其不同于历史："是以王者崇本退末，以礼义防民欲，实菽粟货财。市，商不通无用之物，工不作无用之器。故商所以通郁滞，工所以备器械，非治国之本务也。"对于匈奴侵扰边境一举，桑弘羊从历史角度说要讨伐、守备。他首先指出匈奴侵扰是不义："昔狄人侵太王，匡人畏孔子，故不仁者，仁之贼也。是以县官厉武以讨不义，设机械以备不仁。"进而，又说讨伐和守备匈奴是"明王"之举："古者，明王讨暴卫弱，定倾扶危，则小国之君悦。讨暴定倾，则无罪之人附。"而且，"《春秋》，贬诸侯之后，刺不卒戍。行役戍备，自古有之，非独今也"。"贤良"也从历

---

① ［英］柯林武德著，何兆武、张文杰译：《历史的观念》，中国社会科学出版社，1986年版，第 321 页。

史角度反对讨伐、守备。第一,用《诗经·周南·兔罝》讽刺桑弘羊"好事":"好事之臣求其义,责之礼,使中国干戈至今未息,万里设备。"第二,用历史事实说明讨伐、守备有害无益:"吴王所以见禽于越者,以其越近而陵远也。秦所以亡者,以外备胡、越而内亡其政也。"第三,用《诗经·小雅·采薇》"昔我往矣"的诗句表明讨伐征战之苦。由此,"贤良"主张"立仁修义"。《盐铁论·备胡》:"古者,君子立仁修义,以绥其民。故迩者习善,远者修之。"由此可见,作为经验科学的历史学,历史经验的汲取完全取决于史学家,即汲取者。所以,柯林武德说:"假定我们承认一种经验能够雷同地加以重复,那么仅就有关那种经验而言,结果就将只是历史学家和他所要努力理解的那个人之间的一种直接的同一性。客体(在这一事例中就是过去)就会简单地被并入主体(在这一事例中就是现在,即历史学家自己的思想)。"①这种"客体并入主体"的实质,就是史学家从其价值目标出发,从历史长河中各取所需。也就是说,对历史经验的汲取是受价值观指导的。历史学是一门价值学科,关于这一点,桓宽意识到了,《盐铁论·杂论》:"余睹盐铁之义,观乎公卿、文学、贤良之论,意指殊路,各有所出,或上仁义,或务权利,异哉吾所闻。"

从《盐铁论》看,史学作为一门经验科学,其功用在于提供经验教训;而作为一门价值科学,史家可以各取所需。从桑弘羊与"文学""贤良"的论述看,史学的功用表现在以下三个方面。

第一,历史提供了许多成功的事例,可供模仿。桑弘羊对盐铁专卖政策和讨伐匈奴的辩护,都出于这种思维方式。《盐铁论·力耕》:"昔禹水汤旱,百姓匮乏,或相假以接食。禹以历山之金,汤以庄山之铜,铸币以赎其民,而天下称仁。……故均输之物,府库之财非所以贾万民而专奉兵师之用,亦所以赈困乏而备水旱之灾也。"《盐铁论·非鞅》:"昔商君相秦也,内立法度,严刑罚,饬政教,奸伪无所容;外设百倍之利,收山泽之税,国富民强,器械完饰,蓄积有余,是以征敌伐国,攘地斥境,不赋百姓而师以赡。故利用不竭而民不知,地尽西河而民不苦。""文学""贤良"也认为历史提供了很多成功的经验。《盐铁论·力耕》:"古者什一而税,泽梁以时入而无禁,黎民咸被南亩而不失其务。故三年耕而余一年之蓄,九年耕有三年之蓄。此禹、汤所以备水旱而安百姓也。"《盐铁论·通有》:"宋、卫、韩、梁好本稼穑,编户齐民,无不家衍人给。"类似于此,不胜枚举。

第二,历史提供了失败的教训,可供借鉴。如上述"文学"驳斥桑弘羊用

---

① [英]柯林武德著,何兆武、张文杰译:《历史的观念》,中国社会科学出版社,1986年版,第321页。

"吴伐越而败,秦备胡而亡"的史实即源于此心理。《盐铁论·毁学》:"苏秦、吴起以权势自杀,商鞅、李斯以尊重自灭,皆贪禄慕荣以没其身,从车百乘,曾不足以载其祸也!"作为"文学"对立者的桑弘羊也认为历史提供了教训,借鉴之,可免重蹈覆辙。《盐铁论·褒贤》:"伯夷以廉饥,尾生以信死。由小器而亏大休,匹夫匹妇之为谅也,径于沟渎而莫之知也。何功名之有?"

第三,历史提供了各种社会管理的理论,可用以指导现实的实践。从桑弘羊、"文学"们的讨论来看,他们所依据的理论很庞杂,大致有儒家的、法家的、道家的、阴阳家的等。对于这些理论,桑弘羊和"文学"所持的态度都是"唯我所用"。桑弘羊在很多地方引用《春秋》《论语》,"文学"则引用《庄子》《管子》。这些不仅充分说明了史学的价值,而且也说明了桑弘羊与"文学"之间的分歧是绝不能用"法家"与"儒家"的分野去衡量的。

总而言之,史学作为经验学科和价值学科可以为社会提供经验与教训,并提供理论的指导。所以"文学"认为,只有具备丰富的历史知识才可少犯错误。《盐铁论·褒贤》:"夫服古之服,诵古之道,舍而为非者,鲜矣。"桑弘羊甚至看到了史学的认识作用,即"善信古者考之今",指通过历史就可以认识现实。

二、两种对立的历史观

在历史观方面,无论是桑弘羊,或是"文学""贤良",他们有一个共同的特征,那就是认为古代比现代好,普遍带有复古的情绪。上引桑弘羊所讲的"古之立国者……""昔禹水汤旱……""昔商君相秦也……"等,已毋庸赘语。而"文学""贤良"讲得更多。《盐铁论·本议》:"古者贵以德而贱用兵。"《盐铁论·错币》:"古者贵德而贱利,重义而轻财。"需要说明的是,桑弘羊认为古代好,是为现实而辩护的。在他看来,既然古代圣君贤巨这样做是好的,那么现在这样做,无疑也是对的。而"文学""贤良"认为古代好,则是为批判现实的。在他们看来,古代圣君贤臣做得很好,而现在却愈来愈背离古训。别的不谈,仅《盐铁论·散不足》篇中,"贤良"就列举了社会生活中的32种现象,从衣、食、住、行到生产劳动,从祭祖修德到婚姻情爱,从内政到外交,无不"怠于礼义""颇逾制度"。由此,如果说桑弘羊的"厚古"带有"崇今"的思想,富有赞美现实意味的话,那么,"文学""贤良"的"厚古非今"就明显地打上了复古主义的印痕。

在历史观方面,桑弘羊与"文学""贤良"还有一个共同的特征,就是都看到了历史是发展的。所不同的是,桑弘羊主张在历史发展中采取积极的态度以推动社会的进步。具体来说,就是在"兴盐铁,设酒榷,置均输",即在"塞天财"的基础上,一要顺从自然规律。《盐铁论·力耕》:"守时,以轻重御民。丰年岁登,则储积以备乏绝;凶年恶岁,则行币物;流有余而调不足也。"二要因地"均有无"。《盐铁论·通有》:"今吴、越之竹,隋、唐之材,不可胜用,而曹、卫、梁、宋,采棺转尸;江、湖之鱼,莱、黄之鲐,不可胜食,而邹、鲁、周、韩,藜藿疏食。天地之利无不赡,而山海之货无不富也,然百姓匮乏,财用不足,多寡不调,而天下财不散也。"所以,应该"均有无而通万物也"。简单说来,社会的进步主要在于管理方式:"富在术数,不在劳身;利在势居,不在力耕也。"可见,桑弘羊的历史发展观具有历史辩证的味道,连桓宽也不得不承认。《盐铁论·杂论》:"桑大夫据当世,合时变,推道术,尚权利,辟略小辩,虽非正法,然巨儒宿学,恶然不能自解,可谓博物通士矣。"

"文学""贤良"虽然也看到了历史的发展,但他们却持一种悲观的态度,认为历史发展越来越糟,其原因在于人们趋利忘义。《盐铁论·错币》:"三王之时,迭盛迭衰。衰则扶之,倾则定之。是以夏忠、殷敬、周文,庠序之教,恭让之礼,粲然可得而观也。及其后,礼义弛崩,风俗灭息,故自食禄之君子,违于义而竞于财,大小相吞,泪转相倾。此所以或储百年之余,或无以充虚蔽形也。"可见,"文学""贤良"更注重的是社会伦理。他们看到社会物质财富增长了,而伦理道德却衰退了,其因在于人们欲望无穷。《盐铁论·散不足》:"目修于五色,耳营于五音,体极轻薄,口极甘脆。功积于无用,财尽于不急。口腹不可为多。"因此,他们向往远古那种纯朴而寡欲的生活:"夫上古至治,民朴而贵本,安愉而寡求。"可见,"文学""贤良"也是主张参与社会,推动历史发展,但是要重本崇德。《盐铁论·力耕》:"是以古者尚力务本而种树繁,躬耕趣时而食足。"《盐铁论·错币》提出,要"贵德而贱利,重义而轻财"。

在历史发展中,桑弘羊与"文学""贤良"们都看到了社会物质财富的增长与精神道德有着密切的关系。所以,如何来提高人民的道德素质,建立良好的伦理关系,是他们共同思考的问题。所不同的是,桑弘羊认为人的本性有善恶,欲望无止境。《盐铁论·疾贪》:"贤不肖有质,而贪鄙有性,君子内洁己而不能纯教于彼""长吏厉诸小吏小吏厉诸百姓""患其贪而无厌也。"因而他主张,第一,要掌握经济、财富。《盐铁论·力耕》:"王者塞天财,禁关市,执准守时,以轻重御民。……"第二,要用"善善恶恶"的方法认识历史,管理社会。《盐铁论·力耕》:"古之君子善善而恶恶。人君不畜恶民,农夫不畜无用之苗……锄一害而众苗成,刑一恶而万民悦。虽周公、孔子不能释刑而用恶。……民者敖于爱而听刑。故刑所以正民,锄所以别苗也。"而"文学""贤良"则认为造成贪欲的原因在于统治者。《盐铁论·错币》:"夫欲影正者端其表,欲下廉者先之身。故贪鄙在率不在下,教训在政不在民。"《盐铁论·授时》:"上好礼则民暗饰,上好货则下死利也。"那么,如何提高人的道德素质呢?他们认为,一是要提高物质生活水平。《管子》:"仓廪实而知礼节,百姓足而知荣辱。故富民易与适礼。"二是行仁义。《盐铁论·遵道》:"圣王之治世,不离仁义。故有改制之名,无变道之实。上自黄帝,下及三王,莫不明德孝,谨庠序,崇仁义,立教化。此百世不易之道也。殷周因循而昌,秦王变法而亡。"行仁义并不是不要刑法,但刑法一般不用。《盐铁论·后刑》:"古者笃教以导民,明辟以正刑。刑之于治,犹策之于御也。良工不能无策而御,有策而勿用,圣人假法以成教,教成而刑不施……是以君子嘉善而矜不能,恩及刑人,德润穷夫,施惠悦尔,行刑不乐也。"

有汉一代,天人感应充斥社会。桑弘羊与"贤良"也都谈了自己的看法。桑弘羊不同意天人感应的观点,他指出,像禹、汤那样圣明的时代还有水旱,说明水旱是自然现象,与人无关。《盐铁论·水旱》:"水旱,天之所为,饥穰,阴阳之运也,非人力故。"但"贤良"们却认为天人感应:"古者政有德,则阴阳调,星辰理,风雨时。故行修于内,声闻于外,为善于下,福应于天。"《盐铁论·论蓄》:"故好行善者,天助以福,符瑞是也……好行恶者,天报以祸,妖菑是也。"

三、"夫道古之者稽之今"的历史认识论

《盐铁论》在历史认识论上也有不少贡献。从《盐铁论》看,人们处在不同的社会地位上,其历史认识也就不同。桑弘羊身为御史大夫,作为执政者,自然要为统治者的政治而论证。因此,其历史观厚古崇今。《盐铁论·刺权》:"令意所禁微,有司之虑亦远矣。"也就是说,盐铁官营的法令是要把不好的事物杜绝在萌芽状态,官员的考虑是很长远的,又不无蔑视地说"文学":"但居者不知负载之劳,从旁议者与当局者异优。……今贤良、文学臻者六十余人,……信往而乖于今,道古而不合于世务。意者不足以知士也?将多饰文诬能以乱实邪?何贤士之难睹也。"而"文学""贤良"身在朝野,作为旁观者和被统治者,则对现实多持批判,形成其厚古薄今的历史观。他们针锋相对,对桑弘羊等执政者进行讽刺。《盐铁论·伐功》:"是君之策不能弱匈奴,而反衰中国也。善为计者,固苦此乎?"《盐铁论·西域》:"今乃留心于末计,摧本议,不顺上意,未为尽于忠也。"

从《盐铁论》看,桑弘羊与"文学""贤良"都对历史进行了分期认识。《盐铁论·力耕》载桑弘羊话说:"昔禹水汤旱,百姓匮乏,或相假以接衣食。禹以历山之金,汤以庄山之铜,铸币以赎其民,而天下称仁。往者财用不足,战士或不得禄,而山东被灾,齐赵大饥,赖均输之畜,仓廪之积,战士以奉,饥民以赈。"由此可见,桑弘羊将历史分为三个时期,第一个时期是"昔"(有时也说"古"),也

就是古代史,指秦以前的历史;第二个时期是"往",也就是现代史,指汉高祖、惠、文、景四朝的历史;第三个时期是"今",也就是当代史,指汉武帝以来的历史。在桑弘羊的心目中,古代好,现代差,当代修正差错,也是好的。由此,论证了当时政策的正确性。而"文学""贤良"则模糊地把历史分为"古""今"两个时期。在他们看来,古代的一切都是好的,今天的一切都是错的。

《盐铁论》指出了历史认识的特点是借助于现实认识历史。《盐铁论·论蓄》载桑弘羊的话:"夫道古之者稽之今,言远者合之近。"《盐铁论·诏圣》:"善言古者考之今。"《盐铁论·论蓄》载"文学"的话也说:"言远必考之迩。"在讨论中,桑弘羊与"文学""贤良"则借古喻今,采用了以历史来认识现实的方式。

四、《盐铁论》的史学方法论

《盐铁论》在史学方法上采用了历史事实类比法、历史理论分析法和历史价值分析法,对史学发展做出了独到的贡献。

第一,历史事实类比法。这种方法的特点是人们用普遍熟悉的某一历史事实的本质特征去比照所要认知的历史事实,从而得出相同或者相反的结论。桑弘羊运用此法,其基本的句式在《盐铁论·力耕》中有"昔……往者……故……",在《盐铁论·本议》中有"古之……故……""往者……故……",在《盐铁论·非鞅》中有"昔……是以……故……"。"文学""贤良"都运用历史事实类比法,但由于他们的历史观是厚古薄今,故其基本句式是"古者……今……"。这样的句式充斥于《盐铁论》中,数不胜数。历史事实类比法的实质是演绎思维,即从某一已知历史事实的本质推理出另一未知历史事实的本质,其长处在于实事真切,直观朴实,容易使人信服。如《盐铁论·非鞅》中桑弘羊说:"昔商君相秦也,内立法度,严刑罚、饬政教,奸伪无所容;外设百倍之利,收山泽之税,国富民强,器械完饰,蓄积有余。是以征敌伐国,攘地斥境,不赋百姓而师以赡。故利用不竭而民不知,地尽西河而民不苦。盐铁之利,所以佐百姓之急,足军旅之费,务蓄积以备乏绝,所给甚众,有益于国,无害于人。"

第二,历史理论分析法。历史理论分析法是史学家用过去权威人物的思想作为价值尺度来评析历史事实。从《盐铁论》看,桑弘羊与"文学""贤良"所运用的理论主要是儒家。据粗略统计,在讨论中,"文学""贤良"引用儒家的观点达 118 次,诸子 8 次;桑弘羊等人引用儒家的思想有 51 次,诸子 7 次。理论分析法的特点是可以直接把权威人物的思想作为价值尺度去评析历史事实。它不像历史事实类比法还需从历史事实中抽绎出公理,然后再去分析认知对象,所以显得旗帜鲜明。如《盐铁论·本议》中"文学"说:"孔子曰:远人不服,则修文德以来之。既来之,则安之。今废道德而任兵革,兴师而伐之,屯戍而备之,暴兵露师以支久长,转输粮食无已,使边境之士饥寒于外,百姓劳苦于内。立盐铁,始张利官以给之,非长策也。故以罢之为便也。"而桑弘羊则说:"《易》曰:通其变,使民不倦。……故盐铁、均输,所以通委财而调缓急。罢之,不便也……《管子》云:国有沃野之饶而民不足于食者,器械不备也;有山海之货而民不足于财者,商工不备也。……是以先帝建铁官以赡农用,开均输以足民财。盐铁、均输,万民所戴仰而取给之者,罢之,不便也。"

第三,历史价值分析法。历史学既然是一门价值科学,那么其研究的方法就是价值分析法。价值分析法是史学家从其主观的角度分析历史事实。它有两方面的涵义。一方面是史学家以其自身的利益和价值目标作为价值尺度来评析历史事实。在盐铁讨论中,桑弘羊站在执政者的立场,对现行的政策予以肯定、呵护;而"文学""贤良"则站在在野者的立场予以指责、批评。另一方面,史家以其自身所理解和熟知的历史事实、历史知识去评析历史。在讨论中,"文学""贤良"所引用的理论比桑弘羊多了一半,而桑弘羊所谈的又多是当时政治中的事实,其原因即在于"文学""贤良"饱读诗书,儒家思想烂熟于胸,而桑弘羊等人长期勤于政事,掌握了大量的事实。需要说明的是,价值分析法虽然是史家从其主观出发认识历史,但由于主观要符合于客观,受制于客观,因此,不能说这种方法是错误的。"文学""贤良"与桑弘羊虽然针锋相对,互不相让,但一个不争的事实是,盐铁专卖政策确实给汉代带来了财富,但也带来了麻烦。如何消除这些麻烦,是双方争执的中心。如果双方能平心静气地坐下来寻求一个良策,那么就可以达成共识。只可惜"文学""贤良"过于信奉孔子学说,无视盐铁专卖的好处,使讨论陷入僵局,没能达成共识。

综上所述,《盐铁论》虽然不是史学著作,但盐铁讨论大多涉及历史问题,因而使讨论者对历史学的本质、历史观、历史认识和历史方法提出了自己的看法。可以说,《盐铁论》处理问题的方式是历史思维的方式。这种历史思维方式在桑弘羊那里表现为崇古非前厚今,在"文学""贤良"那里是厚古薄今。而在本质上,他们都试图从历史上寻求行为的原则和规范以指导今天的实践。用《盐铁论·忧边》中"文学"的话说就是"明者因时而变,知者随世而制"。由于《盐铁论》是执政者与在野者意见分歧、思想交锋的产物,由此可说,历史思维是当时社会的主要的思维方式,是当时社会的文化精神之所在。然而这当是另一篇文章所探讨的问题了。

五、《盐铁论》史学思想的性质

同《淮南子》一样,《盐铁论》的史学思想兼有官方与民间的性质,但是其官方味道更浓一些。一方面,《盐铁论》的编著者桓宽,任职官府。另一方面,在盐铁讨论中,由桑弘羊、车千秋和"群丞相、御史"所组成的官僚集团以官方的代表自居。《盐铁论·杂论》:"桑大夫据当世,合时变,推道术,尚权利,辟略小辩,虽非正法,然巨儒宿学恶然,不能自解,可谓博物通士矣。然摄卿相之位,不引准绳,以道化下,放于利末,不师始古。"桑弘羊等人能身居官位,综合全面,把握形势,执掌权力,崇尚经济,在辩论中玩弄词汇,虽然不是很正当,但使那些巨儒宿学也不能应对,也算得上是博学人士。问题在于,身居卿相之位,不掌握政治思想的锐利武器,以引导教化民众,却只顾抓经济利益,将历史上的执政经验全然放弃。可见,在桓宽的心目中,桑弘羊的政治还是可圈可点的,其不足是只抓了经济,没有抓文化建设。

由文学、贤良所组成的知识集团"六十余人",既了解各地的风俗民情,又精通儒家经典,如《盐铁论·杂论》所提名的人,"贤良茂陵唐生、文学鲁国万生""中山刘子雍""九江祝生"等,都是来自全国各地,代表着全国各地的民俗风情,其思想自然也属于民间文化的性质。"然蔽于云雾,终废而不行",说明民间思想在政治生活中还不能起主导作用。

第五章 两汉之际的史学思想

两汉之际的史学思想,其任务是解决当时急剧恶化的社会政治危机,其代表是刘向的《说苑》、《新序》和扬雄的《法言》。在史学论上,刘向与扬雄都将史学看作政治性的学问,是通过历史经验教育培养政治家。在历史观上,刘向与扬雄都认为,历史发展的进步在于人类的实践尤其是圣贤的意志,圣贤遵从历史规律,就是走"正道",推进历史的发展;否则,一意孤行,就是走"它道",制约历史的发展。在历史认识论上,刘向偏重的是历史事实的经验体悟,所以汇集大量历史典故;扬雄则强调对历史本质的把握,"神在所潜而已矣"。在史学方法论上,刘向注重的是历史类比,扬雄注重的则是历史方法。

第一节 刘向的史学思想

刘向(约公元前77年至公元前6年,即汉昭帝元凤四年至汉哀帝建平元年),原名更生,字子政,祖籍沛郡(今江苏省沛县)人,是西汉末年著名的文献学家、政治家、思想家和史学家。所著丰富,传世的目前有《说苑》《新序》和《列女传》等。纵观有关刘向的学术研究,主要集中在文献学、文艺学和思想史方面。文献学上,主要是对于刘向古典文献整理的研究,专著有钱穆先生的《刘向、刘歆父子年谱》;论文有姚福申的《对刘向编校工作的认识——〈战国策〉与〈战国纵横家书〉比较研究》,马巧玉的《刘向〈列女传〉的编撰意图与编撰策略》,赵乃永的《刘向〈新序〉研究三题》,王萍的《刘向刘歆父子的校书编目及其指导思想》,熊明的《刘向〈列女〉〈列士〉〈孝子〉三传考论》,邢培顺的《刘向〈新序〉〈说苑〉〈列女传〉材料来源及加工取舍方式探索》。文艺学上,专著尚未见,论文有高月的《刘向〈说苑〉研究三题》,张侨的《论刘向刘歆的文学创作及其文学观》,周蔚的《刘向小说艺术成就浅论》,柳莹的《刘向〈说苑〉艺术技巧探微》。思想史上,专著有徐兴无的《刘向评传》,论文有周茹燕、方志平的《评刘向的天人感应思想》,沈焱的《刘向政治生涯与政治思想略述》,桑风、张宜迁的《刘向道家思想及其在西汉后期的时代意义》,王苏凤的《论刘向〈新序〉的社会政治思想》,邢培顺、王琳的《试论刘向著述的思想倾向》,黄河的《刘向的易学思想与政治情怀》。但遗憾的是,关于刘向史学方面的研究却极为罕见。依笔者所见,尚未有专著问世,而论文仅见张涛的《刘向〈列女传〉的史学价值》,也只是从文献学的角度论其史学贡献的。在史学史上,白寿彝先生所主编的《中国史学史·秦汉卷》谈到刘向、刘歆父子的文献学成就。吴怀祺先生的《中国史学思想史》没有刘向的内容,吴怀祺、汪高鑫先生的《中国史学思想通史·秦汉卷》虽然有刘向的内容,但作者所讲的也是刘向的文献学成就和灾异思想。由此,深入细致地探究和抽绎刘向的史学思想,可谓是史学思想研究中一项艰巨而紧迫的事情。

一、"记国家存亡,以察来世"的史学论

准确地把握史学研究的对象及任务是史学家最基本的史学观念。刘向在表述其历史观念及相关的历史事实时,较为深刻地论述了史学研究的对象及任务。

《说苑·杂言》:"贤人君子者,通乎盛衰之时,明乎成败之端,察乎治乱之纪,审乎人情,知所去就。故虽穷不处亡国之势,虽贫不受污君之禄。"在这里,所谓的"通""明""察""审""知"当是指研究,所谓的"盛衰之时""成败之端""治乱之纪""人情""去就"就是指研究的对象。由此,在刘向看来,历史学的研究对象一是客体的事实变化,即盛衰、成败和治乱;二是主体的人情和去就,即俗世所谓的冷暖、温凉和取舍。简单说来,历史学研究历史的变化规律(就历史课题而言),明白为人处世的关键(就历史主体而言)。

表面看来,刘向对于历史学研究对象的认知,似乎停留在一般人文知识层面,但是如果了解刘向撰写《说苑》的读者对象是其宗亲皇帝,就会明白,刘向所谓的历史变化规律,其本质是指政治的治乱升平和政权的更替嬗变。换句话说,历史学的本质就是政治,是探究政治发展规律的学问。《说苑·指武》:"《春秋》记国家存亡,以察来世。"早期的历史著作《春秋》就是一部研究国家发

展规律的论著。《说苑·贵德》言孔子"退作《春秋》,明素王之道,以示后人,思施其惠,未尝辍忘。是以百王尊之,志士法焉。诵其文章,传今不绝,德及之也。"意为孔子撰著《春秋》,其目的就是表明自己的政治思想,以教育政治家要经常地、不断地施恩惠于人民。孔子的政治思想得到了众多执政者的尊崇,也得到众多行政者的效法,至今人们还在诵读《春秋》。这可以说是孔子的巨大史学贡献。由此可见,史学是研究政治的学问,是教育人们如何行使政治权力的学科。

那么,史学是如何研究政治,如何教育人们行使政治权力的呢?换句话说,史学的任务是什么呢?

《新序·杂事一》:"昔者周舍事赵简子,立赵简子之门三日三夜。简子使人出,问之曰:'夫子将何以令我?'周舍曰:'愿为谔谔之臣,墨笔操牍,随君之后,思君之过而书之。日有记也,月有效也,岁有得也。'简子悦之,与处。居无几何而周舍死,简子厚葬之。三年之后,与诸大夫饮,酒酣,简子泣。诸大夫起而出曰:'臣有死罪,而不自知也。'简子曰:'大夫反,无罪。昔者吾友周舍有言曰:'百羊之皮,不如一狐之腋'。众人之唯唯,不如周舍之谔谔。昔纣昏昏而亡,武王谔谔而昌。自周舍之死后,吾未尝闻吾过也。故人君不闻其非,及闻而不改者亡,吾国其几于亡矣,是以泣也。'"在这里,刘向借助赵简子的话说明了史学的任务就是提供鉴戒,特别是修正为政之失。《新序·杂事一》记载,卫灵公时重用不肖之徒弥子瑕而没有起用贤者蘧伯玉,卫大夫史鰌多次提醒卫灵公,但是卫灵公都不听。史鰌去世前,嘱咐儿子将其尸体陈放在北堂,不要在正堂,试图以死来劝诫卫灵公。卫灵公来吊唁知道史鰌的初衷后,十分感动,"寤然失位曰:'夫子生则欲进贤而退不肖,死且不懈,又以尸谏,可谓忠而不衰矣!'"于是提升蘧伯玉为卿,勅退弥子瑕,并将史鰌尸体陈于正堂。刘向感叹说:"卫国以治,史鰌之力也。"可见史学鉴戒任务之重要性。当然,史鰌的尸谏应该是出于史官的职责,但是也表明了史学政治化的重要使命就是为政治提供鉴戒。此其一。

其二,刘向借助周舍的话说明了史学的任务就是记载事实,特别是政治活动。《新序·刺奢》记载,齐宣王要建造百亩大宅,费时三年倘未建成,所有大臣都不敢劝谏,香居用荆王改用先王礼乐为淫乐的事情讽喻自己没能尽到臣子的职责,使得齐宣王幡然醒悟,"遽召尚书曰:'书之,寡人不肖,好为大室,香子止寡人也'"。《新序·节士》记载,齐庄公被杀,齐相崔杼劝阻"齐太史无书君弑及贼",太史不听,为指责崔杼没有惩治凶手,在史书上写道:"崔杼弑其君。"崔杼杀了太史,太史的弟弟仍这样写,又被杀,太史的又一弟弟仍这样写,崔杼才不敢再杀。其时,太史的族人南史氏已经做好誓死书写的准备,听说崔杼接受了指责,才慨然还乡。"君子曰:古之良史",像齐太史、南史氏这样的人才是负责任的史官,即史学家。可见,记载事实作为史学的任务,负载着指斥政治、劝诫政治的使命,所以并不是一件轻松的事情,反而是极为沉重当然也极为光荣的事业。

综上所述,可以看出,史学的鉴戒任务与记事任务是互相依托的,记事是鉴戒的手段,鉴戒是记事的目的。从政治实践来说,即为通过记事来约束君王,从而起到监督和督察的职责,诚如周舍所说"墨笔操牍,随君之后,思君之过而书之。日有记也,月有效也,岁有得也"。从史学学科来说,即为通过历史事实的经验借鉴,为政治家提供行为的个案,即孔子"吾欲载之空言,不如见之于行事之深切著明也"。明白这些,即可理解刘向的《说苑》《新序》和《列女传》中汇集大量历史典故甚至神话传说的目的就是试图通过众多的历史事件来表明其史学鉴戒和记事的职责。

历史学既然是研究政治发展的学问,其任务是记事鉴戒,那么,在刘向的心目中,历史学的功能自然是巨大的。

第一,历史学是政治知识的源泉,要从事政治必须学习历史学。《说苑·建本》:"公扈子曰:有国者不可以不学《春秋》。生而尊者骄,生而富者傲,生而富贵又无鉴而自得者,鲜矣。《春秋》,国之鉴也。《春秋》之中,弑君三十六,亡国五十二,诸侯奔走不得保其社稷者甚众,未有不先见而后从之者也。"这说明了行政之人学习历史学知识的重要性。从主观上说,官二代骄纵,富二代傲慢,官、富二代不借鉴历史教训就能自修成才是很少的。从客观上说,如《春秋》这样的历史学著作,是专门讲述政治的更替和历史教训的。所以,只有了解政治史的发展,才能做有所依。"河间献王曰:汤称学圣王之道者,譬如日焉;静居独思,譬如火焉。夫舍学圣王之道,若舍日之光,何乃独思火之明也;可以见小耳,未可用大知,惟学问可以广明德慧也。"在商汤看来,学习历史学就如同观赏天上的太阳,独自静思则像手提灯笼,两者所见到的境界有着天壤之别。犹如俗话所说,读史使人明智。无论是谁,都应该积极主动地学习历史知识,"少而好学如日出之阳,壮而好学如日中之光,老而好学如炳烛之明。炳烛之明,孰与昧行乎?"师旷劝诫晋平公虽然年过七十仍然要学习历史学,就如秉烛夜行,比在黑暗中摸索要强得多。

第二,历史学是认识现实的途径,要从事政治必须掌握历史。《说苑·尊贤》:"明镜所以昭形也,往古所以知今也。夫知恶往古之所以危亡,而不务袭迹于其所以安昌,则未有异乎却走而求逮前人也。"洞悉历史就可以了解现实,如果人们只是指导并讨厌过去政权的衰败,而不进一步了解政权之所以稳定昌盛的原因,换句话说,如果人们只知道鉴戒历史教训而不能够主动吸收历史经验,那么,就有可能与历史发展的大势背道而驰。"案往世而视己事,其必然也如合符。此为人君者不可以不慎也。"历史发展是有其自身规律的,鉴诸往世就可以了解现实的真实处境,作出合理的决策,这是执政者必须谨慎对待的。

第三,历史学是把握政治规律的锁钥,要从事政治必须懂得历史。历史学是通过研究政治发展的规律来把握未来的。《列女传·齐女傅母》记载,卫庄公的夫人庄姜喜欢修饰妩媚,淫乐享受,其母教导她要遵守妇道,"砥砺女之以高节","君子善傅母之防未然也"。《列女传·邹孟轲母》记载孟母三迁,"君子谓孟母善以渐化"。《列女传·杨夫人》记载,汉丞相、安平侯杨敞的妻子鼓励杨敞积极参与大将军霍光与车骑将军张安世废除昌邑王刘贺为帝王的行动,并扶持宣帝即位,虽然杨敞不久离世,但仍因拥立宣帝有功,"益封三千五百户","君子谓敞夫人可谓知事之机者也"。《说苑·说丛》:"高山仰止,景行行止,力虽不能,心必为之。慎终知始,常以为戒。战战慄慄,日慎其事。"洞悉历史规律,熟知人生真谛,这是历史学研究和学习的最高境界,也是历代学者所追求的目标,尽管这个境界和目标很难达到,却是每位学者的共有诉求。因此,现实生活中的学者都应该考虑历史发展的过去和未来,谨慎地处理日常事物,以防因小事而导致不利的事情出现。

二、"存亡祸福,其要在身"的历史观

在政治史学的视域下,刘向对历史的本质及发展的规律做了极为深刻而又全面、独到的论析。

《说苑·敬慎》:"存亡祸福,其要在身。"又,"孔子曰:存亡祸福,皆在己而已。"政治的盛衰荣辱,亦即历史的发展变化,都取决于人们自身的选择。换句话说,历史是人们自身的活动,人是历史发展的主体,人的生存和幸福,都依赖于他们自身的作为。

在刘向看来,人们要想在历史发展中取得主动,其内在的要求就是"敬慎"。"圣人重诚,敬慎所忽。"历史创造者都是讲究诚信、忠职慎责的。根据周公对其子伯禽的就国训诫,敬慎就是要做到"六守":"德行广大而守以恭者荣,土地博裕而守以俭者安,禄位尊而守以卑者贵,人众兵强而守以畏者胜,聪明睿智而守以愚者益,博闻多记而守以浅者广。此六守者,皆谦德也。"在德行、财货、禄位、人缘、智能、知识方面,无论多富有,总是以谦恭、退守自居者才能获得更多,显然,这是就执政者的实际而言。而根据儒家修身的要求,敬慎就是"慎独":"《中庸》曰:莫见乎隐,莫显乎微,故君子能慎其独也。"

与此同时,其外在的要求是布德施惠,给民众实惠。《说苑·贵德》:"古者沟防不修,水为人害,禹凿龙门,辟伊阙,平治水土,使民得陆处;百姓不亲,五品不逊,契教以君臣之义,父子之亲,夫妇之辨,长幼之序;田野不修,民食不足,后稷乃教之辟地垦草,粪土树谷,令百姓家给人足。"夏禹治理水患,商契厘定制度,周稷播种粟谷,都为百姓带来了巨大的利益,促进了文明的进步。魏武侯曾陶醉于魏国险峻的山川形势,"此魏国之宝也",吴起提醒他说,历史上,三苗、夏桀、殷纣都曾经依山河险峻,或"德义不修",或"修政不仁",或"修政不德",先后被夏禹、商汤和武王所灭。所以,一国之宝,"在德不在险",君王必须修政以德。

如果说敬慎是创造历史的态度,那么布德就是创造历史、推进文明进步的形式。由此,在刘向的心目中,历史是人类自身的活动,其主宰则是以君王为首的杰出人物。在历史进程中,君王如果布德施惠,将会推进历史进步,反之,将影响历史发展。《说苑·贵德》:"故桀纣以不仁失天下,汤武以积德有海土。是以圣王贵德而务行之。"可见,历史的发展取决于君王的修政修德。换句话说,历史发展的动力就在于君王的主观意志,在于人们的仁德。简而言之,仁德是历史发展的动力。

在刘向看来,推进历史发展的仁德有两种形式,一是暗暗地施惠,即所谓的阴德。《说苑·复恩》记载,楚庄王曾与群臣饮酒,有人乘酒酣灯灭之际骚扰其妃,被妃子抓掉冠缨,楚庄王为掩饰酒醉失礼的大臣,故意让所有人都抓掉冠缨。几年之后,楚庄王率兵与晋战,有人一直守在他的身边,奋勇抗敌,几次搏杀,最终取得了胜利。庄王之后才得知,守护他并勇敢杀敌者,就是酒醉失礼之人,是报答他的荫庇。"此有阴德者必有阳报也"。二是明处施惠,即所谓的阳德。《说苑·复恩》记载,有人在归途中粮尽,又不愿乞讨,饿晕在翳桑下,被赵宣孟发现哺食救活,又赠予钱粮。几年后,翳桑饿人为报答他,与追杀他的晋灵公杀手"遂斗而死,宣孟得以活,此所谓德惠也。故惠君子,君子得其福;惠小人,小人尽其力。夫德一人活其身,而况置惠于万人乎?"施惠给好人,就会得到好报;施惠给品行亏欠的人,也会激励其良好的行为。施惠给一人就救活一人,那么,施惠给千千万万的人呢?必将推进文明的进步。《说苑·贵德》:"君子致其道德而福禄归焉。夫有阴德者必有阳报,有隐行者必有昭名。"历史的创造者只要践行布德施惠,自然就能得到历史的地位和认可,即使当事者在当世没有见到回报或认可,但其福分也将荫庇后人。上述的夏禹、商契和周稷的后人都曾经拥有天下,"故三后之后,无不王者,有阴德也。"

历史的发展是君王布德施惠的过程,而其对象就是民众,用今天的话说,就是实施惠民政策。《说苑·贵德》:"圣人之于天下百姓也,其犹赤子乎!饥者则食之,寒者则衣之;将之养之,育之长之;唯恐其不至于大也。"历史的创造者将百姓视为孩子来抚养,衣食冷暖,身体素质,无微不至,时刻盼望其成长壮大。换句话说,历史的发展,文明的进步,都取决于民众。《说苑·政理》记载,孔子向鲁哀公讲惠民政策:"薄赋敛则民富,无事则远罪,远罪则民寿。"姜尚向文王讲惠民的重要性:"王国富民,霸国富士,仅存之国富大夫,亡道之国富仓府。"文王听后开仓放粮,"发其仓府以振鳏寡孤独"。又向武王讲惠民的目的:"治国之道,爱民而已。""利之而勿害,成之勿败,生之勿杀,与之勿夺,乐之勿苦,喜之勿怒。此治国之道,使民之义也,爱之而已矣。"具体说,就是要百姓居有定所,农有时节,罪罚适当,赋役有度。"故善为国者,驭民如父母之爱子,兄之爱弟,闻其饥寒为之哀,见其劳苦为之悲。";尹逸向成王讲亲民之法:"使之以时而敬顺之,忠而爱之,布令信而不食言。"最主要的是要敬慎,所谓"如临深渊,如履薄冰",要时刻以民众的利益为至上,想民所想,为民所为。《说苑·建本》引用河间献王的话:"管子曰:'仓廪实知礼节,衣食足知荣辱。'夫谷者,国家所以昌炽,士女所以姣好,礼仪所以行,而人心所以安也。"又引《尚书》:"五福以富为始。"又引孔子给子贡讲执政的理念:"富之,既富乃教之也,此治国之本也。"惠民的本质就是富民,使民众安居乐业,民众方能遵守法律制度,从而推动历史进步。

历史是君王布德施惠于民的过程,而其原则就是"至公",用今天的话说,就是尽量使广大的民众得到好处。《说苑·至公》:"夫公生明,偏生暗。端悫生达,诈伪生塞,诚信生神,夸诞生惑。此六者,君子之所慎也。"创造历史有两种态度,一种是公平、端正和诚信,一种是偏私、诈伪和浮夸。前者的结果是明正、豁达和顺意,后者的结果则是暗淡、困塞和迷惑。历史上,能够做到公平的,在君王方面,有帝尧,"古有大公者,帝尧是也。贵为天子,富有天下,得舜而传之,不私于其子孙也,去天下若遗躧。"在人臣方面,有伊吕,"治官事则不营私家,在公门则不言货利,当公法则不阿亲戚,奉公举贤则不避仇雠,终于事君,仁于利下。推之以恕道,行之以不党。"齐景公很纳闷,自己已经将好吃好穿的大量赏赐给身边的人,甚至其宠物凫雁,但是社会上仍有饥馑。晏子提醒他说,虽然他有所施惠,但是"营内好私","惠不遍加于百姓,公心不周于国",夏桀、殷纣就是因此而灭亡的。在《说苑·贵德》中,刘向又将至公与偏私两种创造历史态度看作是"大仁"和"小仁"。"夫大仁者爱近及远","大仁者思及四海,小仁者止于妻子"。历史上,共工、欢兜、符里、邓析等,"其智非无所识也,然而为圣王所诛者,以无德而苟利也"。尽管共工等人很聪明,但最终被人诛杀,是因为他们过分地追逐私利而没有布德施惠。就是说,因"小仁"而忽略了"大仁",没有遵守"至公"的施惠原则。

历史是基于公平之上的惠民过程,而其实施的方式有两种。一是选贤任能。《说苑·尊贤》:"人君之欲平治天下而垂荣名者,必尊贤而下士。《易》曰:'自上下下,其道大光。'又曰:'以贵下贱,大得民也。'夫明王之施德而下下也,将怀远而致近也。夫朝无贤人,犹鸿鹄之无羽翼也。虽有千里之望,犹不能致其意之所欲至矣。"历史是由君王及其所率领的贤能共同所创造的,有贤能簇拥在君王身边就能够惠民养民,使近悦远来。没有贤能就像鸿鹄没有羽翼,无法翱翔蓝天。刘向还将贤能比喻成远渡所必需的船,建筑宫室所必需的木材,无论其出身高贵贫贱,有无血缘姻亲关系,只要是贤能,必须重用。"持社稷立功名之道,不得不然也。"历史上,选贤任能者往往能够推进历史的发展,择恶用佞者则往往使政权消亡。"夫成王霸固有人,亡国破家亦固有人。""管夷吾、百里奚任而天下知齐秦之必霸也。""桀用干辛,纣用恶来,宋用唐鞅,齐用苏秦,秦用赵高,而天下知其亡也。"选贤者昌,择佞者亡这是历史的规律。"非其人而欲有功,譬其若夏至之日而欲夜之长也,射鱼指天而欲发之当也。虽舜禹犹亦困,而又沉乎俗主哉。"但是君王选贤任能的前提是知贤、尊贤、容贤。齐景公曾感慨自己没有其祖齐桓公有管仲之贤人,其臣弦章提醒说:"臣闻之,水广则鱼大,君明则臣忠。昔有桓公,故有管仲。今桓公在此,则车下之臣尽管仲也。"舟人古乘也说赵简子,作为君王任人,必须真正的贤能,就像鸿鹄,起决定性作用的是"六翮"羽毛,而不是背上或腹部的可有可无的羽毛。

二是谋略计策。历史的发展,即政治的布德惠施,除了依仗选贤任能,还要有正确的谋略计策。依照《说苑·权谋》,谋略的性质很复杂,从其内容看,可以分为谋略和谋事两种。所谓谋略,用刘向的话就是"上谋知命",即对历史发展规律的认知,"知命者预见存亡祸福之原,早知盛衰废兴之始,防事之未萌,避难于无形。若此人者,居乱世则不害于其身,在乎太平之世,则必得天下之权"。所谓谋事,用刘向的话就是"其次知事",即对历史事件的认知,"见事而知得失成败之分,而究其所终极,故无败业废功"。从其目的来看,谋略计策有正邪之分,为民众而谋者是正,为私人而谋者是邪。"夫正者,其权谋公,故其为百姓尽心也诚。彼邪者,好私尚利,故其为百姓也诈。夫诈则乱,诚则平。是故尧之九臣诚而兴于朝,其四臣诈而诛于野。诚者隆至后世,诈者当身而灭。"由此,对于刘向而言,谋略计策的关键不在于历史规律或历史事件,而在于其目标是民众还是私人。以民众为目标就讲究诚信,不仅自己得到兴盛,还将福荫后代;以私人为目标则注重欺诈,不仅害人,还将害己。《说苑·说丛》:"智而用私,不如愚而用公。故曰巧伪不如拙诚。"《新序·善谋上》:"三代积德而王,齐桓继绝而霸,秦项严暴而亡,汉王垂仁而帝。故仁恩,谋之本也。"可见,刘向虽讲究智谋,却有着浓郁的民众关怀和真诚。

如上所述，历史本质的展开就是布德惠施的过程，然而其实际效果如何，在历史自身结果的回答之外，在实施过程中，还有一个重要的监督因素，即天神或天谴。《说苑·建本》记载，管仲对齐桓公说，作为君王当以天为贵："所谓天者，非谓苍苍莽莽之天也。君人者以百姓为天，百姓与之则安，辅之则强，非之则危，背之则亡。《诗》云：'人之无良，相怨一方。'民怨其上，不遂亡者，未之有也"。可见，在刘向的心中，所谓天人合一，其实就是借助自然变化来约束并督促君主为百姓谋福利，从而得到百姓的拥护和爱戴，使自己的政权得以长治久安。《说苑·君道》："夫天之生人也，盖非以为君也。天之立君也，盖非以为位也。夫为人君，行其私欲而不顾其人，是不承天意，忘其位之所宜事也。"人不是生来就做君主的，君主的职位也不是随便设置的。君主的职责不是为满足一己之私，而是秉承天意为百姓谋福利。《说苑·君道》记载商汤时连续天旱七年，"雒坼川竭，煎沙烂石"，商汤派人带着三足鼎到山川祭祀祈祷，天果然下雨，"故天之应人，如影之随形，响之效声者也"。《说苑·贵德》记载，东海郡中狱吏曹掾于公"决狱平法，未尝有所冤"，百姓为其"生立祠"。当时有孝妇，长年伺候婆婆，其婆婆多次劝其改嫁不从，怕耽搁其年华就自缢了。但是婆婆的女儿却告孝妇杀其母亲，被吏捕捉诬服。于公认为，孝妇既然能够伺候其婆婆十年，绝对不会杀其婆婆。时任太守却不听谏议，杀了孝妇，于是"郡中枯旱三年"。继任太守询问天旱情况，于公说："孝妇不当死，前太守强杀之，咎当在此。"于是太守带人到孝妇墓前杀牛祭奠，"天立大雨，岁丰熟"。因有此阴德，于公的儿子于定国官至丞相，封西平侯。因此，人在做天在看，只要顺从民意，天就会赐福，否则就会遭到惩罚。这种天人感应的观点，尽管今天看来显得幼稚荒诞，但在当时以至之后很长时期内，确实起着约束和监督君主为百姓布德施惠的功用。仅此而言，天人感应的观念还是有其历史价值的。

总的来说，在刘向看来，历史是君主布德施惠的过程，而其发展的动力就是君主的仁德诉求，其原则是公平，其形式是选贤任能和谋略权术，其监督则是自然的灾难变异。由此可见，刘向的历史观既承继了汉初陆贾、贾谊的"圣人怀仁仗义"的历史观念，又承继了西汉中叶董仲舒"天人感应"的历史观念，但是比起陆贾、贾谊，甚至董仲舒，刘向的历史观的政治学意味更浓，其通俗性、实用性和可操作性，是西汉初年和中叶的史学家和政治思想家所远远不能比拟的。

三、"以一仪理万物"的历史认识论

深入地把握历史认识论问题是史学家所必备的资质。通过《说苑》、《新

序》,可以看出,刘向在历史认识论上有着深刻的认识。

从认识主客体的条件出发,刘向认为历史是可以认识的。从认识主体来说,史学家主观的感悟和灵觉决定了人们可以认知历史。《说苑·尊贤》:"眉睫之征,接而行于色;声音之风,感而动乎心。宁戚击牛角而商歌,桓公闻而举之;鲍龙跪石而登嵂,孔子为之下车,尧舜相见,不违桑阴,文王举太公,不以日久。故圣贤之接也,不待久而亲;能者之相见也,不待试而知矣。"正如眉睫细微的变化表明情绪的波动,声音的微小颤动表明心里的感觉,人们对于客观外界的认知有着天生的自觉。齐桓公举荐宁戚,孔子怜惜鲍龙,尧禅让舜,文王任用太公,都是出于对对方的"一见钟情",即瞬间感知。《说苑·政理》记载孔子回答卫灵公的询问:"爱人者则人爱之,恶人者则人恶之。知得之己者亦知得之人。所谓不出于环堵之室,而知天下者,知反之己者也。"主体对客体的认知,是借助客体对主体的回馈以及主体的反省而完成的。从认识客体来说,历史的本质及发展的规律性为历史认识提供条件。《说苑·杂言》:"今夫世异则事变,事变则时移,时移则俗易。是以君子先相其土地而裁其器,观其俗而和其风,总众议而定其教。"历史是不断发展变化的,所谓的世异→事变→时移→俗易,即由空间的世界到事件,再到时节,再到风俗,都在不断变化,人们认识历史,就是通过环境来辨识器物,通过风俗了解欲求,通过舆论来感知教化。可见,发展变化是历史的本质特征,历史认识的展开就是通过其不断的变化来完成的。《说苑·说丛》:"一死一生,乃知交情。一贫一富,乃知交态。一贵一贱,交情乃见。一浮一没,交情乃出。"生死经历,贫富悬殊,贵贱差异就是人生的沉浮荣辱,它们促使人们相互理解和认识。换句话说,历史的辩证发展,是人们认识历史的客观基础。

历史既然是可以认识的,那么,如何认识历史呢?

根据刘向的观点,认识历史就要把握历史的本质。《说苑·建本》:"孔子曰:'君子务本,本立道生。'夫本不正者末必倚,始不盛者终必衰。《诗》云:'原隰既平,泉流既清。'本立而道生,《春秋》之意。有正春者无乱秋,有正君者无危国。《易》曰:'建其本而万物理。失之毫厘,差以千里。'是故君子贵建本而重立始。"可见,历史的本质有两个方面的意蕴,一是历史的本质特征,即历史的内在规定性;二是历史的开端,即历史的初始阶段。因此,对历史本质的把握,可以说是对于历史内在规定性的认识,也可以说是对于历史初始状态的认识。任何事物都有其内在规定性,所以对于事物本质的认识,也因事物个体的差异而有所不同。"孔子曰:行身有六本,本立焉,然后为君子。立体有义矣,而孝为本;处丧有礼矣,而哀为本;战阵有本矣,而勇为本;治政有理矣,而农为本;居国有礼矣,而嗣为本;生才有时矣,而力为本。"根据孔子的观点,人生的很多事情都有自己的本质需要人们把握。例如,做人要以孝为本,奔丧要以哀为本,战争要以勇为本,执政要以农为本,居国要以嗣为本,生财要以力为本。可见,认识历史虽然复杂,但只要抓住本质,即可一通百通。《说苑·反质》:"圣人抑其文而抗其质,则天下反矣。《诗》云:'鸤鸠在桑,其子七兮。淑人君子,其仪一兮'。传曰:'鸤鸠之所以养七子者,一心也;君子之所以理万物者,一仪也。以一仪理万物,天心也;五者不离,合而为一,谓之天心。在我能因自深结其意于一,故一心可以事百君,百心不可以事一君,是故诚不远也。夫诚者一也,一者质也;君子虽有外文,必不离内质矣。'"史学家能够透过历史现象认识其本质,历史发展的规律即因此而显现出来。正如《诗经》所歌颂,桑树上的鸤鸠可以豢养七子全凭着慈爱之心,史学家能够把握万物的发展规律全凭着掌握其本质特征。根据本质特征把握万物的发展规律是自然的规则。所以,人的手、眼、鼻、耳、口互相配合,从不同的角度认识事物,就形成了对自然规律的认知。由此,历史认识的主体才能够深刻地把握历史的本质,并以此认知各种历史现象。当然,复杂的历史现象其本质是不一样的,因此,认识历史需要有虔诚的态度,只有虔诚才能掌握其本质。史学家虽然具有认识各种历史现象的才能,但把握历史本质是最为根本的。从历史认识的主体到历史认识的客体,又从客体讲到主体,虽然概念在不断变化,但是通过认识主体把握认识客体本质的任务是比较明确的。

根据历史本质的意蕴,历史本质的把握形式有二,一是要透过现象看本质,即上述的"贵建本"。历史本质往往隐匿在纷繁复杂的现象之中,只有深入其中详加考察,才能把握其本质。《说苑·政理》记载,季札谈在晋国游玩的观感,"吾入其境,田亩慌秽而不休,杂增崇高,吾是以知其国之暴也。吾入其都,新室恶而故室美,新墙卑而故墙高,吾是以知其民力之屈也。吾立其朝,君能视而不下问,其臣善伐而不上谏,吾是以知其国之乱也。"透过境内的民田、国都的建筑和朝廷的人心,季札认识到晋国是一个暴敛、财乏和政乱的国度。《说苑·建本》记载,孔子对子由讲,如果认识历史而不掌握其本质,就会是非颠倒。"昔者东夷慕诸夏之义。有女,其夫死。为之内私婿,终身不嫁。不嫁则不嫁矣,然非贞节之义也。苍梧之弟,娶妻而美好,请与兄易。忠则忠矣,然非礼也。"在华夏礼仪的核心中,贞节是指女子从一而终,不是表面不出嫁;忠心是指弟弟要真诚地执行兄长的意见,不是将自己的美妻换予兄长。但是东夷女与苍梧弟都舍本质抓皮毛,"用非为是",颠倒了现象与本质的关系。二是要由始知终,即上述的"重立始",即通过历史的初始状态推知其未来的趋势。《说苑·政理》分析齐国不如鲁国的原因,是因为初始封时,姜太公与伯禽的施政策略不同。姜太公推行的是"尊贤","先疏后亲,先义后仁。此霸者之迹也";伯禽推行的是"亲亲","先内后外,先仁后义。此王者之迹也"。据此,周公推测,齐国只能传五代,而鲁国能传十代。由此可见,由始察终,不仅是史学的基本思维定律,同时也是把握历史本质的基本形式。

在刘向看来,历史认识的范畴主要是"言"和"行"。刘向将历史看作君主布德施惠的过程,所以刘向最讲究君主的言行,要求君主特别要慎言慎行。《说苑·君道》:"人君不直其行,不敬其言者,未有能保帝王之号,垂显令之名者也。""言出于身,加于民;行发乎迩,见乎远。言行,君子之枢机,枢机之发,荣辱之主。君子之所以动天地,可不慎乎! 天地动而万物变化。《诗》曰:'慎尔出话,敬尔威仪,无不柔嘉。'此之谓也。"刘向强调君主言行的重要,是因为言行不仅仅是历史创造的基本形式,同时也是认识历史的基本形式。《说苑·杂言》引孔子训导子路的话:"贵于言者,华也;奋于行者,伐也。夫色智而有能者,小人也。故君子知之为知之,不知为不知,言之要也;能之为能,不能为不能,行之至也。言要则知,行要则仁。既知且仁,夫有何加矣哉。"根据孔子的意思,一个人如只擅长说话就显得浮夸,如只埋头做事又太强直。说话的要求是"知之为知之,不知为不知",而讲究的是要说出智慧;做事的要求是"能之为能,不能为不能",而讲究的是要做出好事。《说苑·权谋》记载,下蔡威公慨叹蔡国君主不听其劝谏将亡国,而其邻居窥墙而知,于是举家迁居楚国,后协助楚国灭蔡,威公被捕,窥墙者感叹其不幸,威公说:"言之者,行之役也;行之者,言之主也。汝能行,吾能言。汝为主,吾为役。"对于历史实际来说,重要的是做而不是说,是行动而不是言语。"故曰:能言者未必能行,能行者未必能言。"但是对于历史的设计者和观察者来说,无论是言或者是行,都是非常重要的切入点。

认识历史虽然是可能的,但是关于历史的本质能否把握及历史认识能否达到真理性的认识,刘向没有给出积极的答案。《说苑·杂言》记载,楚昭王曾经想以分封"书社七百"的优厚待遇孔子到楚国执政。子西劝阻楚昭王说,历史上周文王封于酆,周武王封于镐,"酆镐之间,百乘之地。伐上杀主,立为天子。世皆曰'圣王'"。以孔子之贤圣和"书社七百里之地",又有懂兵法的子路、懂外交的宰予和懂官衙的子贡三位贤人的辅佐,楚国未来的趋向很难主宰。楚昭王听了之后,即取消了任用孔子的打算。刘向为此感叹:"夫善恶之难分也,圣人犹见疑,而况于贤者乎? 是以贤圣罕合,谄谀常兴也。故有千岁之乱,而无百岁之治。孔子之见疑,岂不痛哉?"连孔子这样伟大的圣人都受到怀疑,可见善恶之难分,真理之难见。由此,发现真理之难,主要是因为历史认识主体的主观性。《说苑·贵德》:"凡斗者,皆自以为是,而以他人为非。己诚是也,人诚非也,是己君子而彼小人也。"人们总认为自己是最正确的,别人都是错误的。这样,客观的真理性的认识也就很难发现了。《说苑·杂言》:"鸣呼悲哉!世有明于事不合于人心者,有合于人心不明于事者。"刘向借助于子石登吴山的感叹再次说明,真理性认识之所以被发现,就是因为"明于事"与"合于人心",亦即客观性的见解与主观性的诉求是互相充斥、抵触的。吴王夫差拒谏伍子胥而听从太宰嚭、公孙雒,纣王拒谏比干而听从费仲、恶来,都可以说是拒绝真理而选择了自我。在这里,历史固然以悲剧形式展开,但真理性的认识依然存在的,只要克服主体的自我,即可发现真理。《说苑·政理》:"不可以持闻从事。夫耳闻之不如目见之,目见之不如足履之,足履之不如手办之。"这是魏文侯告诫西门豹将治邺时说的话。就是说,真理性的认识要靠自己的实践才能得到,历史认识的真理性问题,可以凭借实践来解决。在历史实际中,个人的实践及视域总是有限的,因此其真理性的认识也是有限的。鉴于此,刘向主张,要总结和观察众多人的实践经验。《说苑·君道》:"是以明王之言,必自他听之,必自他闻之,必自他择之,必自他取之,必自他聚之,必自他藏之,必自他行之。故道以数取之为明,以数行之为章,以数施之万物为藏。是故求道者不以目而以心,取道者不以手而以耳。"这就是说,真理的获得依赖众多人的实践体验、众多次的实践检验以及认识主体自身的思考和观察。

四、"质性同伦,而学问者智"的史学方法论

刘向不仅在史学本体论、历史本体论和历史认识论上有着真知灼见,在史学方法论上也有着独到的见解。读《说苑》《新序》和《列女传》发现在史学方法论上,刘向运用最巧妙的方法是历史事实分析法、历史比较研究法和历史理论分析法。

第一,历史事实分析法。历史事实分析法就是通过叙述历史事件的形式,以表明史学家自己历史观点的方法。其特征是事实俱在,直观通透,易于理解,令人信服。其渊源是孔子的史学功用论,孔子说:"吾欲载之空言,不如见之于行事之深切著明也。"就是说,直接表明自己的观点看法,没有借助于历史的叙述或自己的实践更能让人理解和接受。《说苑》《新序》和《列女传》都记载了大量的历史事件,并试图通过这些事件表明人们所需要掌握的历史规律。以《说苑》为例,单《君道》篇就列举事实35条之多。这些事件的记述,不仅提供了确实的历史情况,而且伴有直接的历史舆论,因此给人以丰富的历史知识和历史智慧。例如,《说苑·君道》:"殷太戊时,有桑谷生于庭,昏而生,比旦而拱。史请卜之汤庙,太戊从之,卜者曰:'吾闻之,祥者福之先者也,见祥而为不善,则福不生;殃者祸之先者也,见殃而能为善,则祸不至。'于是乃早朝而晏

退,问疾吊丧,三日而桑谷自亡。"通过殷代太戊时宫廷里生长桑谷一事,说明执政者不仅要以勤政为民为宗旨,还要时常关注那些自然异变所给予的警醒;从史学角度看,此例说明古代史官以占卜形式为执政者服务,而其方式则是通过天人合一的谴告来展开的。《说苑·贵德》:"郑伐宋,宋人将与战,华元杀羊食士,其御羊斟不与焉,及战,曰:'畴昔之羊羹,子为政;今日之事,我为政。'与华元驰入郑师,宋人败绩。"华元分发羊肉却没有给予为自己驾车的御者,致使其叛变,使宋军在抵抗郑国的入侵中失败。由此说明,政治的布德施惠,讲究的是公平合理,哪怕是最底层的社会成员,也不能忽视其存在,否则,后果不堪设想。刘向所列举的历史事件,看起来可能微不足道,但其政治的启发意义,却是不容置疑的。

第二,历史比较研究法。历史比较研究法是将两个或两个以上的历史事件放在一起比较对照,寻求其异同,从而把握历史本质的方法。历史比较研究法是历史研究最基本的方法,刘向对此有着比较深刻的认识,如《说苑·建本》篇中,刘向专门论述了历史比较研究法是把握历史的基本形式:"夫学者,崇名立身之本也。仪状齐等,而饰貌者好;质性同伦,而学问者智。"学术是一个人成名立身的基础。如果人们的相貌仪表相同,那就比较装饰得是否漂亮;如果人们的本质禀性相同,那就比较学术是否渊博。可见,事物的特质、人物的优长,只有通过比较才可以发现。当然,刘向还对很多历史事件进行了比较分析,如《说苑·权谋》记载,当吴王夫差灭越后,又率兵攻打陈国,楚人想到在柏举曾经被吴王阖闾所打败,今天的夫差不知又强大多少,所以举国上下都处于担忧之中。这时,子西对形势进行了分析,说阖闾执政时,"食不二味,处不重席,择不取费。在国,亲戚乏困而供之;在军,食熟者半而后食。其所尝者,卒弃必与焉。是以民不罢劳,死知不旷"。但今天的夫差执政,未及阖闾勤勉,"次有台榭陂池焉,宿有妃嫔御焉。一日之行,所欲必成,好玩必从,珍异是聚。夫差先自败矣,焉能败我?"两种不同的执政行为,其结果自然是不同的。子西的比较分析,可以说是合乎实际的。《说苑·臣术》对臣子进行了研究,提出了"六正""六邪"的概念,如表5-1所示。

表 5-1 《说苑·臣术》中的"六正""六邪"比较表

六正	特质	六邪	特质
圣臣	萌芽未动,形兆未见,昭然独见存亡之几,得失之要,预禁乎不然之前,使主超然立乎显荣之处,天下称孝焉	具臣	安官贪禄,营于私家,不务公事,怀其智,藏其能,主饥于论,渴于策,犹不肯尽节,容容乎与世沉浮,上下左右观望
良臣	虚心白意,进善信道,勉主以体谊,谕主以长策,将顺其美,匡救其恶,功成事立,归善于君,不敢独伐其劳	谀臣	主所言皆曰善,主所为皆曰可,隐而求主之所好,即进之以快主耳目,偷合苟容与主为乐,不顾其后害
忠臣	卑身贱体,夙兴夜寐,进贤不解,数称于往古之德,行事以厉主意,庶几有益,以安国家社稷宗庙	奸臣	中实颇险,外容貌小谨,巧言令色,又心嫉贤,所欲进则明其美而隐其恶,所欲退则明其过而匿其美,使主妄行过任,赏罚不当,号令不行
智臣	明察幽见,成败早防而救之,引而复之,塞其间,绝其源,转祸以为福,使君终以无忧	谗臣	智足以饰非,辩足以行说,反言易辞而成文章,内离骨肉之亲,外妒乱朝廷
贞臣	守文奉法,任官职事,辞禄让赐,不受赠遗,衣服端齐,饮食节俭	贼臣	专权擅势,持招国事以为轻重,于私门结党以富其家,又复增加威势,擅矫主命以自显贵
直臣	国家昏乱,所为不道,然而敢犯主之颜面,言君之过失,不辞其诛,身死国安,不悔所行	亡国之臣	谄言以邪,坠主不义,朋党比周,以蔽主明。入则辩言好辞,出则更复异其言语,使白黑无别,是非无间,伺候可推,而因附然,使主恶布于境内,闻于四邻

"六正""六邪"的分类比较固然是为汉代皇帝选任臣子提供鉴戒,但通过比较对照可以看出,刘向对臣子的分类及各类臣子的特质有着深刻的认识。

第三,历史理论分析法。历史理论分析法是借助权威人士的话语或公理性的话语评价历史事实的方法。权威人士往往是某学派的创始人或杰出代表,其话语往往具有超越时代的真理性,所以成为历史评价的基本理论;而公理性的话语是人们在长期的历史实践中的经验积累和体验,其含义往往具有通俗易晓的真理性,所以常常被史学家用来评价和说明历史的发展。刘向是学识渊博的学者和历史学家,在历史研究中,非常娴熟地使用了这一方法。《新序·杂事一》记载,晋大夫祁奚向晋君推荐仇人解狐来接任自己的职位,又推荐儿子祁午担任国尉,被人称赞是"能善举","外举不避仇雠,内举不回亲戚,可谓至公矣"。刘向引《尚书》的话评价"不偏不党,王道荡荡",又引《诗经》

的话歌颂其"唯其有之,是以似之"。这样引经据典,将历史事实的个性特质升华为历史规律性的认识,既增强了对历史事实的认识,又宣传了历史理论,可以说是一举两得。在刘向的著作中,此类方法俯拾皆是,总起来看,《新序》、《列女传》引用《诗经》的词句更多一些,这可能是由于诗句本身所具有的精辟特征更能体现历史的真理性。与之相较,《说苑》所引用历史理论可能更复杂一些,除引用儒家经典外,还有其他一些历史人物的言辞,特别是《说苑·说丛》篇,简直就是政治警句的汇集,深刻体现了刘向的政治理念与历史观念。例如,"不富无以为大,不予无以合亲。亲疏则害,失众则败。不教而诛谓之虐,不戒责成谓之暴。""祸生于欲得,福生于自禁。圣人以心导耳目,小人以耳目导心。""君子行德以全其身,小人行贪以亡其身。相劝以礼,相强以仁。得道于身,得誉于人。"尽管刘向所引用的历史理论很复杂,甚至还有道家的倾向,但从总体上看,仍然没有脱离儒家的仁德藩篱,因此刘向自身的历史理论仍然属于儒家范畴。

五、"录逸闻佚事,足为法戒之资者"的编纂理念

与正史相比,《列女传》承继了《史记》"列传"编纂方式,而《说苑》《新序》对于历史事实的编纂,与其要求距离悬殊:一是不以某一历史事件为藩篱,而是博采各种历史事件;二是不以某一历史时段为限制,而是天马行空,任意取舍。也可能根源于此,秦汉史学的研究者常常忽略刘向的贡献,但在我们看来,也许正是刘向理智地创造了应用史学的编纂体裁,才使其拥有了崇高的史学地位。纵览《说苑》、《新序》和《列女传》可以发现,应用史学体裁的特点,主要体现在以下三点。

第一,案例体。所谓案例体,就是在讲史过程中,不厌其烦地列举一系列历史事件。当然,这些历史事件都是所谓"善可为法,恶可为戒"、给人以启发和鉴戒的。用传统史学话语表述,即为鉴戒史学。《钦定四库全书总目提要·子部·说苑》:"其书皆录逸闻佚事,足为法戒之资者。其体例一如《新序》。"用今天的话语说,即为上述的历史事实分析法;用政治学的话语说,就是尽量选择有政治借鉴价值的历史事件。尽管因文本的不同而导致采集的历史事件有所重复,甚至有所抵触,但因很多文本在传承中不幸散失,一些历史事件反而因此而得以保存。"然古籍散佚,多赖此以存。《汉志·河间献王》八篇,《隋志》已不著录。而此书所载四条,尚足见其议论醇正,不愧儒宗。其他亦多可采择。虽间有传闻异辞,不以瑕累全璧矣。"可以说,四库馆臣的评价是非常到位的。

第二,接受史。所谓接受史就是从接受或学习者的角度来记载历史事件,即从讲史的对象角度编纂历史事件,其所考虑的重点是接受者的价值取向及心态。从价值取向方面说,即为皇权、君主讲述历史,因此选择的都是些能够对执政者具有启迪作用的历史事件;从心态方面说,即注意到君主的知识水平、历史感悟和心理承受能力,要做到点到不说破,请他自己理解感悟。用传统史学表述,即为"春秋笔法"。《说苑·复恩》:"《春秋》者,记君不君,臣不臣,父不父,子不子者也。"史学既然是记录和探究君臣父子的违礼犯法事情,当然不能直言不讳,因为要为尊者讳、亲者讳和贤者讳。《说苑·权谋》记载,漆雕马人曾经侍奉臧文忠、武仲和孺子容三个大夫,孔子问三人谁最贤,漆雕马人说:"臧氏家有龟焉,名曰蔡。文仲立,三年为一兆焉。武仲立,三年为二兆焉。孺子容立,三年为三兆焉。马人立之矣。若夫三大夫之贤不贤,马人不识也。"漆雕马人以占卜算卦一事讲述了三大夫执政的情况,含蓄地说明了三人的贤与不肖,孔子对于这种含蓄的评价很是欣赏。"君子哉,漆雕氏之子。其言人之美也,隐而显。其言人之过也,微而著。故智不能及,明不能见,得无数卜乎?"只有政治智慧偏狭的人,因不能看透政治局势,才去请教神卜。可见,三大夫中孰贤与不肖,不言自明。

第三,"君子曰"。所谓"君子曰"就是在叙事中以第三者的称谓评价历史,从而得到对于历史真理性的认识。这种方法渊源于《左传》,在《说苑》中不多见,在《新序》特别是《列女传》中却有较多运用。例如,《新序·节士》记载,楚昭王时的石奢做法官,碰到自己的父亲杀人,绳之以法则不孝,网开一面则不忠,石奢在两难取舍中自杀。"君子闻之曰:贞夫法哉。"礼法需要的是坚贞,难免伤人与自伤。申徒狄作为士人不见容于世,投河自溺,"君子闻之曰:廉矣哉! 如仁与智,吾未见也。"《列女传》中,"君子曰"的情形可谓贯穿全篇。《列女传·母仪传》:"君子曰:二妃(娥皇、女英)德纯而行笃。""君子谓姜嫄静而有化。""君子谓简狄认而有礼。""君子谓涂山强于教诲。""君子谓妃明而有序。"等,这些评价,直抒胸臆,旗帜鲜明,与前述的"接受史"的讳饰相比,可谓是针锋相对。而其可取之处在于,既坚持了客观叙事的原则,又遵守了《春秋》笔法。

六、刘向史学思想的官方性质

刘向的史学思想具有明显的官方性质,具体体现在以下两方面:

其一刘向生为刘氏宗亲,活跃在权力中枢。《汉书·楚元王传》记载,刘向是汉高祖的同父异母的小弟楚元王刘交的孙子。楚元王"好书,多材艺。少时尝与鲁穆公、白生、申公,俱受《诗》于浮丘伯"。"元王好《诗》,诸子皆读《诗》"。刘向的父亲刘德,"修黄老术,有智略",元丰元年以太中大夫迁宗正,宣帝时被封为阳城侯,"宽厚好施生","家产过百万,则以振昆弟宾客饮食"。刘向优越的家庭环境促成了其丰富的学术知识和宽阔的政治胸怀。宣帝时,"年十二,以父德任为辇郎。既冠,以行修饬擢为谏大夫"。"通达能属文辞","献赋颂凡数十篇"。又以献铸造黄金术书,"典尚方铸作事,费甚多,方不验",下狱当死,被兄长阳城侯刘安民"入国户半"赎罪。不久,又被征受《谷梁春秋》,"讲论五经于石渠,复拜为郎中,给事黄门,迁谏大夫给事中"。元帝时,刘向与萧望之、周勘和金敞一起与宦官外戚斗争,两次下狱,"坐免为庶人"。成帝时,刘向重新被重用,于是改名更生为向,"向以故九卿召拜为中郎,使领护三辅都水。数奏封事,迁光禄大夫"。"而上方精于《诗》《书》,观古文,诏向领校中五经秘书"。有鉴于外戚王氏擅权弄政,刘向多次上书成帝劝谏,"强汉室,卑私门,保守社稷",成帝虽然很是欣赏,但却无能为力。刘向在忧郁中终老,年七十二。纵观刘向一生,虽几经波折,但身处权朝,总活跃在权力中枢,作为官府中的人,其史学思想自然带有浓重的官方性质。

其二,刘向著述的初衷是为皇权君主服务的。《汉书·楚元王传》:"向以为王教由内及外,自近者始。故采取《诗》《书》所载贤妃贞妇,兴国显家可法则,及孽嬖乱亡者,序次为《列女传》,凡八篇,以戒天子。及采传记行事,著《新序》、《说苑》,凡五十篇,奏之。数上疏言得失,陈法戒。"由此可知,《列女传》的撰写,完全是想借助于古代贤妃贞妇和孽嬖乱亡者以劝诫君主,而《新序》、《说苑》的撰写,也是通过梳理历史上战乱得失的经验教训以警醒君主。宋本《说苑》载有刘向本人的叙录:"护左都水使者光禄大夫臣向言:所校中书《说苑杂事》,及臣向书,民间书,诬校雠。其事类众多,章句相溷,或上下谬乱,难分别次序,除去与《新序》重复者,其余者浅薄不中义理,别集以为《百家》,后令以类相从,一一条别篇目,更以造新事十万言,以上凡二十篇,七百八十四章,号曰《新苑》,皆可观,臣向昧死。"按照徐复观先生的讲解,这段话有三个意思,一是刘向在整理古籍中,已经编纂成一本叫做《新序》的书;二是将剩余的资料按照各家流派编纂成相应的册子,如《晏子春秋》;三是又将余下的材料整编成《说苑》一书。① 刘向编纂的初衷,显然是以"义理"为尺度,以能够提供鉴戒的所谓"可观"为依据的,因此,刘向史学思想的本质当是基于政治学之上的官方史学。

---

① 徐复观:《两汉思想史》第三册,华东师范大学出版社,2000年版,第40~41页。

第二节　扬雄的史学思想

扬雄,字子云,是西汉末年著名的思想家、文学家。其政治活动主要集中在西汉成帝至王莽新时期,相当于公元前53年至公元18年间。《汉书》本传赞扬他"博览无所不见","默而好深湛之思",其著作有《太玄》《法言》《训纂》《州箴》等。自扬雄之后迄于今,研究其思想的学者举不胜举,然大多拘囿于《太玄》中的哲学思想、《甘泉赋》中的文学思想以及《法言》中的政治思想,至于史学思想,研究论析者却相对较少,如在专门研究秦汉史学思想的专著却没有扬雄的内容。① 著作方面,徐复观先生曾经探究了"扬雄对历史的了解及对历史人物的批评";②王青先生论析过"扬雄的历史思想"。③ 论文方面,专门研究扬雄史学思想的有郑万耕④、张秋升⑤、杨福泉⑥和施丁⑦等,从史学思想的范畴和扬雄思想的实际来看,这些研究偏重于扬雄历史观和历史人物的评价,对于丰富的史学思想而言,显然还是很不够的。据此,我们仔细研读清嘉庆年间秦恩复仿重刻宋治平监本晋李轨注《扬子法言》⑧及郑文所注疏的《扬雄文集笺注》⑨,进一步挖掘扬雄的史学思想。

一、"学之为王者事"的史学论

准确地阐释历史学的研究对象及任务是史学思想研究的基本范畴。尽管扬雄不能算是一个完全的史学家,但其对于历史学的研究对象及任务却有着相对独到的认识和把握。

---

① 汪高鑫:《中国史学思想通史·秦汉卷》,黄山书社,2002年版。
② 徐复观:《两汉思想史·扬雄论究》,华东师范大学出版社,2001年版。
③ 王青:《扬雄评传·扬雄的历史思想》,南京大学出版社,2000年版。
④ 郑万耕:《扬雄的史学思想》,《史学史研究》,1998年第2期。
⑤ 张秋升:《扬雄历史观再认识》,《聊城大学学报》,2002年第5期。
⑥ 杨福泉:《扬雄的历史哲学与人物评论》,《绍兴文理学院学报》,2007年第2期。
⑦ 施丁:《扬雄评司马迁之意义》,《求是学刊》,2007年第4期。
⑧ 《扬子法言》,中外名人研究中心:《诸子百家经典集粹》第四卷,黄山书社,1994年版。
⑨ 郑文:《扬雄文集笺注》,巴蜀书社,2000年版。

其一,扬雄将历史学看作政治学,其任务就是培育政治家。

《法言·学行》谈论学习的对象及目的,实际就是对于史学研究对象及任务的论述。"学之为王者事,其已久矣。尧、舜、禹、汤、文、武汲汲,仲尼皇皇,其已久矣。"这就是说,历史学研究的对象就是"王者事",就是"尧、舜、禹、汤、文、武"等历史上的帝王活动。用今天的话说,历史学研究的对象就是政治。"学者,所以求为君子也。求而不得者有矣夫,未有不求而得之者也。""大人之学也,为道;小人之学也,为利。""耕道而得道,猎德而得德,是获飨也。……是以君子贵迁善。迁善者,圣人之徒与!"这就是说,历史学的研究任务就是培育人们成为"君子"。所谓"君子"就是追求真理、向往善行的人。用今天话说,历史学的研究对象就是政治,其任务就是培养具有真德善行的政治家。在扬雄看来,将历史学的职能发挥得淋漓尽致的就是孔子,所谓"仲尼皇皇,其已久矣"。当有人说,"立道""术业"完全可以置孔子、颜渊于不顾时,扬雄指出,"未之思也,孰御焉?"因此,研究历史学,必须以孔子史学研究为榜样。

其二,扬雄将历史学看作叙事的学问,其任务就是揭示事物的真相。

《法言·吾子》谈论赋的叙事内容与语言修辞的关系时,实际上也是对于历史学研究对象及任务的论述。"或问:'君子尚辞乎?'曰:'君子事之为尚。'事胜辞则伉,辞胜事则赋,事辞称则经。"撰文纪事,既需要真确的事实,又需要华丽的修辞,两者缺一不可。过度地叙事,难免牵强失实;过度地修辞,又将铺叙虚构,只有将叙事与修辞相互融合,才合乎经典的要求。这就是说,历史学(纪事)与文学(修辞)的研究对象是不同的,历史学研究的是事实,文学研究的则是修辞。"或欲学《仓颉》《史篇》。曰:'史乎!史乎!愈于妄阙也。'"李轨在注释这句话时说:"再言'史乎'者,善之也。言胜于不学而妄名,不知而阙废。"此解释虽然已经接近了扬雄的意思,但没注意到扬雄是在谈论历史学和文学的不同任务。在扬雄看来,历史学的职责或者说美德就在于超越了文学的因过分修辞而导致的虚妄和残缺。换句话说,历史学的任务就是揭示历史的真相,还历史本来的面目。正因如此,扬雄认为《史记》完成了历史学的揭示历史真相的任务,而《淮南子》则没有。《法言·君子》:"淮南说之用,不如太史公之用也。太史公,圣人将有取焉;淮南,鲜取焉尔。"李轨的解释源自《史记》"实录不隐,故可采择",《淮南子》"浮辩虚妄,不可承信"。

在扬雄心目中,研究政治与叙述事实并不矛盾,而是一致的。《法言·五百》的"圣人占天地"条中,将圣人与史学联系在一起来谈论。"史以天占人,圣人以人占天。"李轨解释说:"'圣人以人占天'者,先乎天也;'史以天占人'者,后乎天也。大圣先天而天不违,良史后天而奉天时,知其所先后,则天人之情得矣。"扬雄的意思是,圣人以自己的智慧发现历史发展的先机,从而号召人们遵从历史规律；史官则是在时过境迁之后揭示历史的真相并总结历史发展的规律，希望人们吸取历史的经验教训。因此，在历史的真相及规律面前，圣人，即政治家是实践者，史官，即史学家则是总结者；而在学养目标方面，政治才是史学的最终任务。换句话说，史学研究的任务，其实是通过揭示历史的真相及发展规律，培养圣人即培养政治家。《法言·问神》："或曰：'淮南、太史公者，其多知与？曷其杂也。'曰：'杂乎杂？人病以多知为杂，惟圣人为不杂。'"圣人作为有作为的政治家是不会拒绝丰富的历史知识的。

历史学研究政治培养政治家，叙述事实揭示历史真相。那么，其功用何在？扬雄认为，历史学的功用就在于总结历史经验，提供鉴戒。《法言·五百》："聆听前世，清视在下，鉴莫近于斯矣。"在史学研究实践中，扬雄致力于历史经验的总结，这主要表现在两个方面。一方面，在《法言》中借助于对历史人物的评价，总结历史的基本经验。《法言·重黎》言伍子胥、范蠡不劝谏，是"不由德""不足邵"；批评李斯纵容秦始皇东海求仙、赵高立胡亥，霍光不讨杀害许皇后贼人，都是不忠之臣。《法言·渊骞》称赞孟轲"勇于义而果于德，不以贫富、贵贱、死生动其心"，是真正的"德义"之"勇"；批评春秋四君子是"上失其政，奸臣窃国命。何其益乎？"另一方面，在《州箴》中，通过对全国各州历史地理的描述和中央政府中各机构职能的历史沿革的追溯，揭示为政之旨趣及要略。在政治实践中，扬雄试图借用历史经验指导现实的政治。《汉书·匈奴传》记载，汉哀帝建平四年（公元前3年），匈奴单于上书愿对宋称臣朝贡，哀帝听从大臣建议予以拒绝。时任黄门侍郎的扬雄则总结秦以来与匈奴的关系史，上书建议接受单于的请求。扬雄指出，秦始皇、汉高祖、吕后，以至汉武帝，都曾经动用武力试图抵御匈奴的侵扰，但都未成功，即使武帝时曾经驱逐匈奴，迫使其暂时屈服，但是也没有称臣纳贡。"今单于归义，怀款诚之心"，"此乃上世之遗策，神灵之所想望，国家虽费，不得已者也。奈何距以来厌之辞，疏以无日之期。消往日之恩，开将来之隙。""夫百年劳之，一日失之，费十而爱一，臣窃为国不安也。惟陛下少留意于未乱、未战，以遏边萌之祸"。值得注意的是，扬雄在借鉴历史经验时，还特别注重历史实践。《河东赋并序》记载，汉成帝元延二年，扬雄陪成帝到河东祭祀后土，回程路上，汉成帝借景生情，想起大禹开凿龙门治水、唐尧都平阳、虞舜都蒲坂，悠然艳羡远古之遗风，"轶五帝之遐迹兮，蹑三皇之高踪。既发轫于平盈兮，谁谓路远而不能从！"扬雄在《序》中批评说，"雄以为临川羡鱼，不如归而结网。"

二、"君子正而不它"的历史观

在扬雄史学思想研究中,历史观作为核心范畴,引起了研究者的广泛关注。人言虽殊,然差异不大。例如,郑万耕先生认为,扬雄的历史观在于"历史是发展变化的""社会历史的发展是一种进步性的过程"和"在历史发展过程中存在着因与革的问题";张秋升先生认为,历史就是"政治的变迁,就是王朝的更迭""历史的变化具有连续性,社会是在继承和变革中运行的""历史盛衰并没有一个预定的期限"和"多种因素共同决定历史";杨福泉先生认为,"历史是发展变化的""因循革化是事物发展变化的根本规律""以天、地、人论社会历史变迁""不赞成暴力斗争和革命运动"。无疑,这些论析在一定程度上揭示了扬雄历史观的内容,但都是因扬雄个别话语而得出的结论,并没有从整体上理解其内涵,与扬雄逻辑缜密的真意尚有一定距离,这就需要我们继续予以讨论分析。

总结秦王朝以来的历史变迁规则,扬雄认为,决定历史发展的因素主要在于"时激"和"人事"。战国时期,六国激烈的兼并战争持续了很久,但是秦始皇只用了短短三年就统一了全国。考究其因,《法言·重黎》说是"时激、地保、人事"皆"具"。"孝公以下,强兵力农,以蚕食六国,事也""东沟大河,南阳高山,西采雍梁,北卤泾垠,便则申,否则蟠,保也""始皇方斧,将相方刀;六国方木,将相方肉,激也"。秦始皇执政二十六年统一全国,十五年后楚霸王项羽执政,五年后汉高祖刘邦掌权。半个世纪内政权三次更替,分析其因,一在于"天",二在于"人"。"周建弟子,列名城,班五爵,流之十二,当时虽欲汉,得乎?……天也。""兼才尚权,右计左数,动谨于时,人也。"用今天的眼光看,扬雄所谓的"天激""人事","天"是指历史发展的客观规律;"人"是指历史发展的主体性。人类历史的发展和进步,既要依赖人的主观能动性,同时又要依赖历史发展的规律性,所谓"动谨于时"就是这个意思。扬雄指出,既然历史发展的规律性不以人的意志为转移,那么,人们创造历史就必须遵循历史发展的规律。"天不人不因,人不天不成。"李轨解释说:"天人合应,功业乃隆。"历史不会因为人事的努力就改变自己的发展轨迹,人们却必须遵循历史规律才能促成事业的成功。由此,扬雄否定了天命论的历史观。针对项羽在垓下失败时悲怨"天也"不襄己之事,扬雄分析说,刘邦是竭尽群策群力,而项羽则是刚愎自用。"汉屈群策,群策屈群力;楚憞群策而自屈其力。屈人者克,自屈者负。天曷故焉!"

总结远古以来的文明发展轨迹,扬雄认为,历史发展的实际由"正道"和"它道"所构成。《法言·问道》:"适尧、舜、文王者,为正道;非尧、舜、文王者,为它道。"历史上的尧、舜、文王等帝王所代表的是"正道",除此之外的就是"它道",也就是俗话所说的"邪道"。在这里,扬雄所说的"道",既是指历史发展的具体道路,又是指历史发展的普遍规律。"道若涂若川,车航混混,不舍昼夜。""涂虽曲而通诸夏则由诸,川虽曲而通诸海则由诸。""或曰:'事虽曲而通诸圣则由诸乎?'道、德、仁、义、礼,譬诸身乎!夫道以导之,德以得之,仁以人之,义以宜之,礼以体之,天也。合则浑,离则散,一人而兼四体者,其身全乎!"作为具体事物,"道"是车船行走的凭借,也是走向中原(诸夏)和大海的凭借;作为抽象概念,"道"是指引导人修身养性成为圣贤的媒介。扬雄将"正道"理解为儒家的道德仁义和政治上的礼乐之治。"允治天下,不待礼文与五教,则吾以黄帝、尧、舜为疣赘。""圣人之治天下也,碍诸以礼乐。无则禽,异则貉。吾见诸子之小礼乐也,不见圣人之小礼乐也。"由此,扬雄不赞同道家消极退避的人生态度,而主张积极进取的历史创造态度。"老子之言道德,吾有取焉耳。及捶提仁义,绝灭礼学,吾无取焉耳。"扬雄认为,老子讲道德是对的,但批评仁义思想则是错误的。对于老子的"无为"主张,扬雄以历史条件的不同而加以反诘。"或问:'无为?'曰:'奚为哉?在昔虞、夏,袭尧之爵,行尧之道,法度彰,礼乐著,垂拱而视天下民之阜也,无为矣。绍桀之后,纂纣之余,法度废,礼乐亏,安坐而视天下民之死,无为乎?'"在扬雄看来,"无为"作为执政理念,在"法度彰,礼乐著"和"天下民之阜"的历史背景下是可以实施的,而在"法度废,礼乐亏"和"天下民之死"的背景下却不能实施。因此,扬雄主张积极进取的人生态度,号召人们主动地创造历史。"或问:'道有因无因乎?'曰:'可则因,否则革。'""或问:'新敝?'曰:'新则袭之,敝则益损之。'"当然,扬雄所谓的主动创造历史是以遵从历史规律和走历史"正道"为前提的。"御得其道,则天下狙诈咸作使;御失其道,则天下狙诈咸作敌。故有天下者,申其御而已矣。"因此,扬雄要求"君子"在历史发展中应该选择"正道",摒弃"它道",即"君子正而不它"。

总结圣贤的特征和诸子的相关论述,扬雄认为,历史发展的进步在于人类的实践尤其是圣贤的意志。在扬雄看来,历史的"正道"与"它道"的差别,主要在于历史主体的抉择。《法言·学行》:"耕道而得道,猎德而得德"。《法言·修身》:"人其性也,善恶混。修其善则为善人,修其恶则为恶人。"由此可知,扬雄特别强调人的学习,他认为学习有三个层次或者说目标。《法言·学行》:"学者,所以修性也""学者为王者事,其已久矣""学者,所以求为君子也"。《法言》主要就是围绕这三个层次而展开的,其中的《学行》《吾子》主要讲学习的旨趣,《修身》主要讲"修性",《问道》《问神》《问明》《寡见》《五百》《先知》《重黎》主要讲"王者事",《渊骞》《君子》《孝至》主要讲"求为君子"。值得注意的是,在论析中,扬雄已经看到人的意志在历史发展中的主动作用。《法言·修身》:"有意哉!孟子曰:'夫有意而不至者有矣,未有无意而至者也。'"历史发展是人类意志的结晶,在历史发展的实际中,只有想到还未达到的情形,没有没想到却得来的情形。在扬雄心目中,君子,也就是今天的所说的知识分子才是历史发展的主体力量。其因如《法言·学行》所说,"君子贵迁善。迁善者,圣人之徒与!"扬雄最为讲究的就是智慧,强调利用智慧创造历史。《法言·问明》:"或问:'人何尚?'曰:'尚智。'曰:'多以智杀身者,何其尚?'曰:'昔乎皋陶以其智为帝谟,杀身者远矣!箕子以其智为武王陈《洪范》,杀身者远矣!'"历史上很多人都因不懂得利用智慧而"聪明反被聪明误",但也有像皋陶编制《帝谟》、箕子编制《洪范》的范例,既成就了自己的事业,又保全了自身生命。金春峰先生特别推崇扬雄的"尚智"说法,认为是"光照千古"的"理性精神",因为在此之前因为之前的荀子等思想大家侧重于探究如何成"圣",而忽略了"尚智"的首要地位,知识、智慧也不是圣哲的主要标准。①

综上所述,扬雄的历史观是非常缜密的。"时激""人事"是讲历史发展的条件,"正道""它道"是概述历史发展的实际,"有意哉"则是指出历史发展的根本动因。在历史发展的实际中,人们遵从历史规律,就是走"正道",推进历史的发展;否则,一意孤行,就是走"它道",制约历史的发展。《法言·孝至》:"天地之得,斯民也。斯民之得,一人也。一人之得,心矣。"历史的进步在于民众的努力和实践,而民众的努力和实践取决于"君子",即执政者的知识和心愿。《法言·修身》:"君子强学而力行,珍其货而后市,修其身而后交,善其谋而后动,成道也。""君子",即执政者刻苦学习努力实践,谨慎制定行政方案,组织相关的行政机构,谋划具体的行政步骤,从而以符合历史发展的规律,推进历史的进步。

由上所述,扬雄的历史观与陆贾、贾谊、司马迁等相比,具有明显的特征:一是英雄史观。在扬雄的论著中,民众和民心,这些被贾谊和司马迁屡次强调的民本思想,已经几乎消失,充斥其间的,只是圣贤的修身和执政的论述。在他看来,只有圣贤才能遵从历史规律,创造历史。《法言·先知》:"圣人之法,未尝不关盛衰焉。""盛衰"即历史规律,也就是说,圣人所确定的处理政治的方案是符合历史规律的。至于群众,则需要圣人的指引。二是纯粹的政治史观。扬雄尽管多次谈到诸子思想,甚至强调儒家的仁义礼制,但其旨趣却在于如何处理政治,如何使其利益最大化,所以,他花费大量的精力来撰著《太玄》。论

---

① 金春峰:《汉代思想史》(增补第三版),中国社会科学出版社,2006年版,第374页。

者大多认为《太玄》是"刺莽之说",如宋代孙明复、高似孙,明王世贞,清陈本礼、孙澂、孙澍,近代以来的吴则虞、徐复观、郑文,等等,都持此说。现代尚有学者试图从"《太玄》的赞、测辞中找到刺莽的真凭实据"。① 实际上,"刺莽说"是根本站不住脚的。其原因有三,第一,扬雄撰写《太玄》是在汉哀帝时,其时王莽在官场不得志,更遑论篡汉野心。第二,扬雄与王莽的私交不错,汉成帝时曾同朝为郎官。莽新之时,扬雄曾因刘棻事发从天禄阁跳下,王莽说:"雄素不与事,何故在此?"得知是因曾经跟随扬雄"学作奇字,雄不知情,有诏勿问"。可见,王莽很理解扬雄。第三,王莽篡汉后,立即加官扬雄为"大夫",扬雄则撰写《剧秦美新》《太后诔》作为回报。据此,扬雄的《太玄》不是"刺莽",主要的动机还是探究事物的运转规则,试图摸清历史发展的走向。不排除扬雄内心投机取巧成分的存在,当然,他也尽量使思想合理化,与儒家接近。《法言·孝至》:"君子动则拟诸事,事则拟诸礼。"《法言·问神》说自己撰写《太玄》是宣扬"仁义"。历史认识过程中,有进步也有退步的观点,即所谓的"正道"与"它道"。由此可知,郑万耕先生所谓扬雄的历史观有"进步性"的说法是站不住脚的。扬雄历史观特征的形成,与其所处的西汉末年社会问题频仍、王莽篡汉紧蹙,以及扬雄本人所代表的士人阶层的社会理想和人生际遇的矛盾及其价值选择的游离等因素分不开。

三、"神在所潜"的历史认识论

历史认识论是把握扬雄思想内核的锁钥。遗憾的是,众多论者都忽视了这方面的研究。在扬雄看来,历史是可以被认识的。《法言·问神》:"或问:'神?'曰:'心。''请问之?'曰:'潜天而天,潜地而地。天地,神明而不测者也;心之潜也,犹将测之。况于人乎?况于事伦乎?''敢问潜心于圣?'曰:'昔乎,仲尼潜心于文王矣,达之。颜渊亦潜心于仲尼矣,未达一间耳。神在所潜而已矣!'"在扬雄看来,作为事物内在的本质和关键,对于客观事物来讲,被称作"神";对于人来说,则被称作"心",因此"神"与"心"是相通的。人可以借助于"心"理解"神"。这用今天话说就是认识,用扬雄的话说就是"潜"。"潜天而天,潜地而地",用"心"认识天就可以知晓天,用"心"认识地就可以知晓地。"天地,神明而不测者也;心之潜也,犹将测之。况于人乎?况于事伦乎?"自然的关键和本质似乎高深难测,人还是能够认识和把握它,至于人类历史,当然也是可以认识的。以圣贤为例,过去孔子认知周文王,结果就非常了解他;颜

---

① 问永宁:《〈太玄〉是一部"谤书"——"辞莽说"新证》,《周易研究》,2005年第6期。

渊认知孔子只是知道些许。"神在所潜而已矣",历史的关键和内在本质需要认识才可以把握。

在扬雄看来,历史是可以认识的,认识历史是可能的。历史认识的可能性,亦即构成历史认识的条件,由以下三方面构成。

一是认识客体的规律属性,即"神"。《法言·问神》:"天神天明;照知四方;天精天粹,万物作类。"自然的规律体现在各个方面,自然的本质表现为不同的种类。换句话说,自然发展的内在规律性与外在类别性,是认识的基本原则。《汉书·扬雄传·解嘲》:"世异事变,人道不殊,彼我异时;未知何如?"社会历史虽然时过境迁,事实变换,但是作为人类的本质却没有什么不同。古今社会时间相异,但却可以以古知今或以今推古。换句话说,历史的沧海桑田仍然受到规律性的制约,因而可借此拥有超时空的认识和了解。论者每谈及于此,指出扬雄的意思,认为社会历史的变迁皆因时势不同而难以预料,显然,这样的解释与扬雄的原意是背道而驰的。《太玄赋》:"自夫物有盛衰兮,况人事之所极!"在扬雄看来,"盛衰"与"生死""始终",都是历史规律性的体现。《法言·君子》:"有生者必有死,有始者必有终,自然之道也。""盛衰"与"生死""始终"体现着自然规律,而在人类历史中表现得更为剧烈,说明人类历史的发展也是有规律可循的,是可以认识的。

二是认识主体的主动属性,即"心"。《法言·问神》:"人心其神矣乎!操则存,舍则亡。能常操而存者,其惟圣人乎?"人的认识本能就像自然规律,使用它就可以体验到它的存在,否则就感觉不到它。在认识实践中,只有圣人才经常有意识地发挥认识本能。在扬雄看来,历史认识主体的发挥,尚需要具备以下相应能力:一是丰富的历史知识。《法言·问神》:"或曰:'淮南、太史公者,其多知与?曷其杂也?'曰:'杂乎杂?人病以多知为杂,惟圣人为不杂。'"历史认识的主体需要广博的知识。二是抽绎历史本质的思维能力。《法言·吾子》:"多闻则守之以约,多见则守之以卓。寡闻则无约也,寡见则无卓也。"研究历史,不仅需要丰富的历史知识,同时也需要有抽绎历史本质,把握历史规律的思维能力。三是识别是非与捍卫真理的能力。《法言·寡见》:"多闻见而识乎正道者,至识也;多闻见而识乎邪道者,迷识也。如贤人谋之,美也,诎人而从道;如小人谋之,不美也,诎道而从人。"研究历史,就要在众说纷纭中辨明是非,坚持并捍卫真理。

三是认识媒介的传播属性,即"言""书"。据《法言·问神》之意,"言"是指"面相之,辞相适,捈中心之所欲,通诸人之嚍嚍者","书"是指"弥纶天下之事,记久明远,著古昔之昏昏,传千里之忞忞者,莫如书"。历史实践的体验只有诉诸言语,撰著成文章,才能保留传播下来。虽然用语言文章表达历史的体验和实践,对于众人来说,尚有一定难度,但是还是有少数的学者,即"圣人"可以做到。"惟圣人得言之解,得书之体"。因此,后人可以借助语言文章来认识历史,体验历史。"故言,心声也;书,心画也。声画形,君子小人见矣!声画者,君子小人之所以动情乎!"为此,扬雄特别推崇书的功用。《法言·学行》主张将书与儒家经典等同来研读;《法言·吾子》称赞"观书者"是"登东岳而小众山,浮沧海而鄙沟渎"。

在扬雄看来,历史认识的目的就是掌握历史规律,体验创造历史的自由。《法言·问神》:"圣人存神索至,成天下之大顺,致天下之大利,和同天人之际,使之无间也。"研究并揭示历史规律,使人们顺从规律并得到实惠,从而达到天人合一的境界。扬雄将这种自由境界比喻成鸟儿的自由翱翔。《法言·问明》:"时来则来,时往则往,能来能往者,朱鸟之谓与?"可见,扬雄的史学动机承继了司马迁"究天人之际、通古今之变"的旨趣。

历史认识是否正确决定了人们能否自由地创造历史,而历史认识正确与否,则需要经过验证。那么,历史认识如何验证?其标准是什么?《法言·问神》:"无验而言谓之妄。"那么,怎样来验证?扬雄说:"幽必有验乎明,远必有验乎近,大必有验乎小,微必有验乎著。"即按照辩证法,从结论的相反方向来进行验证。

在扬雄心目中,历史认识验证的标准,有理论和实际两个方面。从理论上说,就是以儒家思想为标准。针对历史研究中"人各是其所是而非其所非"的情况,扬雄指出应求证于儒家。《法言·吾子》:"万物纷错则悬诸天,众言淆乱则折诸圣。""委大圣而好乎诸子者,恶睹其识道也?"孔子才是通向光明的"户",是"述正道"的典范。从实际上说,就是在历史实践中判定真伪。《法言·修身》:"君子强学而力行。"《法言·先知》:"真伪,真伪则政核。如真不真,伪不伪,则政不核。"历史认识的检验,需要研究者积极地投身到社会实践中。在实践中,如果能够透过表象把握本质,即所谓"政核",说明历史认识符合历史实际;如果分不清表象与本质,即"政不核",说明历史认识不合乎实际。

扬雄还阐释了历史认识的范畴。《法言·重黎》根据以往历史著作的性质,指出历史认识的范畴有三:《周官》→"立事";《左传》→"品藻";《史记》→"实录"。

四、"与道神之"的方法论

扬雄注重处事方法和效率的政治史观,使其史学方法论极为突出和鲜明,因而学者的论述相比较多,看法也趋于一致。大致说来,扬雄讲究和使用的史学方法主要是历史的方法、比较的方法和历史论著编纂的方法。

第一,历史的方法。所谓历史的方法就是按照历史发展的规律来把握事物的本质,用扬雄的话说就是"与道神之"。历史方法有两个要求,一是将事物放到一定的历史范围内来考察,《法言·寡见》:"非其时而望之,非其道而行之,亦不可以至矣。"不考虑历史时代去认识历史本质,不遵循历史规律去实现人生理想,都是不可能的。因此扬雄说,要考察仁德的历史,就要阅读战国以前的史书;要考察军事史,就要阅读秦朝的历史,"如观兵,开辟以来,未有秦也。"《法言·重黎》分析孔子仁政思想之所以没有得以推行,其因是没有相应的历史条件,即"无土",不像舜、禹有良好的历史环境,"舜以尧作土,禹以舜作土"。二是用发展的眼光看待事物。《太玄·玄莹》:"夫道有因有循,有革有化。因而循之,与道神之;革而化之,与时宜之。故因而能革,天道乃得;革而能因,天道乃驯。"历史的规律就是继承和废弃相互交替,只有顺从规律去认识哪些需要继承哪些需要废止,才能掌握历史的本质。在实践中,扬雄不仅用历史方法探究历史问题,同时还将其用于文学创作。《羽猎赋并序》从汉成帝狩猎想到"二帝三王"政治,批评汉武帝"羽猎、甲车、戎马、器械、储备、禁御所营,尚泰奢丽夸诩,非尧、舜、成汤、文王三驱之意也"。《甘泉赋并序》记载,汉成帝为"求继嗣",郊祠甘泉、泰畤、汾阴、后土,扬雄认为,这是有汉十世以来的大事:"同符三皇,录功五帝,恤胤锡羡,拓迹开统"。《长杨赋并序》记载,汉成帝令百姓捕捉熊、罴、虎、豹送到长杨的射熊馆,"以网为周陆,纵禽兽其中,令胡人手抟之,自取其获。上亲临观焉"。扬雄回顾汉高祖"提剑"抗秦得天下,汉文帝"垂意于至宁",汉武帝"整其旅""命骠卫"用兵匈奴、东夷、南越和西羌,说成帝观斗兽是"奉太祖之烈,遵文武之度",是"平不肆险,安不忘危"。可见,扬雄的大赋寓论于叙,寓讥于赞,耐人寻味。扬雄还用历史方法指导人生实践。《法言·问明》:"时未可而潜,不亦贞乎? 时可而升,不亦利乎? 潜升在己,用之以时,不亦享乎?"

第二,比较的方法。所谓比较的方法就是将历史现象放在一起比较对照来寻求其本质属性。扬雄的历史比较主要从两个方面进行:一是历史人物的比较。《法言·渊骞》:"鲁仲连荡而不制,廉相如制而不荡。"按照李轨的解释,鲁仲连是"高谈以救时难,功成而不受禄赏",廉相如是"好义崇理,屈身伸节,辅佐本国",可以说各有千秋。"舜以孝,禹以功,皋陶以谟",都是以不同的"德"行享誉于世;而"秦悼武、乌获、任鄙,扛鼎杠牛",则是以大"力"著称于世的。二是朝代的比较。《法言·孝至》以孝"莫大于四表之欢心",即从国家统一、民族团结的角度称赞"二帝三王","尧、舜以其让,夏以其功,殷、周以其伐。"李轨的解释是"圣德同而禅伐异",指出扬雄的宗旨是讥讽王莽,"五君应乎天,顺乎人,王莽违乎人,逆乎天"。《剧秦美新》则将《春秋》的"道德仁义礼智"作为治国的基本理论,对秦、刘汉和莽新三朝进行比较:秦虽然统一全国,但是背离"帝王之道","二世而亡,何其剧也";刘汉至今仍然沿袭秦制,"帝典阙而不补,王纲驰而未张";莽新"绍少典之苗,著黄虞之裔,帝典阙者已补,王纲驰者已张"。由此,扬雄通过比较的方法得出的结论是莽新"炳炳麟麟,岂不懿哉"。

第三,史学论著编纂的方法。史学论著是历史认识的媒介,也是历史研究的成果。在扬雄看来,史学论著的编纂有三个要求。首先,要揭示历史发展的本质,克服主观的成见。《法言·问神》:"事得其序之谓训,胜己之私之谓克。""训"就是"文","克"就是"武"。简而言之,历史论著应该摒除个人主观意见叙述客观历史,因此撰著历史论著是严肃的事情。《法言·君子》:"君子不言,言必有中也;不行,行必有称也。""圣人之书、言、行,天也。"这里的"中"是指历史的规则,"称"是指对历史规则的认识,"天"是指自然的符合历史规则。这就是说,史学论著的编纂是需要揭示历史规律的。其次,要与儒家的经典相符合。《法言·问神》:"书不经,非书也;言不经,非言也。言、书不经,多多赘矣。"历史论著若与儒家思想不符,就不是合格的著述。"《易》始八卦,而文王六十四,其益可知也;《诗》《书》《礼》《春秋》,或因或作,而成于仲尼,其损益可知也。故夫道非天然,应时而造者,损益可知也。"儒家经典是孔子在总结前人历史研究成果的基础上编纂而成的,体现了人类对于历史规律的认识。《法言·寡见》:"惟五经为辩。说天者莫辩乎《易》,说事者莫辩乎《书》,说体者莫辩乎《礼》,说志者莫辩乎《诗》,说理者莫辩乎《春秋》。舍斯,辩亦小矣。"儒家经典作为历史论著,揭示历史规则最为鲜明和全面。自然方面的有《易》,政治方面的有《书》,心智方面的有《诗》,制度方面的有《礼》,社会方面的有《春秋》。涉及天、地、人各个方面的历史,儒家都全面地予以了记载和探究。最后,要简明扼要,通俗易懂。《法言·学行》:"君子之道有四易:简而易用也,要而易守也,炳而易见也,法而易言也。"历史论著的撰写,思想要简单,容易实践;重点要突出,容易掌握;条理要清楚,容易理解;语词要规范,容易言说。以上三点要求,用今天的话说,就是将科学性、政治性和艺术性有机地结合起来。至于如何编纂历史论著,扬雄看来,就是模仿。所谓模仿就是追随前贤,模仿前贤的编纂思想、编纂体例和编纂方法。《汉书·扬雄传》记载扬雄,"实好古而乐道,其意欲求文章成名于后世。以为经莫大于《易》故作《太玄》,传莫大于《论语》作《法言》,史篇莫善于《仓颉》作《训纂》,疏莫善于《虞箴》作《州箴》,赋莫深于《离骚》反而广之,辞莫丽于相如作四赋。皆斟酌其本,相与放依而驰骋云。"对于扬雄的模仿方法,自古及今都有着截然相反的评价。东汉王充《论衡·对作》说《太玄》,"卓绝惊耳,不述而作,材疑(拟)圣人。"今者说扬雄"选定了当时各类著述中属于第一位的著作作为自己所要达到的目标",虽然是模仿,"却不失为新的创作"也有批评扬雄的,《汉书·扬雄传》载刘歆批评:"空自苦! 今学者有禄利,然尚不能明《易》,又如《玄》何? 吾恐后人用复酱瓿也。"今人金春峰先生却认为,扬雄的史学模仿是有经验和教训的。《法言》模仿《论语》是成功的:"立足于当时的现实,表现出扬雄自己创造性的思想与见解。"但《太玄》模仿《周易》却是失败的:"舍弃了《周易》得以保持自己活力的辩证法灵魂及其开放的形式,把它变成了本身既不具有新的知识,也不能容纳新知识的固定而死板的'图式'。它脱离实际,没有任何针对性,实际是文学游戏。"①

五、扬雄史学思想的特征

扬雄在史学各个方面都有着较为独到的见解,就其史学思想的整体特征或史学思想的性质而言,无论是与之前的陆贾、贾谊的官方史学性质相比,还是与之后的王符、王充的民间史学性质相比,扬雄的史学思想都比较复杂。总结扬雄的史学思想及社会活动,其史学思想的特征可以概述为以下几点。

第一,政治史学中的游离性质。扬雄的史学旨趣是政治史学,所谓"学之为王者事",所谓"适尧、舜、文王为正道"。然而政治史学所要求的一致性和坚定性在扬雄这里却不存在。在具体的历史研究中,扬雄的史学思想是矛盾的,游离的。《法言·孝至》称赞汉朝:"汉德其可谓允怀矣。黄支之南,大夏之西,东鞮、北女,来贡其珍。汉德其可谓允怀矣。世鲜矣!""汉兴二百一十载而中天,其庶矣乎! 辟雍以本之,校学以教之,礼乐以容之,舆服以表之,复其井、刑,勉人役,唐矣夫!"在扬雄看来,汉朝扩土开疆,文明教化,经济富足,四方来朝,民享太平,这在历史上是鲜有的,只有尧舜时代才可与之媲美。但是,扬雄又称颂王莽篡汉,"周公以来,未有汉公之懿也,勤劳则过于阿衡"。《剧秦美新》:"岂知新室委心积意,储思垂务。旁作穆穆,明旦不寐。勤勤恳恳者,非秦之为与!"甚至建议王莽,"宜命贤哲,作《帝典》一篇,旧三为一袭,以示来人,摛之无极。令万世常戴巍巍,履栗栗,臭馨香,含甘食,镜纯粹之至精,聆清和之至声"。可见,宣汉谀新,扬雄政治立场的摇摆决定其史学思想具有游离性,甚至可以说是投机性。当然,也有学者很欣赏扬雄的做法,如晋李轨解释"汉公"提法说:"扬子所以玄妙也,发至言于当时,垂忠教于后世。言蔽天地而无惭,

---

① 金春峰:《汉代思想史》(增补第三版),中国社会科学出版社,2006年版,第389~390页。

教关百代而不耻。何逊媚之有乎?"

第二,官方史学中的民间性质。据《汉书·扬雄传》记载,四十岁之前,扬雄在家乡蜀地求学,创作有《反离骚》《广骚》。汉成帝元延元年(公元前 12 年),扬雄来到京师,在大司马车骑将军"王音"(据王青先生考证,应该为"王根")门下做幕僚,"为门下史","岁余,奏《羽猎赋》,除为郎,给事黄门,与王莽、刘歆并"。此后创作了《甘泉赋》《河东赋》和《长杨赋》,还应成帝指令,撰写《赵充国颂》。汉哀帝时,因丁明、傅晏和董贤专权,扬雄不得志,作《太玄》,曾上书建议接受匈奴的归顺。汉平帝时,撰著《法言》《逐贫赋》《琴清英》《驯纂》《官箴》《州箴》,续《史记》。《琴清英》后来被莽新立为乐经。莽新时期,扬雄曾因刘棻事从天禄阁跳楼,幸运没死,得到王莽的庇护,"雄不知情,有诏勿问","复召为大夫"。这一时期,扬雄撰写了《剧秦美新》《元后诔》。由此可见,扬雄的史学活动及成就,多是在其四十岁之后任职官府时完成的,其史学思想属于官方史学的性质。但是另一方面,扬雄的史学论著,尤其是奠定其史学地位的《法言》《太玄》则是其官场失意时,寻求精神慰藉之作。《解嘲》:"炎炎者灭,隆隆者绝。观雷观火,为盈为实,天收其声,地藏其热。""位极者宗危,自守者身全。是故知玄知默,守道之极;爱清爱静,游神之廷;惟寂惟寞,守德之宅。"正是因官场不得志,扬雄潜心学问,尽力丰富自己的精神生活。从思想渊源上说,扬雄承继了道家的"知雄守雌"精华,摒弃其"无为""退让"糟粕。从社会生活来说,扬雄则秉承了民间学者自强不息、勇于进取的精神。仅此而言,扬雄与其后的王充、王符有着相同的史学活动和动机。因此,也可以说,扬雄的史学思想也有着民间史学的性质。只是徐复观先生将这种民间性质看作知识分子的特性,他指出,《老子》的根本精神是不许"求学求知",但是"汉人皆截取道家之一体以为修养及处世的资具"。其因在于,扬雄的人生形态是追求知识,"主要是以好奇好异之心,投下他整个生命去追求知识",所以,扬雄"对政治的疏离,正为了便于追求知识的目的"。①

第三,人本史学中的谶纬性质。所谓人本主义史学就是将历史的发展看作人类自身活动创造和进步的过程,而不是由天意神怪所主宰和决定的过程。自"子不语怪力乱神"开始,就有了传统史学的人本主义优良传统。秦汉之际,沧桑巨变,社会各阶层纷纷登台亮相,充分展示自己创造历史的能力,为陆贾、贾谊、司马迁的人本思想奠定了坚实的社会基础。扬雄虽然官职不高,但出入最高领导层之间,了解历史的内幕,知道是哪些人在创造历史,所以,自然地就

---

① 徐复观:《两汉思想史·扬雄论究》,华东师范大学出版社,2001 年版,第 285、283 页。

继承了人本思想的优良传统。《法言序》:"事有本真,陈施于意,动不克咸,本诸身,撰《修身》。"历史事实的内在本质体现了人的愿望,历史发展的诸种形式根源于人的活动,因此,扬雄特别注重修身养性的研究。《法言·重黎》:"或问:'赵世多神,何也?'曰:'神怪茫茫,若存若亡,圣人曼云。'"神怪的事情似乎存在,圣贤都不说,我们也不必说。可见,扬雄是不信鬼怪的。但在实践中,也许是因为时代谶纬思潮的流行,也许是出于对莽新政治的感谢,扬雄还是比较讲究谶纬的。《剧秦美新》:"大新受命""玄符灵契,黄瑞涌出""与天剖神符,地合灵契。创亿兆,规万世。奇伟倜傥谲诡,天祭地事。""登假皇穹,铺衍下土,非新家其畴离之。卓哉煌煌,真天子之表也。"在这里,且不谈扬雄对新莽是虚与委蛇还是真意颂赞,而其言语中对于谶纬的默许和认可,却是毋庸置疑的。

不管我们如何评价扬雄及其史学思想,有一点却是肯定的,那就是作为两汉社会历史转折和交替之际的学者,扬雄与刘向、刘歆父子一道,成为这一时期学术发展中的重要环节,是联系司马迁和班固的桥梁,也是史学思想由官方向民间过渡的纽带。

第六章　东汉中期的史学思想(上)

东汉中期的史学思想是极其繁荣和丰富的。总体而言,这一时期的史学任务是解决政治和社会问题,其代表一是与政府意向相关的《白虎通》《汉书》,二是与民间旨趣相关的《论衡》《潜夫论》《吴越春秋》与汉画像。

《白虎通》和《汉书》是东汉官方史学思想的代表。在史学论上,《白虎通》主张"行生于己,名生于人""王法立史记事",即将史学看作评价性的学问和政治性的事宜;《汉书》主张"历记成败存亡祸福古今之道""君举必书",即历史学是研究历史变化规律,为人提供行动指南的学科,是一门政治性的学问。在历史观上,《白虎通》认为,历史之所以发展,是由那些能够创制文明的英雄所造就的;《汉书》认为,历史的发展是客观的,作为历史活动的主体的人,只能顺应历史的发展,而不能悖逆历史规律。在历史认识论上,《白虎通》强调学习和认知,并将"质文"与"五行"看作历史认识的范畴;《汉书》强调史料的作用,并将"时""势"和历史人物看作历史认识的形式。在史学方法论上,《白虎通》重视理论与价值分析法;《汉书》重视辩证和比较方法。

第一节　《白虎通》的史学思想

《白虎通》,又名《白虎通义》《白虎通德论》,是东汉章帝建初四年(公元 79 年)在京师洛阳的白虎观所召开的关于经学大义的记录。《白虎通》共十卷,汇集了四十三条(另有补遗一条)有关经典阅读的名词解释。历代学者都把

《白虎通》看作传统社会的"法典""法宪"。① 笔者也曾经从"礼治"思想的角度指出《白虎通》是对礼学的神学解释。其实,《白虎通》所作的词语解释多是对历史现象,尤其是对历代政治的阐释,因此,它实际就是一部史学著作。所不同的是,作为史学著作,《白虎通》不像《史记》《汉书》那样叙述历史事实,而是直抒大意,议论历史。仅此而言,《白虎通》所蕴含的史学思想是极为丰富的,需要我们进行深入的挖掘和探讨。

一、"行生于己,名生于人"的史学论

准确地把握史学的本质特点,是构成史学思想的核心基础。《白虎通》在解释政治词语时,也从理论和实际两个方面对史学的性质予以了阐释。

从理论上来讲,《白虎通》将史学看作评价性的学问。《白虎通·谥》:"行生于己,名生于人。"史学的研究对象是"行",其研究的任务为"名"。也就是说,历史学通过研究人的行为而赋予其相应的评价,如果历史人物作出了巨大的贡献,那么就应给予其伟大的名号,否则就给予相应的好名,所谓"大行受大名,细行受小名"是也。据《白虎通》中所述,属于"行"范畴的,有生产生活方面的"耕桑""商贾""田猎""嫁娶",有政治法律方面的"礼乐""三军""诛伐""谏诤""乡射""巡守""考黜""王者不臣""三正""三教""三纲六纪""五刑""朝聘""贡士",有宗教信仰方面的"社稷""五祀""灾变""蓍龟""瑞贽""丧服""崩薨""郊祀""宗庙",有文化知识方面的"五行""辟雍""圣人""性情""寿命""天地""日月""四时""五经""衣裳""绋冕""车旗";而属于"名"范畴的,有关系政治的"爵""号""谥""封公侯",也有关系每个社会成员的"宗族""姓名"。在这里,无论是"行"的考察,还是"名"的确定,都是历史学要思考的问题。换句话说,这些事情都属于历史学研究的内容和范围,是历史学所研究的课题。

从实际上来说,《白虎通》将史学看作政治性的事宜。《白虎通·谏诤》:"王法立史记事者,以为臣下之仪样,人之所取法则也动则当应礼,是以必有记过之史,撤膳之章。《礼·玉藻》曰:'动则左史书之,言则右史书之。'《礼·保傅》曰:'王失度,则史书之,工诵之,三公进读之,宰夫撤其膳。'是以天子不得

---

① "这部书继董仲舒《春秋繁露》之后,进一步据儒家经学和谶纬迷信揉合起来解释封建社会政治制度和道德伦理,成为当时统治阶级的一部封建法典"(何兆武等:《中国思想发展史》,湖北人民出版社,2007年版,第90页)。"章帝命班固作《白虎通德论》一书,这是一部钦定的哲学、神学、经义的法典"(白寿彝:《中国史学史》第1卷,上海人民出版社,2006年版,第36页)。

为非。故史之义,不书则死,宰不撤膳亦死。所以谓之史何?明王者使为之也。"史官的职责就是记录帝王的言行,使其成为臣民的榜样,如果帝王有不轨的言行,史官将通过记录的方式警告他,使其改过。由此而言,历史学的研究对象就是帝王,即统治者,其任务就是劝诫、督促统治者行善政。因此,传统史学的性质在其实践中扮演着谏官的角色。

在这里,史学政治性事宜的特征,显然需要评价性学问的支撑,反过来说,史学评价性特征的宗旨当然是政治性的。由此,在《白虎通》的视野中,历史学实际上是政治性的学问,历史学就是政治学。

在《白虎通》看来,历史学作为政治性的学问,其最基本的功用就在于它是政治统治的基本策略。而其具体的实施细则,有以下几点:其一,根据人物的贡献赋予相应的名号,从而使其享受不同的社会地位和待遇。《白虎通·爵》:"爵者,尽也,各量其职尽其才也。"这里的"各量其职尽其才",表象是要求历史人物要履行个人的职责,实际是说,历史人物可以依据所获得或曾经拥有的名号享受相应的权利。《白虎通·封公侯》说分封大夫之后裔,"大夫功成,未封,子得封者,善善及子孙也。《春秋传》曰:'贤者子孙宜有土地也。'"其二,鼓励人们积极为历史发展做出贡献,争取好的名号。《白虎通·号》:"号者,功之表也,所以表功、明德、号令臣下者也。"《白虎通·谥》则说"谥之为言引也,引烈行之迹也。所以进劝成德,使上务节也。"即通过概括评价人的一生活动,鼓励活着的人们成就事业功德。其三,警示人们自律律人,增加智慧。《白虎通·姓名》:"人必有名何?所以吐情自纪尊事人者也。"《白虎通·蓍龟》说占卜一定要在祖庙里进行,就是要借助于历史(祖先)增加智慧:"托义归智于先祖至尊,故因先祖而问之也。"概括来说,在《白虎通》看来,历史学就是贯彻儒家名教思想的基本途径。所以《白虎通·姓名》引《论语》:"名不正则言不顺。"

二、"功成作乐,治定制礼"的历史观

与陆贾一样,《白虎通》也将历史看作文明史,亦即历史是人类不断地创制文明、不断进步的过程。所不同的是,陆贾强调"仁",亦即人在历史文明创制过程中的作用,而《白虎通》更强调"礼""乐",亦即制度在历史创制过程中的重要性。

《白虎通·号》在对帝王名号的解释中流露出推崇文明进步的历史观念。在《白虎通》看来,历史就是文明创制的过程。一部远古迄止汉代的中国历史,实际上就是"三皇""五帝""三王""五霸"创造历史的过程。《白虎通》文明创制一览如表6-1所示。

表 6-1 《白虎通》的文明创制一览

序号	创制者		文明内涵	备注
1	三皇	伏羲	仰观象于天,俯察法于地,因夫妇正五行,始定人道,画八卦(一)以治下	
2		神农	因天之时,分地之利,制耒耜,教民农作,神而化之,使民宜之	
3		燧人氏(祝融)	钻木燧取火,教民熟食,养人利性,避臭去毒 续三皇之道而行之	
4	五帝	黄帝	始作制度,得其中和,万世常存	咸池
5		颛顼	能专正天人之道,	六茎
6		帝喾	能施行穷极道德	五英
7		尧	清妙高远,优游博衍,众圣之主,百王之长	大章
8		舜	能推信尧道而行之	箫韶
9	三王	夏	明当手持大道	大夏
10		殷	明当为中和之道	大濩
11		周	道德周密无所不至	大武象
12	五霸	昆吾氏	昔三王之道衰,而五霸存其政,率诸侯朝天子,正天下之化,兴复中国,攘除夷狄	夏代
13		大彭氏		殷代
14		豕韦氏		
15		齐桓公		周代
16		晋文公		
另说		齐桓公、晋文公、秦穆公、楚庄王、吴王阖闾	霸者,伯也,行方伯之职,会诸侯朝天子,不失人臣之义。	春秋

从表 6-1 可以看出,历史的发展,是由那些能够创制文明的英雄所造就的。所以,《白虎通·号》在解释"皇""帝""王""霸"时,都给予了很高的评价,如"皇,君也,美也,大也。天之总,美大称也。""烦一夫,扰一士以劳天下不谓皇也,不扰匹夫匹妇故为皇。""帝者,谛也,象可承也;王者,往也,天下所归往。"

关于文明创制的历史条件和基本规则,《白虎通》有明确的解释。《白虎通·礼乐》:"功成作乐,治定制礼。""礼""乐"既是历史创造的最高境界,同时也是历史创造的基本条件和规则。所谓"礼",就是顺应历史规律,创造文明。用《白虎通》的话说就是践行人伦道德,"礼之为言,履也,可履践而行""夫礼者,阴阳之际也,百事之会也,所以尊天地,傧鬼神,序上下,正人道也。""礼"的核心就是遵从自然规律和社会伦理道德。在自然发展方面,《白虎通》中的《天地》《日月》《四时》篇专门论述了自然发展的规则;在社会方面,《白虎通·三纲六纪》专门论述了社会伦理规则,即所谓的"君为臣纲,父为子纲,夫为妻纲",

以及所谓的"诸父"有"敬","兄弟"有"亲","族人"有"序","诸舅"有"义","师长"有"尊","朋友"有"旧"。"乐"的核心就是发挥人们的才干,遵从历史规律,促使事业有成。《白虎通·礼乐》:"乐者,乐也。君子乐得其道,小人乐得其欲。""乐所以象德表功而殊名也。"所以,如表 6-1 所列,黄帝、颛顼、尧、舜、禹等都有能够表示自己成功的乐曲。

礼乐之所以称为历史发展的条件,主要在于其能够彰善抑恶。《白虎通·礼乐》:"故乐所以荡涤反其邪恶也,礼所以防淫佚、节其侈靡也。"由此而言,《白虎通》实际上是把历史看作人类自身发展的过程,历史要想取得进步,必须克服人类自身的丑恶和邪佞,积极发挥人们的仁爱精神。所以,传统圣人注重名教。《白虎通·封公侯》说建都中原的原因,"所以均教道,平往来,使善易以闻,为恶易以闻,明当惧慎损于善恶"。《白虎通·谥》说人身后封给谥的目的就是"别善恶,所以劝人为善,戒人为恶也"。

综观《白虎通》,所谓的"善"当由以下三方面构成:其一,"善"就是能在遵守历史规律中创造历史。《白虎通·爵》:"王者有改道之文,无改道之实。"又引《春秋》所说的,"元年春王正月,公即改元即位也",这就是说,文明的具体形式是多种多样的,每一个历史创造者都可以尽其能力进行创制,但是文明的核心是相同的,每一位创制者都必须认可并坚守。其二,"善"就是能够在承继传统中创造历史。《白虎通·礼乐》解释"功成作乐治定制礼"说:"王者始起何用正民?以为且用先王之礼乐,天下太平乃更制作焉。"历史的发展,首先是继承前代的成绩,然后再予以创造。其三,"善"就是能够一以贯之遵从历史规律。《白虎通·封公侯》:"物成于三:有始、有中、有终,明天道而终之也。"这里的"天道"即可看作历史规律,就是说,文明的创制,必须要自始至终遵从历史规律。

至于如何实现"善",即如何彰善抑恶,亦即怎样遵从历史规律推进文明进步,《白虎通·考黜》发扬了传统的民本思想:"王者所以勉贤抑恶,重民之至也。""然安民然后富足而后乐,乐而后众乃多贤,多贤乃能进善,进善乃能退恶,退恶乃能断刑,内能正己,外能正人,内外行备,孝道乃生。"进而,又指出彰善抑恶的具体措施就是使那些能够给百姓带来好处的官员予以福利,激励他们的善行。"能安民故赐车马,以著其功德,安其身;能使人富足、衣食仓廪实,故赐衣服,以彰其体;能使民和乐,故赐之乐,以事其先也。"由此可见,民本思想的贯彻就是实行礼治,根据每个人的贡献,赐之待遇,"既能进善,当能戒恶"。

三、"天质地文"的历史认识论

在《白虎通》看来,历代执政者都将自己的功绩著于竹帛,所以历史是可以认识的。《白虎通·封禅》说,"王者易姓而起,皆封禅泰山","皆刻石纪号者,著己之功迹也以自效放也"。因此孔子说,"升泰山观易姓之王,可得而数者七十余君"。然而就历史认识的主体而言,《白虎通》却给出了矛盾的解释。一方面,说理解和把握历史规律是天生的。《白虎通·圣人》:"圣人所以能独见前睹,与神通精者,盖皆天所生也。"甚至还分析说,如伏羲、颛顼、帝喾等圣人都有精通历史的貌相,"皆有异表"。另一方面,又说历史知识和历史规律的认识是学习而得的。《白虎通·辟雍》说人在八岁之后,"始有识知""学之为言觉也,悟所不知也"。并指出,学习必须通过老师的指导才能有所成效,"是以虽有自然之性,必立师傅焉"。古代帝王、圣人如颛顼(绿图)、帝喾(赤松子)、帝尧(务成子)、帝舜(尹寿)、夏禹(国先生)、商汤(伊尹)、文王(吕望)、武王(尚父)、周公(虢叔)、孔子(老聃)都分别拜师学艺,学习历史知识。"皆就师于外,尊师重先王之道也。"在这里,如果我们将前者看作《白虎通》对于历史认识境界的说明,将后者看作对于历史认识途径的说明,那么,关于历史认识主体解释的矛盾就不存在了。换句话说,历史认识主体通过学习和认知掌握历史规律,从而达到了精通历史发展的认识程度。

在《白虎通》看来,历史认识的范畴主要是"质文"与"五行"。

"质文"是指历史实际的发展有两种形式,或者说两个阶段,即"质""文",正是两者的互相交替,构成了历史发展的基本样式。"质"就是朴素率真,不加雕琢,而历史发展的阶段主要以殷代创造历史的样式为核心特征。《白虎通·姓名》:"殷家质。"因此殷代人总是以出生的日子取名,如太甲、帝乙、武丁。"文"就是讲究纹饰雕琢,以形式夸张其内涵,其历史发展阶段,主要是以周代创造历史的样式为核心特征。《白虎通·号》:"周者,至也,密也,道德周密无所不至也。"由"质""文"的交替,推进历史的发展。《白虎通》:"质者居质,文者据文""质文再而复"。《白虎通·崩薨》在说到棺葬时指出,"虞尚质""夏侯氏益文"。由此,虞、夏、商、周四代的更替,即可看作"质""文"的互相交替。

"五行"是指决定历史发展的内在因素和外在表现,以及历史发展的阶段性皆由"金""木""水""火""土"来构成。根据《白虎通》的《五行》《五祀》《性情》等篇,"木""火""土""金""水"不仅决定着方位、味觉、四时、颜色、声调,也决定着帝王、神祇、四象、神祀,甚至决定着脏器和五常之性。"五行"的历史发展情况,如表6-2所示。

表 6-2 《白虎通》的"五行"的历史发展情况示意表

五行	方位	味觉	四时	颜色	声调	帝王	神祇	四象	神祀	脏器	五常	五经
木	东	酸	春	青	角	太皞	句芒	青龙	户	脾	信	诗
火	南	苦	夏	赤	徵	炎帝	祝融	朱鸟	灶	肺	义	书
土	中	甘	六月	黄	宫	黄帝	后土		中溜	心	礼	礼
金	西	辛	秋	白	商	少皞	蓐收	白虎	门	肝	仁	乐
水	北	咸	冬	黑	羽	颛顼	玄冥	龟蛟	井	肾	智	易
来源	五行								五祀		性情	五经

根据《白虎通》的意思,作为历史认识的范畴,"质文"与"五行"建立在天人合一思想的基础上。《白虎通·三正》:"天质地文。""王者必一质一文何?以承天地,顺阴阳。阳之道极则阴道受,阴之道极则阳道受。明二阴二阳不能相继也。质法天、文法地而已。故天为质,地受而化之,养而成之,故为文。"《白虎通·爵》说爵位的设置,商代分为公、侯、伯三等,而周代则设为公、侯、伯、子、男五等,前者是"法三光",后者是"法五行"。"质家者据天,故法三光;文家者据地,故法五行。"

据此,《白虎通》进而分析了人类历史的发展之所以由简单到复杂、由低级到高级,亦即文明创制的原因,就是源于自然的"天主地辅"原则。《白虎通·天地》说事物的原始形态由"太初""太始""太素"构成,然后逐渐演化,"精者为三光,号者为五行。五行生情性,情性生汁中,汁中生神明,神明生道德,道德生文章。"《白虎通·三正》也说,"帝王始起,先质后文者,顺天下之道、本末之义、先后之序也。事莫不先有质性,乃后有文章。"

根据"质文再而复"的原则,《白虎通》还提出了"三"的概念,以作为历史认识的范畴。《白虎通·三正》:"王者受命必改朔何?明易姓示不相袭也。"由此造就了夏商周三代的所谓"三统"。《白虎通·三教》:"王者设三教何?承衰救弊,欲民反正道也。""夏人之王教以忠,其失野,救野之失莫如敬。殷人之王教以敬,其失鬼,救鬼之失莫如文。周人之王教以文,其失薄,救薄之失莫如忠。继周尚黑,制与夏同。三者如顺连环,周而复始,穷则反本。"由此,"三"的概念就构成了历史循环论的思想基础。①

任何一种史学思想都必须回答历史认识如何检验的问题。《白虎通》虽未

---

① 有学者说,《白虎通》集成了董仲舒的"三统""三正"循环说,"《白虎通》根据三统三正的思想,说明历史的演化就像连环那样,周而复始。它认为,这种王朝的替代虽然是承天地,顺阴阳,符合天命的,但还是必须在改正的时候加强思想教化,承衰救弊"(北京大学哲学系中国哲学史教研室:《中国哲学史》(上),中华书局,1980 年版,第 235 页)。

论及,但它从天人合一的观念出发,指出历史认识的最高境界就是准确地把握历史的本质"道"。《白虎通·圣人》:"道无所不通,明无所不照,闻声知情,与天地合德,日月合明,四时合序,鬼神合吉凶。"可见,洞察天地,顺从规律,推进历史发展,既是历史认识的基本宗旨,也是其最高境界。"圣人者何?圣者,通也,道也,声也。"由此,《白虎通》自然地显露出英雄史观的本色。

四、《白虎通》的史学方法论

《白虎通》作为议论史学的著作,专门用以解释当时的史学用语,由此就决定了其在历史研究方法上有着明显不同于《史记》和《汉书》的特征。细究起来,《白虎通》所使用的史学研究方法主要有历史事实分析法、历史理论分析法和历史价值分析法。

第一,历史事实分析法。所谓历史事实分析法就是在表明思想观点时,举出实际的历史事例,使人从事例中了解相应的观念。例如,周代实行分封制,各个诸侯国国君的爵位不同,但一般都可称为"公"。《白虎通·号》言,齐国国君"齐侯也",但是《春秋》称之为"葬齐桓公";秦国国君,"秦伯也",但是《尚书》曾用语"公曰:'嗟'";覃国国君,"覃子也",但是《诗》称之为"覃公维私";许国国君,"许子也",但是《春秋》称之为"葬许穆公"。《礼·大射经》所说的"公则释获大射者",属于"诸侯之礼",但是"伯子男皆在也",说明分封制所推行的爵位制,虽然讲究差别,但是在独当一面江山这方面,却并没有差别。又如祭祀社稷要用"三牲礼",《白虎通·社稷》一方面说这是"重功故也",一方面又举历史事件,《尚书》:"乃社于新邑,牛一、羊一、豕一。"再如古人认为月食必须抢救,因为这是阴阳不调。《白虎通·灾变》:"阴侵阳也",而抢救的方法就是敲鼓和社祭,其因在于历史有先例。《春秋传》:"日有食之,鼓,用牲于社。"

第二,历史理论分析法。所谓历史理论分析法就是用现成的公认的观点来分析历史。《白虎通》作为解释性的史学著作,广泛地采用了这一方法。在分析实践中,《白虎通》经常使用的理论主要有两个方面,一方面是来自于原始儒家的观点,一方面是来自于神异化和世俗化的儒学思想,亦即秦汉时期的谶纬思想。① 例如,谈到"天子是爵位"的问题,《白虎通·爵》就引《尚书》"天子作民父母,以为天下王",又引《援神契》"天腹地载谓之天子,上法斗极",《钩命诀》"天子,爵称也"。在解释拜师学艺的重要性时,《白虎通·辟雍》引"子夏"语("百工居肆以成其事,君子学以致道")、《曲礼》("十年,曰幼学")和《论语》("吾十有五而志于学,三十而立",又:"生而知之,上也;学而知之,次也"),又引《论语谶》("五帝立师,三王制之。帝颛顼师绿图,帝喾师赤松子,帝尧师务成子,帝舜师尹寿,禹师国先生,汤师伊尹,文王师吕望,武王师尚父,周公师虢叔,孔子师老聃")。注意原始儒家思想,又顾及谶纬思潮是《白虎通》理论分析的主要特征,考其因,主要是当时儒学全面和深入的发展,使得流行于当时的经今古文正日益走向融合,而东汉统治者又需要整饬借助于神学迷信来颠覆政权的行为和思想。仅此而言,既肩负着重要的文化建设使命,又充斥着诸多理性的科学因素,这都需要我们认真来挖掘和拣选。

第三,历史价值分析法。所谓历史价值分析法就是出于历史认识主体的需要给予历史认识客体评价和解释。《白虎通》作为解释性的史学著作,本身就是为了给各种历史观点予以统一的、带有权威性的说明,其价值分析的意味是非常突出的。汉代作为春秋战国的承继者,其政治统治和政治思想仍然是礼制与礼治,所以,《白虎通》在解释历史问题时,往往站在执政者的角度,从礼

---

① 在这方面,学者的意见是不一致的。根据张广宝的统计,"《白虎通》四十四篇,总计五万百千余字,引文合计六百三十二条",其中,"《尚书》及传八十四条,礼类(包括《三礼》及《逸礼》)一百七十四条,《春秋》经传一百零八条,《论语》六十三条,《诗》类六十九条,《易》类二十三条,《论语》六十三条,《孝经》九条,《尔雅》两条,各类纬书三十三条。其中援引纬书的数量并不算很多"(姜广辉:《中国经学思想史》第二卷,中国社会科学出版社,2003年版,第386~387页)。但是根据台湾淡江大学中文系周德良先生的统计,《白虎通》所征引典籍种类次数及百分比:《诗》类,58则,9.74%;《尚书》类,79则,13.72%;《礼》类,231则,38.82%;《易》类,20则,30.36%;《春秋》类,114则,19.15%;《孝经》类,9则,1.51%;《论语》类,51则,8.57%;《尔雅》类,1则,0.16%;《管子》类,1则,0.16%;《谶纬》类,31则,5.21%(周德良:《论〈白虎通〉与汉代经学之关系》,《2005年易学与儒学国际学术研讨会论文集(儒学卷)》)。而按照清代今文学家庄述祖的意思,仿佛谶纬的成分更多一些:"传以谶记,援谶证经,自光武以赤伏符即位,其后灵台郊祀,皆以谶决之,风尚所趋然也。故是书论郊祀、社稷、灵台、明堂、封禅,悉橐括纬候,兼综图书,附世主之好,以馄道真,违失六艺之本"(《珍艺宧文钞》卷五,《白虎通义考序》)。所以,今人说指出,"其实,将《白虎通义》全部文句与散见于各书之中的谶纬文句相排对,你就会发现,各篇均同,90%的内容都出于谶纬。从这一角度讲,我们毋宁说《白虎通义》是一部纬书——毕竟,它是一部经学著作"(王余光、宁洁:《塑造中华文明的200本书》,武汉大学出版社,1997年版,第354页)。

治的需要来解释,如穿衣,除了保暖之外,还被赋予政治的内涵。"圣人所以制衣服何?以为绨绤蔽形,表德劝善,别尊卑也。""独以羔裘何?取轻暖。因狐死首邱,明君子不忘本也;羔者取其跪乳驯顺也。故天子狐白,诸侯狐黄,大夫狐苍,士羔裘。亦因别尊卑也。"《白虎通·田猎》解释帝王和诸侯经常打猎的政治意义,"为田除害,上以共宗庙,下以简集士众也。"有时,《白虎通》为说明政治行为的合理性,还会站在精通天地规律的角度,从符合阴阳五行的规则需要来解释。《白虎通·耕桑》说耕桑仪式分别在东西两个方向,"东方少阳,农事始起""西方少阴,女工所成"。《白虎通·礼乐》解释"功成作乐,治定制礼"中的"作"和"制"时说,"乐者,阳也,阳倡始,故言作;礼者,阴也,阴制度于阳,故言制。乐象阳,礼法阴也"。

五、《白虎通》史学思想的性质

与"盐铁会议"一样,"白虎观会议"也属于文化建设方面的意识形态会议,而作为会议的记录,同《盐铁论》一样,《白虎通》也属于政治性的论著,属于官方史学的范畴。①

从会议召开的初衷及参加者来看,白虎观会议召开的目的有两个,一是要解决当时因经今古文之争所导致的学术思想的紊乱,二是要解决当时因为谶纬思潮的流行所导致的意识形态方面的混乱。因此,这是一次整齐学术观点、消除意识冲突的政治性会议,而其所体现的史学思想,也体现着当时统治者的思想意识。如表6-3所示,从其参加者来看,其中如班固等人,最小的任职为郎官,最大的有被封为王的,还有做皇帝的,在《后汉书》或《东观汉纪》中有传。

表6-3 白虎观会议参加者学宗、官职表

参加者	籍贯	学宗	官职	《后汉书》
李育	扶风	少习《公羊春秋》	尚书令、侍中	儒林列传
魏应	任城	习《鲁诗》	大鸿胪、光禄大夫、五官中郎将、太守	儒林列传
杨终	成都	习《春秋》	郎中	杨终传
淳于恭	北海	善说《老子》	侍中骑都尉	淳于恭传
丁鸿	颍川	受《欧阳尚书》	司徒、太尉兼卫尉	丁鸿传
楼望	陈留	幼习《公羊严氏春秋》		楼望传

---

① "总的说来,《白虎通》是神学经学化,经学神学化双重关系指导下编纂的一部经学官方答案,又是两千年前比较完整的'圣谕广驯'"(任继愈:《中国哲学史》第2册《两汉魏晋南北朝部分》,人民出版社,1963年版,第101页)。

续表

参加者	籍贯	学宗	官职	《后汉书》
张酺	汝南	受《尚书》	太尉、光禄勋、司徒	张酺传
成封			少府	丁鸿传
鲁恭	扶风	习《鲁诗》	博士、侍中、议郎、光禄勋、司徒	鲁恭传
桓郁	沛郡	以《尚书》教授	侍中奉车都尉、太常	桓郁传
召驯	九江	习《韩诗》	左中郎将、陈留太守、光禄勋	召驯传
班固	扶风		郎、玄武司马、行中郎将	班固传
贾逵	扶风	诵《左氏传》	左中郎将、侍中、领骑都尉	贾逵传
刘羡	南阳		（明帝子）广平王、西平王	丁鸿传
刘炟	南阳	特好《古文尚书》《左氏传》	汉章帝、肃宗	贾逵传

　　从《白虎通》的解释方式来看，《白虎通》因站在礼治的角度，很多历史问题的解释与民间信仰完全相悖。《白虎通·乡射》说"天子射熊"的象征，"示服猛巧佞也。熊为兽猛巧者，非但当服猛也，示当服天下巧佞之臣也"；"诸侯射麋"的象征，"示达远迷惑人也。麋之言迷也"；"大夫射虎"的象征，"示服猛也"；"士射鹿豕"的象征，"示除害也。各取德所能服也"。其实，这里"熊"的象征是不死、长生，"射熊"的象征是求长寿，"麋""虎""鹿""豕"则象征爵禄和财富，射之即死就是求爵禄和财富的。显然，《白虎通》的解释完全政治化了，由此可见，《白虎通》具有显著的官方史学特征。

　　作为文化建设方面的研讨会，"盐铁会议"有执政者与在野者之间的争执，所以《盐铁论》所体现的史学思想有着更多的冲突和矛盾，而"白虎观会议"却是在思想意识高度统一的情况下共同协商的，即使有不同意见，也有兼容并包的胸怀，所以《白虎通》所体现的史学思想是一致的，具有兼容性。例如，在"三皇"的解释中，就有两种意见（伏羲、神农与燧人，伏羲、神农与祝融）；在"五霸"的解释中，也有两种意见（昆吾氏、大彭氏、豕韦氏、齐桓公与晋文公，齐桓公、晋文公、秦穆王、楚庄王与吴王阖闾）。《白虎通》在叙述不同意见时，常常用"一说……"，体现了儒家史学中的"疑则传疑"的优秀传统。

第二节　班固的史学思想

　　班固是汉代最著名的史学家，他所撰的《汉书》也是汉代最著名的史学著作之一。班固的史学思想是极为丰富、系统并富有创见的，但很长时期以来，却极少有真正能揭示其史学思想,并探讨其在史学理论上的贡献的文章,甚至有人认为:"班固虽然在《汉书》中给我们提供了较为丰富的历史资料和历史知识,但是相形之下,他的史学思想却显得支离破乏而少创见。"①这就更要求我们去探讨和揭示班固在史学理论上的贡献。

一、《汉书》的历史学论

《汉书》卷30《艺文志》曰:"道家者流,盖出于史官,历记成败存亡祸福古今之道,然后知秉要执本,清虚以自守,卑弱以自持。此君人南面之木也。"班固这段描述道家特征的话实际上不经意地说出了他对历史学的看法,即历史学是研究历史变化规律、为人提供行动指南的学科,是一门政治性的学问。在班固看来,历史学研究的对象就是"成败存亡祸福古今之道",也就是历史发展变化的规律。当然,这种历史规律主要是由人来完成的,所以,班固又说:"古之王者世有史官,君举必书。"这就是说,历史学主要研究的是君王,即统治者的活动。

由此,历史学的任务在于记录和保存历史事实。"历记成败存亡祸福古今之道""君举必书"都说明了这一点。历史学执行记存事实任务有"记言""记事"两种途径。"左史记言,右史记事。事为《春秋》,言为《尚书》。帝王靡不同之。"班固在采纳了这一传统观点外,还依据历史学实践,指出记存事实除了文献方式外,还有口传的形式:"及末世口说流行,故有《公羊》《谷梁》《邹》《夹》之《传》。"班固还进一步指出,记存事实是历史范畴,每一个时代都应记载本时代的事迹。《汉书》卷100《叙传》:"固以为唐皮三代,《诗》《书》所及,世有典籍,故虽尧舜之盛,必有典谟之篇,然后扬名于后世,冠德于百王。"《汉书》的编纂,正是班固有感于此而做的。"汉绍尧运,以建帝业。至于六世,史臣乃追述功德,私作本纪,编于百王之末,厕于秦项之列。太初以后,阙而不录。故探纂前记,缀辑所闻,以述《汉书》。"历史学的任务还在于研究历史发展的规律。"历记成败存亡祸福古今之道",不仅要记存历史事实,而且要研究历史发展变化的"道",即规律。在班固看来,只有这样,历史学才能为人提供行动指南。

针对历史学为人提供行动指南的方式及其作用,班固认为,一是历史学可以增加知识,启迪智慧,提高人们的决策能力。他说:"《书》以广听,知之术也;《春秋》以断事,信之符也。"这也就是说,历史学可以增加知识,提高人们的处事能力。前引"知秉要执本,清虚以自守,卑弱以自持"则更明白地说明了这一

---

① 陈清泉等:《中国史学家评传》,中州古籍出版社,1985年版,第91页。

点。二是历史学可以提供借鉴。史学鉴戒是通过对历史人物成败得失的描述,使后人学有所依,行有所本。《汉书》卷22《礼乐志》说,汉初经过休养生息,社会稳定了,文化建设提到议事日程上了。但是怎样建设文化?班固认为建设文化应借鉴历史,"今幸有前圣遗制之威仪,诚可法象而补备之,经纪可因缘而存著也"。卷31《陈胜项籍传》批评项羽"奋其私智而不师古",于是"五年卒亡其国,身死东城"。三是历史学可以预知未来。卷19上《百官公卿表》载,班固研究官职的目的是预见未来:"故表举大分,备温故知新之义云。"卷36《楚元王传》称颂刘向能预测:"呜呼!向言山陵之戒,于今察之,哀哉?指明梓柱以推废兴,昭矣!岂非直谅多闻,古之益友与!"

二、《汉书》的历史观论

《汉书》卷1《高帝纪》:"汉承尧运,德祚已盛;断蛇著符,旗帜上赤,协于火德,自然之应,得天统矣。"《汉书》卷26《天文志》:"凡天文在图籍昭昭可知者,……皆有州国官宫物类之象。其伏见早晚,邪正存亡,虚实阔狭,及五星所行,合散犯守,陵历斗食,彗孛飞流,日月薄食,晕适背穴,抱珥虹蜺,迅雷风祅,怪云变气;此皆阴阳之精,其本在地,而上发于天者也。政失于此,则变见于彼,犹景之象形,乡之应声。"班固的这两段话很显然是为汉政权的建立做合法性的论证,其思想源头无疑是"五德终始"和"天人感应"思想。由此,班固遭到了历代学者的批判,有的学者甚至说这是对《史记》的一个批判。但是仔细品味班固的话语,我们感觉到,班固采用"五德终始"和"天人感应"思想观点的目的,似乎是说,历史的发展是客观的,是不以人的意志为转移的。作为历史活动主体的人,只能顺应历史的发展,不能悖逆历史规律,而顺应历史规律就是要注意形势的变化,采取相宜的措施。"是以明君睹之而寤,饬身正事,思其咎谢,则祸除而福至,自然之符也。"

具体来说,顺应历史规律,要注意"时",即时代的变化,用班彪在卷73《韦贤传》中说的话就是"因时施宜"。《汉书》卷25《郊祀志》:"祖宗之制盖有自然之应,顺时宜矣。"任何一种制度、政权的产生都是历史发展的产物,我们要做的就是适应它、顺从它。《汉书》卷7《昭帝纪》中班固称赞周公辅佐周成王,霍光辅佐宣帝,都是能顺应历史。"成王不疑周公,孝昭委任霍光,各因其时以成名,大矣哉!"采取正确的政策:"承孝武奢侈余敝师旅之后,海内虚耗,户口减半,光知时务之要,轻摇薄赋,与民休息。至始元、元凤之间,匈奴和亲,百姓充实。举贤良文学,问民所疾苦,议盐铁而罢榷酤,尊号曰'昭',不亦宜乎!"在班固看来,时代的需要是历史人物诞生的主要条件。《汉书》卷66《赞曰》说,公孙弘、卜式、桓宽未获功名前都是极平凡的人,遇到了汉武帝方成就了"非遇其时,焉能致此位乎?是时,汉兴六十余载,海内艾安,府库充实,而四夷未宾,制度多阙。上方欲用文武,求之如弗及,始以蒲轮迎枚生,见主父而叹息。群士慕向,异人并出。卜式拔于刍牧,弘羊擢于贾竖,卫青奋于奴仆,日䃅出于降虏,斯亦曩时版筑饭牛之(明)已。汉之得人,于兹为盛。"于是像"儒雅""笃行""质直""推贤""定令""文章""滑稽""应对""历数""协律""运筹""奉伎""将率""受遗"等杰出人物"不可胜计。是以兴造功业制度遗文,后世莫及"。班固对那些一意孤行,不知顺从历史的人很不赞同。《汉书》卷52《窦田灌韩传》批评窦婴"不知时变",但对那些生不逢时的人,班固却给予了无限的同情。卷63《武五子传》中,对于江充和庚太子的遇害,班固分析其因是长期的对外战争:"巫蛊之祸,岂不哀哉!此不唯一江充之辜,亦有天时,非人力所致焉。""故太子生长于兵,与之终始,何独一孽臣哉!"

顺应历史规律,还要注意"势"的变化。《汉书》中多次讲到"势",但其意义是不同的。在班固看来,"势"指人所处的社会环境。《汉书》卷53《景十三王传》:"汉兴,至于孝平,诸侯王以百数,率多骄淫失道。何则?沉溺放恣之中,居势使然也。"诸侯王骄淫、放恣,主要是他们身处的环境造成的。当然,也有在富贵环境中奋发有为的,如河间献王,"夫唯大雅,卓尔不群,河间献王近之矣。"班固是非常推崇这样的人的。"势"也指地理环境,《汉书》卷69《赵充国辛庆忌传》:"秦汉已来,山东出相、山西出将。"秦汉时很多武将都诞生在山西。"何则?山西天水、陇西、安定,北地处势迫近羌胡,民俗修习战备,高士勇力鞍马骑射。故《秦诗》曰:'王于兴师,修我甲兵,与子皆行。'其风声气俗自古而然,今之歌谣慷慨,风流犹存耳。""势"还指政治权力。《汉书》卷68《霍光金日䃅传》:"霍光以结发内侍,起于阶闼之间,确然秉志,谊形于主。受襁褓之托,任汉室之寄,当庙堂,拥幼君,摧燕王,仆上官,因权制敌,以成其忠。外废置之祭,临大节而不可夺。遂匡国家,安社稷。拥昭立宣,光为师保,虽周公、阿衡,何以加此!"在班固看来,不管处于什么样的"势",只要顺应历史潮流,就容易成就事业,否则很难有所作为。卷30《异姓诸侯王表》:"镂金石难为功,摧枯朽者易为力,其势然也。"

顺应历史规律,还要注意人的自身素质。班固认为,历史发展要求人具有较高的自身素质,即识大体,懂大理,讲忠信。班固非常推崇霍光,说他"因时成名""因权制政",但却不赞成他的为人,认为他自身素质低劣而不胜遗憾。卷68《霍光金日䃅传》:"然光不学亡术,暗于大理,阴妻邪谋,立女为后,湛溺盈溢之欲,以增颠覆之祸,死财三年,宗族诛夷,哀哉!"卷32《张耳陈余传》中,班固讥讽张耳、陈余是背信弃义的势利小人。"然耳、余始居约时,相然信死,岂顾问哉！及据国争权,卒相灭亡。何乡者慕用之诚,后相背之决也！势利之变,古人羞之。盖谓是矣。"时、势、人是人们顺应历史规律所必须考虑的三个最基本的因素。人们只要考虑了这三个因素,就可以创造历史,无往而不胜。卷63《武五子传》:"《易》曰:天之所助者顺也,人之所助者信也;君子履信思顺,自天佑之,吉无不利也。"这里的"天之所助者",是说能"因时";"人之所助者",是说能"因势";"履信思顺"可说是本身素质好,这样的人"吉无不利也",左右逢源,无往不胜。这样的人也似乎不需要多高的才智,如车千秋:"千秋材知未必能过人也,以其销恶运,遏乱原,因衰激极,道迎善气,传得天人之佑助云。"

顺应历史规律,既要注重"时""势"的变化,又要注重人的自身素质。班固的这种历史观既是对先秦以来"五德终始""天人感应"思潮在史学理论上的延伸,也是对先秦以来人本主义思想的继承。它冲破了司马迁极为浓郁的人文情结的束缚,从而能够更容易地审视历史,但也失去了司马迁艺才旨趣的魅力,显得呆板固执。

三、《汉书》的历史认识论

班固继承了孔子的史学思想,认为历史是可以认识的。历史的可知性一在于文献史料,二在于口碑史料。卷21《律历志》:"三代稽古,法度章焉。"卷20《古今人表》"自书契之作,先民可得而闻者……"卷9《元帝纪》:"臣外祖兄弟为元帝侍中,语臣曰,元帝多材艺,善史书。"他对汉元帝的了解是别人告诉的。卷10《成帝纪》:"臣之姑""数为臣言"成帝之事。卷30《艺文志》:"自孝武立乐府而采歌谣,于是有代赵之讴,秦楚之风,皆感于哀乐,缘事而发,亦可以观风俗,知薄厚云。"借助于诗歌,也可以了解风俗民情。

关于认识历史的方式,班固同贾谊一样,主张历史观决定历史认识的方式,有什么样的历史观就有什么样的历史认识方式。这样说来,历史认识的方式一是要考察"时"的变化。前引对公孙弘等人的评价:"非遇其时,焉能至此位乎?"显然就是以时论人。二是要注意"势"的变化,即以环境因素把握历史的特点。卷44《淮南衡山济北王传》认为淮南王、衡山王之所以反叛失国,除了他们个人原因之外,也在于他们所处的社会环境的影响:"此非独王也,亦其俗薄,臣下渐靡使然。夫荆楚剽轻,好作乱,乃自古纪之矣。"三是要考察历史人物自身的素质。卷81《匡张孔马传》说公孙弘、蔡义、韦贤、匡衡、张禹、翟方进、孔光、平当、马宫等人都以儒生的身份"居宰相之位",实施孔子的思想,仁恕忠厚,值得称赞,"传先王语,其酝藉可也"。但是他们又明哲保身,阿谀奉迎,应该说是不称职的。"然皆持禄保位,被阿谀之讥。彼以古人之迹见绳,乌能胜其任乎!"

班固在谈历史认识方式时,对历史认识的标准作出了论述。在他看来,历史认识的标准一是真实。卷65《东方朔传》批评有关东方朔的传闻是"名过其实",说他不过是一个幽默之人而已。卷62《司马迁传》称赞《史记》"其文直,其事核,不虚美,不隐恶,故谓之实录"。二是儒家、圣人思想。他批评司马迁没有以儒家思想品评和编纂历史:"又其是非颇谬于圣人,论大道则先黄老而后六经,序游侠则退处士而进奸雄,述货殖则崇势利而羞贱贫,此其所蔽也。"

四、《汉书》的史学方法论

《汉书》最常用的历史研究法有历史辩证分析法、历史比较分析法、历史理论分析法和历史统计分析法。

第一,历史辩证分析法。历史辩证分析法要求用发展的眼光,将事物放在一定的历史背景下去分析。卷13《异姓诸侯王表》中,班固说秦始皇焚书坑儒等专制措施不仅没有巩固政权,反而加速了它的灭亡:"乡秦之禁,适所以资豪杰而速自毙也。""镂金石者难为功,摧枯朽者易为力。"在卷90《酷吏传》中,班固继承了老子的辩证思想,认为刑法只是政治的工具,而不是政治清浊的根源,法令越繁多,说明违法的越多;人们越是谈论道德,说明没有道德的人越多:"老氏称:'上德不德,是以有德;下德不失德,是以无德。法令滋章,盗贼多有。'信哉是言也!"

第二,历史比较分析法。班固使用历史比较法的目的,一是从历史事实的对照中总结道理,二是在历史事实比较中肯定、歌颂历史现象。卷5《景帝纪》称颂文景之治,"恭俭""遵业""移风易俗,黎民醇厚",这可与周代的成康相媲美:"周云成康,汉言文景,美矣!"卷7《昭帝纪》说周成王年幼即位,管、蔡叛乱,周公摄政平定;汉昭帝也是幼年即位,也有燕、盖、上官等人的叛乱,霍光辅佐平定之。班固总结说:"成王不疑周公,孝昭委任霍光,各因其时以成名,大矣哉!"卷8《宣帝纪》载汉宣帝奖罚分明,任用人才,"民安其业",匈奴"稽首称落",政绩卓著,"可谓中兴,侔德殷宗、周宣矣"。汉宣帝的政绩可与殷宗、周宣媲美。

第三,历史理论分析法。《汉书》也运用了历史理论分析法。班固将圣人的思想作为检验历史认识的标准,在具体的历史研究中,又把圣人的思想作为观点方法来直接分析历史,收到了事半功倍、旗帜鲜明的效果。卷48《贾谊传》用刘向的话评贾谊:"刘向称'贾谊言三代与秦治乱之意,其论甚美,通达国休,虽古之伊、管未能远过也。使时见用,功化必盛。为庸臣所害,甚可悼痛'。"卷46《万石卫直周张传》:"'仲尼有言'君子欲纳于言而敏于行',其万石君、建陵侯、塞侯、张叔之谓与? 是以其教不肃而成,不严而治。"

第四,历史统计分析法。历史统计分析法的特点是将历史现象予以量化分析,从共有的历史现象中寻求一般的规律。班固在《汉书》中,八《表》的制订可以说全部用了这一方法。卷13《异姓诸侯王表》载,舜授权于禹,"经数十年";殷被周替代,"历十余世";秦统一六国,"百有余载",可见,创业是非常艰难的:"以德若彼,用力如此其难也。"

五、《汉书》的资料论

卷13《异姓诸侯王表》:"昔《诗》《书》述虞夏之际,舜禹受禅,积德累功,洽于百姓,摄位行政,考之于天,经数十年,然后在位。"班固的这句话告诉我们两个有关历史资料的信息。一个是关于历史资料的涵义。在班固看来,历史资料就是那些记载历史活动的东西,在《汉书》里就是指《诗》《书》等。另一个是关于历史资料的范围。章学诚在《文史通义·易教上》曾说"六经皆史也"。把儒家著作看作历史资料,冲破了神化儒学的传统,所以人们都盛赞章氏有过人之见。而对照班固的说法,可知把儒家著作看作历史资料,班固在东汉时就已提出来了,比章学诚要早得多。

班固将历史资料的形式分为文献和口碑两种形式,这实际上是对司马迁历史资料思想的继承。司马迁编纂《史记》,一方面运用文献材料,另一方面也运用了大量的口碑材料。班固的《汉书》亦是如此。

班固认为,历史资料的编纂应遵守一定的规则。卷30《艺文志》:"史官有法。"至于有哪些规则? 从《汉书》看,一是要存真。班固说左丘明编《左传》的目的是"有所褒讳贬损,不可书见,口授弟子,弟子退而异言。丘明恐弟子各安其意,以失其真、故论本事而作传,明夫子不以空言说经也"。班固以此存真为标准评《史记》,说明存真作为历史资料编纂的基本规则,班固也是同意并遵守的。二是要选"切于世事者"。卷48《贾谊传》中,班固说自己载文是选择那些与当时社会政治有关的贾谊的文章而加以摘录:"凡所著述五十篇,掇其切于世事者著于传云。"卷49《晁错传》中,班固说自己选择晁错提出并被实施的建议而载文,目的是体现其"忠":"错虽不终,世哀其忠。故论其施行之语著于篇。"卷56《董仲舒传》载董仲舒文的原则:"掇其切当世施朝廷者著于篇。"三是要求"著明""备论"。"著明"就是深刻明白,卷64下《严朱吾丘主父徐严终王贾传》:"究观淮南、捐之、主父、严安之义,深切著明,故备论其语。"这里的

"深切著明"既是班固对淮南等人文章的评价,也是对历史资料编纂的要求;"备论"就是详细全面地记述。卷29《沟洫志》:"孔子曰:'多闻而知之,知之次也。'国之利害,故备论其事。"又卷28《儒林传》:"所以网罗遗失,兼而存之,是在其中矣。"很显然,这里的"存真"原则是历史资料编纂的科学性要求。"切于世事者"则体现了历史资料编纂的政治性要求,"著明""备论"则反映了历史资料的学术性要求。这样说来,班固对历史资料编纂基本要求的看法还是很全面、很正确的。

六、《汉书》的历史学家论

历史学的存在和发展离不开历史学家,所以,我国古代的史学都非常重视对史学家的研究。孔子曾称赞董狐为"良史",孟子评《春秋》有"事""文""义"。作为汉代著名的大史学家,班固也非常注重史家的研究,而且还形成了较为系统的思想。

在班固看来,作为一个史学家,首先要有端正的思想。他批评司马迁没有以圣人的是非观为价值标准,没有把六经作为学术和政治思想的正统,没有颂扬处士,崇信仁。这些批评虽然有失偏颇,但表明了班固自己作为史学家的基本要求,那就是必须以圣人的思想为指导,尊奉正统,崇信仁义。可以说,这是班固也是其时代人的思想,班固正是以此为指导而研究历史的。

其次,作为一个史学家,要"博学"。卷36《楚元王传》:"自孔子后,缀文之士众矣,唯孟轲、孙况、董仲舒、司马迁、刘向、扬雄。此数公者,皆博物洽闻,通达古今,其言有补于世。"可见,作为"良史",最好的是孔孟等人,因为他们知识渊博,"博物洽闻,通达古今"。丰富的知识是史学家研究历史最基本的条件,班固这样要求自然是正确的,但班固不限于此,他还进一步探讨了治史中"博学"的更高要求:"博学"尚需"阙疑"。卷30《艺文志》:"后世经传既已乖离,博学者又不思多闻阙疑之义,而务碎义逃难,便辞巧说,……"在这里,班固虽然是在批评汉代经师牵强附会,望文生义,不懂装懂地解释儒经,实际上也是在要求史学家不要重蹈覆辙,而要"多闻阙疑"。"博学"尚需"取长",班固说诸子九家"各推所长""若能修六艺之术,而观此九家之言,舍短取长,则可以通万方之略矣"。"博学"者只要能博取众家之长,就可以使自己的知识丰富,精通更多的学科。很显然,"阙疑"和"取长"是一种实事求是的治史态度。卷72《韦贤传》中,班彪称赞刘歆就有这样的治学态度:"考观诸儒之义,刘歆博而笃矣。"

再次,作为史学家,要"有良史之材"。所谓"良史之材",在班固看来,就是文采,是文字表达能力。他说司马迁"善序事理,辨而不华,质而不理,其文直,其事核,不虚美,不隐恶,故谓之实录"。可见,班固认为文采包括善于叙事、语言朴实、内容真实等因素。卷66《赞曰》说桓宽有文采:"至庐江太守丞,博通善属文,推衍盐铁之议,增广条目,极其论难,著数万言,亦欲以究治乱,成一家之法焉。"明代黄省在《汉书评林》中曾赞道:"孟坚之史,每传一人,则不特功德言语,了了无遗。模写如画,又且并其形态之状以铺张之。"通过一些具体情节的描写,使一些历史人物的个性、感情和活动非常形象地再现出来,班固确实是一个极有文采的史学家。

史学家除拥有上述条件外,还应该为现实社会服务,不能脱离现实。上述的班固说孔孟等人"其言有补于世",桓宽的"究治乱",还说诸子九家"皆股肱之材",都体现了班固的这一思想。

可见,班固的史学家思想是非常丰富和系统的,它为后来刘知幾的"史学三才"说和章学诚的"史德"说奠定了基础,为史家理论的研究和形成开了先河。

七、《汉书》史学思想的性质

《汉书》的史学思想属于官方性质,《汉书》的撰写,如《史记》一样是父子相传,具有史家学渊源。而与《史记》不同的是,《汉书》却有一个从民间到官方的过程。据史载,班固,字孟坚,扶风安陵(今陕西省咸阳市东)人。他从小即聪明好学,9岁能作诗赋,16岁入洛阳太学读书。他不死守章句,只求通晓大义,勤学苦读,博览群书。建武三十年(公元54年),其父班彪去世。班固扶柩回乡,守丧在家。明帝永平元年(公元58年),班固为继承其父之遗志,"探撰前记,缀集所闻",编写《汉书》。永平五年(公元62年),有人告班固私改国史,被捕下京兆狱。班固的弟弟班超赶到洛阳,上书为兄长申冤。这时地方官吏也把书稿送到京师。明帝看过之后,很赏识班固的才学,召他到京师校书部,为兰台令史,与陈宗、尹敏、孟异等共同编写《世祖本纪》。次年,升迁为郎,典校秘书,又写成功臣、平林、公孙述等列传,载记二十八篇,并受明帝令,继续编《汉书》。到章帝建初七年(公元82年),《汉书》终于完成。和帝永元元年(公元89年),班固以中护军的身份随车骑将军窦宪出征匈奴。永元四年(公元92年),窦宪以外戚专政,图谋叛乱,畏罪自杀。班固被牵连免官,被捕,遂死狱中,时年61岁。

班固编写《汉书》,从明帝永平元年(公元58年)开始到章帝建初七年(公元82年)完成,历时25年。其中前五年是在家"私撰",其后在京师洛阳的官邸撰写。班固之前,其父已在洛阳撰成《史记后传》65篇,班固在撰写《汉书》时,对之予以修改。由此,可以说,《汉书》是汉代一部十分重要,也是成就最高的官方史学著作。

第七章　东汉中期的史学思想(中)

在东汉中期史学思想发展过程中,王充和王符是民间史学思想家的代表。在史学论上,王充把历史学看作一门关于事实的学问,而其任务就是要考订事实,去伪存真;王符将历史学看作思想性的学问,其任务是借助于先贤思想表述今人真善美的诉求。在历史观上,王充认为,历史是必然的自然进步的进程,不以人的意志为转移;王符在肯定执政者和人民是历史发展的主体中指出,精神才是历史发展的动力,人心的善恶决定着历史的进步与否。在历史认识论上,王充和王符都强调历史事实的重要性,不同的是,王充质疑经典,王符信奉经典。在史学方法论上,王充考虑到了接受史学的方法,王符则运用了个案的方法。

第一节　王充的史学思想

王充不是一个史学家,他没有专门的史著,但在《论衡》一书中,他曾多次谈论史学和史家。据粗略统计,《论衡》里提到司马迁的地方共有 43 处,提到班固的有 10 处,提到班彪的有 7 处,提到周长生的有 5 处,至于圣人孔子,提到的地方就更多了。王充的史学思想是丰富、深刻并富有独见的。

一、王充论史学的性质及功用

王充在对当时的学科进行分类时,对史学性质和任务进行了论述。《论衡·对作篇》:"五经之兴,可谓作矣;太史公书,刘子政序,班叔皮传,可谓述矣;桓君山《新论》、邹伯奇《检论》,可谓论矣。"在这里,王充提出,史学是一门独立的学问,并指出其特点是"述",而"述"在王充看来就是史学的任务,就是"纪著行事",即记载事实。《论衡·超奇篇》:"抽列古今,纪著行事,若司马子长,刘子政之徒,累积篇第,文以万数。""纪著行事"就是记载人和事。过去晋国的《乘》,鲁国的《春秋》等,虽然名目不同,但作为史书,其性质是一样的,都是记载各种人和事的。《论衡·对作篇》:"人事各不同也"。《论衡·超奇篇》中,周长生"作《洞历》十篇,上自黄帝,下至汉朝,锋芒毛发之事,莫不纪载"。在王充看来,"记著行事"的重点和核心是要研究当代,描绘当代,歌颂当代。用王充的话来说,就是要赞美和称颂"今上"的功德。《论衡·须颂篇》:"夫古之通经之臣,纪主令功,记于竹帛;颂上令德,刻于鼎铭。文人涉世,以此自勉。"可见,研究和记载当代的"令功""令德",正是史家的责任感所驱。王充的观点源自于他对当时学风的思考和担忧。王充所处的时代,是东汉中期。此时,儒学极为繁盛,文人学士谈今论古,甚是风光。然而在这学风看来很浓郁的氛围中,王充看到,大多数的儒生不了解所处的时代,不了解所处时代的成就和在历史长河中的地位。因此,他们论史写史,多是儒经中涉及的先秦史,他们很少关心当代史,甚至鄙夷当代史,这使王充极为忧虑。他说:"农无强夫,谷粟不登;国无强文,德暗不彰。汉德不休,乱在百代之间,强笔之儒不著载也。""论好称古而毁今,恐汉将在百代之下""如千世之后,读经书不见汉美,后世怪之"。在这种责任感和使命感的驱使下,王充写了《齐世》《宣汉》《恢国》《验符》等关于当代史的论文。这些文章尽管不够深刻,但至少体现了王充对当代史的重视和研究,"《论衡》之人,为此毕精"。论者称这些文章是王充为了避祸作的阿谀之文,实乃谬矣!

在上面的论述基础上,王充对史学的性质和任务的论述又作了升华。《论衡·案书篇》:"《左氏》《国语》,世儒之实书也。"左丘明所著的《左传》和《国语》是世间儒家真实可靠的书籍。《论衡·感虚篇》:"太史公书汉世实事之人。"太史公是记载汉朝真实情况的人。由此可见,王充是把史学看作一门关于实事的学问,而其任务,就是要考订事实,去伪存真。用《论衡·自纪篇》和《论衡·佚文篇》的话说,就是要"考论实虚""疾虚妄"。《论衡·对作篇》:"虚妄之语不黜,则华文不见息;华文放流,则实事不见用。"《论衡》写作的动机也正在于此。

"《论衡》之造也,起众书并失实,虚妄之言胜真美也。""故《论衡》者,所以铨轻重之言,立真伪之平,非苟调文饰辞,为奇伟之观也。其本皆起人间有非,故尽思极心,以讥世俗。"

总之,在王充看来,史学是关于"述"的学问,其任务就是要"抽列古今""锋芒毛发之事,莫不记载";史学又是关于事实的学问,其任务就是要"考论实虚""疾虚妄"。关于史学的作用,王充从三个方面作了独到的论述。

第一,史学可以作为证据,以增强说服力。《论衡·知实篇》:"凡论事者,违实不引效验,则虽甘义繁说,众不见信。"论事的人如果违背事实而不举出证据,那么即使道理讲得再甜美动听,话说得再多,也不能被大家信服。《论衡·薄葬篇》:"事莫明于有效,论莫定于有证。"有效最能说明事情的真相,有证据最能肯定论点的正确。正是有见于此,王充在论述问题时,经常能不厌其烦地列举大量的事实。

第二,懂史能使人聪明,并能为现实服务。在王充看来,历史学是包括古今在内的完整的体系,人们只要全面掌握了这一体系,就可以聪明起来。《论衡·谢短篇》:"夫知古不知今,谓之陆沉""夫知今不知古,谓之盲瞽"。其意是说,如果人们只知道古代史而不了解现代史,那么就会愚昧无知;而如果只知道现代史而不了古代史,那么就是盲人、聋人。《论衡·须颂篇》:"涉圣世不知圣主,是则盲者不能别青黄也;知圣主不能颂,是则喑者不能言是非也。"处在圣世不知圣主,就像盲人分不清青黄;知圣主又不能称颂,就像哑人说不出是非。可见,王充劝人懂史的目的是要人们理解当代史,为现实服务。

第三,鉴往知来。掌握史学的基础知识,就可以借鉴往事,推知未来。《论衡·实知篇》:"先知之见方来之事,无达视洞听之聪明,皆案兆察迹,推原事类。"先知们能够预见将来的事情,不是因为他们有超常的听力或视力,而是因为他们根据事情的征兆和迹象,根据事物的起源和相同事物的类比进行推论得来,即运用史学知识和历史的比较法推知未来。"放象事类以见祸,推原往验以处来"。圣人预见祸福亦如此:"凡圣人见祸福,亦揆端推类,原始见终,从闾巷论朝堂,由昭昭察冥冥。"

二、王充的历史观论

王充在论述自己历史观的同时,对历史发展的规律性及一些决定性因素也作了较为深刻的探讨。

王充进步的历史观是在其对当时世俗的厚古薄今历史观的批判中提出来的。东汉初年,在思想文化方面,存在着浓郁的厚古薄今思想。例如,他们认为上古的人漂亮,健康,寿命长,而今人"短小陋丑,夭折早死",对此,王充极为不赞同。王充认为,古人与今人俱禀元气而生,古人与今人无异,怎见得今不如古呢?"上世之天,下世之天也,天不变易,气不改更。上世之民,下世之民也,俱禀元气,元气纯和,古今不异,则禀以为形体者何故不同。"厚古薄今者则认为:"上世之人,质朴易化;下世之人,义薄难治。"王充分析了这种观点产生的原因,"彼见上世之民饮血茹毛,无五谷之食;后世穿地为井,耕土种谷,饮井食粟,有水火之调。又见上古岩居穴处,衣禽兽之皮;后世易以宫室,有衣帛之饰,则谓之上世质朴,下世义薄矣。"上古的人饮血茹毛,后世的人已进入农业社会,有谷可食,有井水可饮,知道用水、火进行烹调;上古的人居住在岩洞和黄土层的洞穴里,穿着禽兽的毛皮,后世的人则能够建筑宫室,穿上布帛之衣。又说:"古之戎狄,今为中国;古之裸人,今被朝服;古之露首,今冠章甫;古之跣跗,今履高舄;以盘石为沃田,以桀暴为良民;夷坎坷为平均,化不宾为齐民。非太平而何?"上古的人裸身露体,光着头没有帽子戴,赤着脚没有鞋子穿,而现在的人穿着华丽的衣服,戴上高冠,穿上漂亮的鞋子;人们又将荒山与丘陵变为良田与平原,将强悍不驯的人教化为良民百姓。在这里,王充描绘了一幅历史进步的巨大画卷,揭示了人类从野蛮进入文明的真实历程。由此出发,王充指出,当代,即王充所处的时代是历史发展最进步的时代。《论衡·宣汉篇》:"今上(章帝)即命,奉承持荡,四河混一,天下定宁。"这一时代比儒生们所推崇的周代要进步得多。"周时仅治五千里内,汉氏廓土,牧荒服之外""夫实德化,则周不能近汉;论符瑞,则汉盛于周;度土境,则周狭于汉;汉何以不如周?独谓周多圣人,治致太平?儒者称圣泰隆,使圣卓而无迹,称治亦泰盛,使太平绝而无续也"。王充这样盛赞当代,"除了'符瑞'一点是迷信之词以外,其余都是符合历史事实的。"①所以,《论衡·异虚篇》:"非以身生汉世,可褒增颂叹,以求媚称也。核事理之情,定说者之实也。"

王充在论述其历史进化观的同时,对历史发展的规律性也作了一些探讨。他认为,社会历史的发展是一个客观的必然过程。《论衡·异虚篇》:"王命之当兴也,犹春气之当为夏也;其当亡也,犹秋气之当为冬也。"一年有春夏秋冬四季,王朝也有兴盛衰亡的更替。"夫朝之当亡,犹人当死""人死命终,死不复生;亡不复存。"人不能有生无死,王朝也不能有兴无亡。在王充看来,国家的治乱,王朝的兴亡,正像四季的更迭、生死的转化一样,是一个自然进程,且这个进程是不以人的意志为转移,不是人力所能左右的。《论衡·治期篇》:"昌必有衰,兴必有废。兴昌非德所能成,然则衰废非德所能败也,昌衰、兴废,皆

---

① 孙叔平:《中国哲学史稿》(上),上海人民出版社,1980年版,第335页。

天时也""人皆知富饶居安乐者命禄厚,而不知国安治化行者历数吉也。故世治非贤圣之功,衰乱非无道之致。国当衰乱,贤圣不能盛;时当治,恶人不能乱。世之治乱,在时不在政;国之安危,在数不在教"。《论衡·定贤篇》:"时和,不肖遭其安;不和,虽圣逢其危""故时当乱也,尧舜无术,不能立功;命当死矣,扁鹊行方,不能愈病。"在这里,假如我们把王充提出的"期""数""时""天时""历数"看作他对历史规律的表述,那么,我们就会欣喜地看到,王充已经触及了历史发展的规律性,已经看到了作为个人(或言杰出的人物,伟人)在历史发展过程中的有限作用。而这些在鼓吹"君权神授"和英雄史观盛行的当时来说,是一个了不起的进步。

王充探讨了历史发展的规律性,指出了人在历史发展中的被动性,但这并不是说王充就是一个宿命论者。王充对历史发展的原因作了一些正确的论述,从而指明了人们努力的方向。譬如,他继承了先秦诸子的"衣食足知荣辱"的观点,指出了社会治乱的原因是谷食乏绝。《论衡·异虚篇》:"夫世之所以为乱者,不以贼盗众多,兵革并起,民弃礼义,负畔其上乎?若此者,由谷食乏绝,不能忍饥寒。夫饥寒并至而能无为非者寡,然则温饱并至而能不为善者希。传曰:'仓廪实,民知礼节;衣食足,民知荣辱。'让生于有余,争起于不足。谷足食多,礼义之心生;礼丰义重,平安之基立矣。"由此说,"礼义之行,在谷足也"。王充看到人民生活的温饱是社会稳定和推行礼义的基础,无疑是非常正确的。

三、王充的历史认识论

王充的历史认识论是唯物而具体的。他的很多观点,对于我们认识历史和研究历史,至今还有着启迪作用。

王充所处的时代是儒学繁荣的时代,一些儒生美化圣人,说他们是"生而知之"。《论衡·实知篇》:"前知千岁,后知万世,有独见之明,独听之聪,事来则名,不学自知,不问自晓。"王充对此是极不赞同的。他列举了十六件事情,指出如圣人孔子也是学而后知的。"天地之间,含血之类,无性知者。"又说:"不学自知,不问自晓,古今行事未之有也。"即使圣人,也只有通过学习才能获得知识。"智能之士,不学不成,不问不知。"那么,怎样学习获得知识呢?《论衡·薄葬篇》认为,一是主观上要"目见口问""闻见",而且要"以心意议"。"是故是非者不徒耳目,必开心意。"这就是说,知识的获得既要通过感官,又要通过思维。二是客观上通过历史的学习获得知识,如"缘前因事,有所据状""挟端推类,原始见终""案兆察迹,推原事类"等,都在阐释历史是知识的来源。

《论衡·谢短篇》:"温故知新,可以为师。古今不知,称师如何?"《论衡·正说篇》:"温故知新,可以为师,今不知古,称师如何?"因此,王充非常重视历史的学习,他在《谢短》一文中,把不懂历史的人看作"陆沉""盲瞽",并对怎样认识历史和学习历史作了较为详细的论述。在王充看来,要认识历史,第一,应掌握历史发展的基本线索。"夏自禹向国,几载而至于殷?殷自汤几祀而至于周?周自文王几年而至于秦?""从高祖至今朝几世?历年迄今几载?"第二,应了解历史上著名的人物和事迹。"桀亡夏而纣弃殷,灭周者何王也?""夏始于禹,殷本于汤,周祖后稷,秦初为人者谁?"第三,应知道历史事件发生的原因。"秦燔五经,坑杀儒生""秦何起而燔五经?何感而坑儒生?""秦燔五经,《易》何以得脱?"第四,应对历史进行比较,汉"得天下难易孰与殷周"。

王充不仅论述了历史是知识的来源和认识历史的本质问题,而且对历史认识的标准问题也作了较为正确的探讨。在王充看来,历史事实才是检验历史认识是否正确的标准。诸如前引的"事有证验,以效实然""事莫明于有效,论莫定于有证",等等,就强调了事实是检验真理的标准。王充还用事实驳斥了孟子的"五百年必有王者兴"的错误观点。《论衡·刺孟篇》:"夫孟子言:'五百年有王者兴',何以见乎?帝喾王者,而尧又王天下;尧传于舜,舜又王天下;舜传于禹,禹又王天下。四圣之王天下也,继踵而兴。禹至汤且千岁,汤至周亦然。始于文王,而卒传于武王。武王崩,成王、周公共治天下。由周至孟子之时,又七百岁而无王者。'五百岁必有王者'之验,在何世乎?云'五百岁必有王者'谁所言乎?论不实事考验,信浮淫之语,不遇去齐,有不豫之色,非孟子之贤效,与俗儒无殊之验也。"

既然事实是检验真理的标准,那么,刻意地追求事实,也就是对真理的追求。所以,《论衡·语增篇》:"凡天下之事,不可增损。考察前后,效验自列。自列,则是之实有所定矣。"这种客观叙述历史就可以自然表明是非的观点,显然与19世纪西方兰克的客观主义史学如出一辙。所不同的是,王充提出这一观点要比兰克早一千八百多年,这自然是值得我们骄傲的。

更值得我们骄傲的是,王充在提出事实是检验认识标准的同时,又指出了虚假的事实是不能检验是非的观点。因此,必须用心思考,透过现象,揭示事物的本质,而后才能明辨是非。《论衡·薄葬篇》:"夫论不留精澄意,苟以外效应事是非,信闻见于外,不诠订于内,是用耳目论,不以心意议也。夫以耳目论,则以虚象为言,虚象效,则以实事为非。是故是非者,不徒耳目,犹为失实。"也许是出于这个原因,王充才写了《论衡》一书,以考事实。

四、王充的史学方法论

考察王充对一些历史问题的研究论述,我们发现王充在历史认识的方法上,也有很多独到的地方。

第一,历史的方法。历史的方法是历史研究的基本方法,它要求人们在研究历史时,必须用联系和发展的观点,具体问题具体分析。王充不仅在很多问题上运用这一方法,在《实知篇》里也对它作了论述。在王充看来,运用历史方法,一是要"推原往验",即根据事物的过去进行判断和认识。《韩诗外传》卷10载,吴王寿的儿子季札出外旅游,看到路上有丢失的金子,时值盛夏五月,有一个人披着皮衣在砍柴,季札就喊砍柴人:"那边有金子,去给我拾来!"砍柴的人一听,将刀掷于地,眼一瞪,手一甩,轻蔑地说:"你这人怎么地位这么高,眼光却那么短浅?看你相貌堂堂,说话却那么粗野呢?别看我穷的盛夏五月穿破衣砍柴,尚不屑于做一个拾金的人呢!"于是季札赶忙道歉,并请问砍柴人的姓名。砍柴的人说:"你是一个以貌取人的人,哪里值得我把姓名告诉你呢?"说罢,头也不回地走了。人们都以为此事是真实的,王充则运用历史的方法,联系季札以前的言行,予以分析考证,指出这是"虚言"。王充说,季札曾痛心于吴国争夺王位的祸乱,所以不肯接受王位,不再离开自己的封地。他连吴国的王位都肯让出去,为何会贪图地上的金子呢?季札曾经路过徐国,徐国的国君很喜欢他的剑。季札因要出使"上国",不带剑不合礼节,所以没有马上将剑送给徐国国王,但他已许下心愿,准备回来的时候送给他。可等他回来时,徐国国王已死,季札就把剑挂在徐国国王墓地的树上。像这样一个连死人也不想负弃的人,怎么会呵斥一个陌生人去取金呢?再说,季札没离吴之前是公子,离吴之后是延陵君主,他若外出必是前后都有护卫的人,若乘车的话,前后也有随从的车子。季札既然不知羞耻要拾金子,为什么不使唤自己的随从,而去麻烦穿破衣的人呢?可见,《韩诗外传》的记载是"虚言"了。像这样的考证分析法,在王充的著述里可以说俯拾皆是。

运用历史的方法,二是要"案兆察迹""睹微见著",即从一些微小的征兆迹象去分析和认识事物未来的趋向。所谓"见一叶落而知秋之将至"即此意。在王充看来,这一历史方法是最基本的思维方法,很容易掌握和运用。《实知篇》载:鲁侯年老,太子年幼。次室的女子曾依着柱子叹气,有人问她为什么叹气,她说担心鲁国要灭亡。王充在分析这件事时说,这是她"由老弱之征,见败乱之兆也。妇人之知,尚能推类以见方来,况圣人君子,才高智明者乎"。据说,有一次姜太公和周公谈论如何治理国家。太公主张"尊贤上功",周公主张"亲亲上恩"。太公由此预见到鲁国的公族必将日益强大,而有削弱君权之患;周公则预见到齐国必将出现权臣,而有杀君篡国之祸。王充说,这是"见法术之极,睹祸乱之前矣"。他们都预见到对方采用的治国方法的最终结果,看到了祸乱的苗头先兆。据此,王充批判了生而知之的观点,"先知之见方来之事,无达视洞听之聪明,皆案兆察迹,推原事类"。

第二,比较的方法。比较的方法是历史研究最基本的方法。《论衡·薄葬篇》称之为"放象事类""方比物类"。上述季札拾金是"虚言"的论证中,王充就运用了比较的方法。他说:"世称柳下惠之行,言其能以幽冥自修洁也。贤者同操,故千岁交志。置季子于冥昧之处,尚不取金,况以白日,前后备具,取金于路,非季子之操也。"从而否认了季札拾金的事情。在《薄葬篇》里,王充比较了儒墨两家对鬼神的看法和观点,指出,由"儒家论不明,墨家议之非",即儒家在鬼神问题上态度暧昧,没有明确的议论,而墨家又错误地发表议论,认为有鬼神,崇尚鬼神,"以为人死辄为神鬼而有知,能形而害人",由此导致了世俗崇尚厚葬的陋习。

第三,接受史学的方法。从接受的角度来研究一门学科的发展,似乎是近几年的事情。然而在王充的著作中,我们看到了很多关于"虚妄"原因的论述,都是从接受史学的角度来论述的。例如,《书虚篇》:"夫世间传书诸子之语,多欲立奇造异,作惊目之论,以骇世俗之人;为谲诡之书,以著殊异之名。"《儒增篇》:"夫为言不益,则美不足称;为义不渥,则事不足褒。"《艺增篇》:"俗人好奇。不奇,言不用也。故誉人不增其美,则闻者不快其意;毁人不益其恶,则听者不惬于心。"《齐世篇》:"世俗之性,好褒古而毁今,少所见而多所闻。"《实知篇》:"世俗褒称过实,毁败逾恶。"《对作篇》:"世俗之性,好奇怪之语,说虚妄之文。何则? 实事不能快意,而华虚惊耳动心也。是故才能之士,好谈论者,增益实事,为美盛之语;用笔墨者,造生空文,为虚妄之传。"

无疑,王充的这些论述都是正确的。它们对我们了解"虚妄"的原因,考订史实,明了史学的发展,都不无启发意义。

五、王充史学思想的性质

王充的史学思想应该属于民间性质。根据《后汉书·王充传》记载,王充是会稽上虞人,年少成为孤儿,被乡里人称赞为懂得孝道。年轻时到京师洛阳,在太学学习,拜班彪为师,"好博览而不守章句",喜欢独立思考,不恪守老师的言语。"家贫无书,常游洛阳市肆,阅所卖书,一见辄能诵忆,遂博通众流百家之言。"凭借着超常的记忆力和快速阅读能力,王充巧读诸子百家。王充喜欢思考辩驳，对社会和学术问题都有自己独到的见解。"充好论说，始若诡异，终有理实。以为俗儒守文，多失其真，乃闭门潜思，绝庆吊之礼，户牖墙壁各置刀笔。著《论衡》八十五篇，二十余万言，释物类同异，正时俗嫌疑。"可见，《论衡》一书，是王充对儒学和时弊思考的结晶。"年渐七十，志力衰耗，乃造《养性书》十六篇，裁节嗜欲，颐神自守。永元中，病卒于家。"可见，晚年的王充仍在体验和思考人生。学术事业虽然大有所成，仕途却一直不得意。年轻时曾做过郡功曹，因为意见得不到采纳，愤然辞职；中年被刺史董勤召为从事，作幕僚，甚至升官为治中，"自免还家"，再次辞职。由此，王充的一生仿佛与政治无缘，甚至还不如王符。《后汉书·王符传》说王符，"与马融、窦章、张衡、崔瑗等友善"。王符虽然也不曾做官，但却结交过上层官僚。王充的人生，当是社会平民知识分子；王充的思想，当是民间社会的问题，因此，王充的史学思想无疑应该属于民间性质。

第二节　王符的史学思想

王符作为东汉与王充、仲长统齐名的思想家，备受学者关注。据不完全统计，迄今为止，学者关于王符的研究论文有230余篇①，专著有7部②，硕士学

---

① 依据"超星""读秀"统计：1950年前(1)，1960~1969(4)，1970~1979(2)，1980~1989(87)，1990~1999(70)，2000~2009(62)。而学者的统计：1900~1949(8)，1950~1997(3)，1978~1997(92)(常文昌、王斌学：《20世纪王符思想研究概览》，《甘肃社会科学》，1998年第6期)。

② 七部专著分别为：1.王步贵：《王符思想研究》，甘肃人民出版社，1987年版。2.王步贵：《王符评传》，陕西人民教育出版社，1993年版。3.刘文英：《王符评传》，南京大学出版社，2002年版。4.徐平章：《王符潜夫论思想探微》，文津出版社，1982年版。5.刘文起：《王符潜夫论所反映之东汉情势》，文史哲出版社，1995年版。6.常文昌、王斌学：《王符研究汇编》，兰州大学出版社，1998年版。7.刘纪华：《王符与潜夫论》，世纪书局，1977年版。

位论文有 10 部①。这些研究涉及王符的哲学思想、政治思想、经济思想和军事思想等方面,但有关其史学思想却极少论及②,即使在已经出版问世的汉代史学和史学思想史的论著中,也大多忽略了王符。③ 笔者在研读《潜夫论》时,发现王符的史学思想很丰富,应专门加以论析。

一、"草创叙先贤""将以明真"的史学论

王符在《潜夫论》的《赞学》和《叙录》等篇章中,表明了其对历史学的学科性质及功用的基本认识。

《潜夫论·赞学》在谈到学习的重要性时,首先指出,历史上那些才俊英雄,都是在教师的训诫之下,接受了前人的历史经验而成功的,如风后教成了黄帝,老彭教成了颛顼,祝融教成了帝喾,务成教育了尧,纪后教育了舜,墨如教育了禹,伊尹教育了汤,姜尚教育了文、武,庶秀教育了周公,老聃教育了孔子。王符说:"《易》曰:'君子多志前言往行以蓄其德。'是以人之有学也,犹物之有治也。"用今天的话说,历史学的研究对象就是"前言往行",历史学的研究任务就是"蓄其德"。历史学就像炼金的熔炉,只有经过历史学的冶炼,才能成为社会国家有用之"金"。王符的这一说法,与刘知幾《史通·直书》所说的"况

---

① 硕士论文分别是:1.郭君明:《王符道气思想发微》,中共中央党校 2002 年度硕士学位论文。2.侯波:《王符的无神论思想探略》,河南大学 2003 年度硕士学位论文。3.刘迅霞:《论王符的道德精神》,河南大学 2006 年度硕士学位论文。4.王鹏:《潜夫论学术思想研究》,北京师范大学 2007 年度硕士学位论文。5.李云:《论王符政治思想及其哲学基础》,河南大学 2008 年度硕士学位论文。6.邢静欣:《王符潜夫论研究》,山东师范大学 2008 年度硕士学位论文。7.陈冰梅:《潜夫论校注札记》,苏州大学 2008 年度硕士学位论文。8.赵晓梅:《王符民本管理思想及其哲学意蕴》,西南民族大学 2008 年度硕士学生论文。9.白品健:《潜夫论所反映之东汉流民问题》,中山大学 2006 年度硕士学位论文。10.方军:《王符潜夫论治道思想研究》,中山大学 2008 年度硕士学位论文。

② 在总结 20 世纪王符思想研究的领域时,没有相关学者专门论述王符的史学思想。(常文昌、王斌学:《20 世纪王符思想研究概览》,《甘肃社会科学》,1998 年第 6 期)。就笔者所见,相关史学思想方面的研究论文有,少贝:《王符的史论及其意义》,《甘肃社会科学》,1991 年第 4 期。罗传芳:《王符的天人宇宙图式与社会历史观》,《甘肃社会科学》,1989 年第 1 期。

③ 如吴怀祺、汪高鑫的《中国史学思想通史·秦汉卷》(黄山书社,2002 年出版)中就没有王符的章节。而白寿彝、徐殿才的《中国史学史·秦汉时期》(上海人民出版社,2006 年版)虽然讲到了王符,但所讲的"以元气为本的宇宙观"和"以德为本的治国思想"两个话题显然属于哲学和政治范畴,不属于史学或史学思想的范围。

史之为务,申以劝诫,树之风声"的主旨是一致的,都强调了历史学的教育和训导作用,说明历史学是经验性的学问,是借助于过往的经验教训培育现实人的德智。

《潜夫论·叙录》讲各个篇章的编撰主旨。一开篇,王符谦逊地说自己"不才",不具备当时"贵能成大功"的"立功"条件,"无所效其勋",但是有"立言"的潜质,"中心时有感,援笔纪数文"。鲁太史左丘明精通五经,撰著《春秋左传》,目的是"以继前训",而自己撰写"三十六篇",目的是"草创叙先贤"。在讲到《释难》篇撰写的目的时,王符批评学术界人云亦云,真伪不辨,使后来学者无所适从,"论难横发,令道不通。后进疑惑,不知所从",因此,王符要求真明道,"予岂好辩,将以明真"。由此而论,历史学作为"立言"事业,其研究对象是"先贤""前训",其研究任务则是"叙""继""明真"。换句话说,历史学属于思想史的范畴,其研究对象是以往的思想,其研究任务乃是叙述和继承以往的思想。简单说来,历史学是思想性的学问,是借助于先贤思想表述今人真善美的诉求。可见,这与柯林武德的"一切历史都是思想史"的观点不谋而合。

在王符的论述中,历史学有了经验性的学问和思想性的学问的双重性质。考究其因,可能是当时的经今古文之争所导致的。经古文讲究因循,注重经验的积累和汲取,推崇事实和实证,把历史学看作经验性的学问;今古文讲究创新,注重知识的标异和领先,推崇理论和论辩,把历史学看作思想性的学问。王符所处的时代为东汉中晚期,其时经今古文之争已渐消弭,走向融合统一。就两者关系而言,事实的选择和经验的吸取,需要思想的认识和判断,而思想的宣扬和实施,又需要事实的支撑和例证。因此,经验性和思想性原本就是互相依存、互相统一且又互相转化的,经验性和思想性是构成历史学学科性质的两个基本因素。《潜夫论·释难》:"夫譬喻也者,生于直告之不明,故假物之然否以彰之。物之有然否也,非以其文也,必以其真也。"在思想理论上,有些道理用言语是说不清楚的,于是就借助于历史事实。历史事实的成败得失是客观存在的,不是主观话语所能臆断的。可见,历史学的经验性和思想性在王符这里是一致的。《潜夫论·赞学》:"索道于当世者,莫良于典。典者,经也,先圣之所制。先圣得道之精者以行其身,欲贤人自勉以入于道。故圣人之制经以遗后贤也,譬犹巧倕之为规矩准绳以遗后工也。"真理的探索应追溯历史,因为历史上那些先贤先圣在领悟历史真谛后,不仅身躬践行,而且著作史书,供后人学习仿效。因此,历史学作为思想性的学问,是传递真理、探索真理的基本途径,是人类宝贵的精神遗产。

历史学研究"前言往行",揭示历史真谛,其功用何在呢?在王符看来,一是增智修德。如上所述,《潜夫论·赞学》说黄帝、颛顼等十一位往古圣人都是在教师的教导之下,研读历史,"其智乃博,其德乃硕";而董仲舒、景君明(京房)、倪宽和匡衡等现代学者之所以能"成名立绩,德音令问",也是因为精读历史、潜心学问,"徒以其能自托于先圣之典经,结心于夫子之遗训也"。二是学习往圣先贤,"高山仰止,景行行止",创造新的历史业绩。"是故凡欲显勋绩光烈者,莫良于学。"三是借助于往圣先贤的思想烛光,掌握历史未来的发展。王符说,"天地之道,神明之为,不可见也",但是往圣先贤的思想如深夜烛光,"中宵深室,幽黑无见,即设盛烛,则百物彰矣",照亮历史发展的规则和未来,"学问盛典,心思道术,则皆来睹矣"。总之,历史学作为宝贵的遗产,可以使人"聪明无蔽,心智无滞,前纪帝王,顾定百世"。

二、"莫善于抑末而务本"的历史观

王符在《潜夫论》中的《务本》《遏利》《论荣》《班禄》《述赦》《本政》《慎微》《相列》和《断讼》等篇中,在论述执政内容时,表明了他的历史观念。总结这些篇章,可以发现,王符的历史观有如下内容特征。

首先,在强调人是历史发展的主体中指出历史发展是有规律的,人的历史活动必须遵守历史的规律。王符认为,历史就是政治,政治发展的主体是执政者,若执政者遵守历史规律,就会推进历史的发展,否则就会抑制历史的发展。《潜夫论·务本》:"凡为治之大体,莫善于抑末而务本,莫不善于离本而饰末。夫为国者以富民为本,以正学为[基]。民富乃可教,学正乃得义;民贫则背善,学淫则诈伪。入学则不乱,得义则忠孝。故明君之法,务此二者,以为成太平之基,致休征之祥。"这就是说,历史是否进步(即"太平"与"休征")取决于执政者能否把握历史的规则(即"富民"和"正学")。站在行政首脑的角度,王符分析说,历史规律的把握,在于执政者能够透过现象抓本质,使各项政策措施符合历史的规则。如就"民富"方面来说,就是要在农工商中重视农桑,抑制"游业";在工业("百工")中重视"致用",抑制"巧饰";在商业中重视流通,抑制"鬻奇"。"三者守本离末责民富,立本守末则民贫。"就"学正"方面来说,教育要重视"道义"的培育,轻视"巧辩";辞语要重视"信赖",轻视"诡丽";士人要重视"孝悌",忽略"交游";孝悌要重视养老,轻视"华观";考核和选拔干部要重视"忠正",轻视"媚爱"。"五者守本离末则仁义兴,离本守末则道德崩。"由此看来,在王符的心中,历史的发展常常有两种趋势,一种是进步,一种是退步,关键是看执政者能否放弃自己的一己之私,去真正顺从历史发展的进步潮流。①"夫本末消息之争,皆在于君,非下民之所能移也。夫民固随君之好,从利以生者也。是故务本则虽虚伪之人皆归本,居末则虽笃敬之人皆就末。……故衰暗之世,本末之人,未必贤不肖,祸福之所,势不得无然尔。故明君莅国,必崇本抑末,以遏乱危之萌。此诚治之危渐,不可不察也。"在执政实践中,顺从历史规律推进历史发展或是顺从个人利益使得历史倒退完全取决于执政者,往往是服从者、利益的追求者。所以,贤明的君主一定会谨慎决策,遵从历史规律。《潜夫论·相列》:"五色之见,王废有时。智者见祥,修善迎之,其有忧色,循行改尤;愚者反戾,不自省思,虽休征见相,福转为灾。于戏君子,可不敬哉!"金、木、水、火、土的更替,各有其盛衰规则。聪明人往往根据其祥瑞征兆积德行善,推进历史的进步,若出现反常的征兆,则反躬自省,谨慎行事;糊涂的人则无视历史发展的规律,一意孤行,即使祥瑞征兆出现,也不知把握利用,直至转福为祸。所以,历史的创造者,一定要遵从历史规则,谨慎自省。

其次,在强调执政者是历史发展的主导中指出,人民才是历史的决定力量,人民的富有安康才是历史发展的决定因素。王符认为,虽然执政者在历史进程中发挥着主导作用,但其政策措施必须符合人民的利益要求,才能推进历史的发展,否则,将遭到历史遗弃。换言之,真正主宰历史的是人民而不是执政者。《潜夫论·遏利》:"帝以天为制,天以民为心。民之所欲,天必从之。是故无功庸于民而求盈者,未尝不力颠也;有勋德于民而谦损者,未尝不光荣也。自古于今,上以天子,下至庶人,蔑有好利而不亡者,好义而不彰者也。"在这里,王符将束缚古代帝王的"天"看作人民,指出帝王的职责就是遵从"天"的意旨,让广大的人民富有,而不是掠夺人民。王符举例说,周厉王"贪民"而"流死于彘",虞公"屡求"而"失其国",公叔戌"崇贿"而获罪,桓魋"不节饮食"而"见弑","此皆以货自亡,用财自灭";楚斗子文、季文子、子罕、晏子等人皆能廉洁奉公不求私利,"此皆能弃利约身,故无怨于人,世厚天禄,令问不止。"《潜夫

---

① 论者大多没有领悟到王符的这一初衷,所以曾就王符是"进化论"或"退化论"展开过矛盾的论析。例如,1."就形式来看,王符的历史观不是历史进化论而是历史退化论;就实质来看,王符倒是发觉了当时统治者德教不施、刑法不济的严重矛盾"(《孙叔平:中国哲学家论点汇编》第2册,上海人民出版社,1986年版,第351页)。2."王符的历史观是矛盾的,在历史退化论的形式下又安排了一个历史进化的阶梯"(孙叔平:《中国哲学史》上,上海人民出版社,1980年版,第347页)。3."我以为王符无论是赞美或否定,都是就具体人作具体的分析、比较,并没有得出'一代不如一代'的结论,正像我们在回顾历史时也赞美'文景之治''贞观之治''康乾盛世'决不会得出'今不如昔的结论一样'"(王步贵:《王符思想研究》,甘肃人民出版社,1987年版,第150页)。

论·本政》:"凡人君之治,莫大于和阴阳。阴阳者,以天为本。天心顺则阴阳和,天心逆则阴阳乖。天以民为心,民安乐则天心顺,民愁苦则天心逆。"执政的顺序就是"调阴阳""顺天心""安其人",而其收效则是"民安乐""天心慰""五谷丰""民眉寿""兴于义""无奸行""世平""国家宁社稷安""君尊荣"。可见,人民的安乐才是历史进步的核心。所以,王符要求"君以恤民为本"。《潜夫论·述赦》:"为国者,必先知民之所苦,祸之所起,然后设之以禁,故奸可塞、国可安矣。"

最后,王符在肯定执政者和人民是历史发展的主体中指出,精神才是历史发展的动力,人心的善恶决定着历史的进步与否。王符的历史观中包含着因果报应的宿命观念。《潜夫论·遏利》:"故以仁义[费]于彼者,天赏之于此;以邪取于前者,衰之于后。""无德而富贵者,固可豫吊也。"作为历史的创造者,所担忧的不应是"财贿""衣食""声色""威势"等物质方面的拥有和享受,而是"行善""申道""节志""德义"等精神方面的追求和践行。《潜夫论·论荣》指出,行善积德更能体现历史创造者的特殊贡献:"人之善恶,不必世族;性之贤鄙,不必世俗。中堂生负苞,山野生兰芷。夫和氏之璧,出于璞石;隋氏之珠,产于蜃蛤。"《潜夫论·慎微》说执政者的精神追求乃是历史进步的基本途径:"政教积德,必致安泰之福;举措数失,必致危亡之祸。"《潜夫论·断讼》说汉高祖颁布三章之法,汉文帝废除肉体刑罚,"轻重无常,各随时宜,要取足用劝善消恶而已"。

三、"是故有号者必称于典,明理者必效于实"的认识论

王符在《潜夫论》的《赞学》《遏利》《论荣》《考绩》《思贤》《本政》《潜叹》《忠贵》《浮侈》《实贡》《边议》《实边》《相列》《梦列》《释难》等篇章中,论及了历史认识问题。王符在历史认识上有着独到的见解。

王符对历史认识的主客体提出了要求。在历史认识主体上,王符一是要求历史认识的主体应该具备正确的态度。《潜夫论·梦列》:"常恐惧修省,以德迎之。"二是要撇开主观因素的干扰,正确把握客观实际。《潜夫论·潜叹》:"不必任众,亦不必专己,必察彼己之为,而度之以义。""不稽于众,不谋于心。"在这里,王符虽然说的是君主如何选拔人才,但是我们也可以将其看作王符对于历史认识主体的要求,亦即认识历史,既不能依据其他研究者的意见,也不能依据个人主观的喜好,而是应依据历史的客观实情是否符合历史发展的规律。在历史认识的客体上,王符认为,历史发展具有一定的规律性,所以历史是可知的。《潜夫论·本政》:"否泰消息,阴阳不并,观其所聚,而兴衰之端可

见也。"王符进而分析说,不是什么样的历史都可以构成认识的客体,因此,应该选择有价值有意义的来进行研究。《潜夫论·遏利》:"愿鉴于道,勿鉴于水。"此外,王符把历史文献看作历史认识的基本中介。《潜夫论·赞学》:"索物于夜室者,莫良于火;索道于当世者,莫良于典。"古代的典籍就如夜室中的烛火,引导人们认识历史的真谛。

王符在《潜夫论》中提出了两种历史认识的方式。一是对历史纵向的认识,也可以说是历史事实的认识。这主要体现在王符对历史发展的分期性认识。历史分期是历史认识的基本方式,每一个历史学者都会依据自己对于历史的掌握来对历史进行分期。王符的历史分期相对比较复杂,有时他采纳汉代史学的基本分期方式,将历史区分为"古"与"今"两个阶段,如《潜夫论·浮侈》中曾经采用"古者……今者……"的句式;有时将历史区分为上古、近代和当代三个阶段,如《潜夫论·忠贵》采用的句式"五代之臣……季世之臣……",这里的"五代"即上古史,"季世"即近代史,此外,还有没有明说的"今者"即当代史。二是对历史横向的认识,也可以说是历史理论的认识。这主要体现在王符对历史发展的统一性和多样性的认识上。历史的统一性就是历史的规律性,它是指历史发展虽然有着千差万别,但是其基本的规则却是一致的。《潜夫论·思贤》指出,历代君王都希望所在王朝能够长治久安,但都摆脱不了灭亡的命运,其原因就是不能任用贤才。"尊贤任能,信忠纳谏,所以为安也,而暗君恶之,以为不若奸佞阘茸谄谀之言者""乱国之君,非无贤人也,其君弗之能任,故遂于亡也"。这种情况,可以说是历史的基本法则。"虽相去百世,县年一纪,限隔九州,殊俗千里,然其亡征败迹,若重规袭矩,稽节合符。"历史的多样性就是历史的现实性,它是指历史发展虽然受历史规律性的制约,但具体的历史现象却是复杂的。《潜夫论·释难》用问答的形式对尧舜的道德不同、周公任用管、蔡和"学"与"耕"三个问题作了论述,从而指出历史的发展是多样的。关于尧、舜道德不同的问题,王符指出,尧、舜的道德虽然有所不同,但是居于历史统一性的基础上,他们却是一致的,"其道同仁,不相害也";关于周公任用管、蔡的问题,王符说,周公任用管蔡是出于"率土之民,莫非王臣"的考虑,而杀管、蔡则出于"大义灭亲"的考虑,不存在周公是"仁"或"智"的矛盾;关于"学"与"耕"的问题,王符指出,"耕,食之本也;以心原道,即学又耕之本也。"历史发展的动力是善心,如果大家都一心求学,培植仁义,整个社会就会处于和谐幸福的状态。"故贤人君子,推其仁义之心,爱之君犹父母也,爱居世之民游子弟也。"因此,不会因为全社会重视学问而影响粮食的生产。

在谈到历史认识的方式时,王符还把观察作为历史认识的方法。《潜夫论·边议》:"且夫物有盛衰,时有推移,事有激会,人有变化。智者揆象,不其宜乎!"《潜夫论·实边》:"夫制国者,必照察远近之情伪,预祸福之所从来,乃能尽群臣之筋力,而保兴其邦家。"《潜夫论·相列》:"贤人达士,察以善心,无不中矣。"在这里,"揆象""照察"和"察"都是指观察,而"宜""预""中"则指掌握历史规律,也就是说,人们只要注意观察历史的现象,即可认识历史的规则。

可贵的是,王符还论述了历史认识检验的标准。在王符看来,历史认识的标准有两个方面。一是在理论方面,它要求历史认识的观点一定要符合往古圣人的意见。如前所引《潜夫论·赞学》所说,往古先圣通过自己的实践领悟历史的真理,于是著之于竹帛,成为经典,使后来者学有所依,做有所本。这样,往古先圣的言行就成为后世学者践行的依据,成为历史认识的标准:"从师就学,按经而行,聪达之明,德义之理,亦庶矣,是故圣人以其心来造经典,后人以经典往合圣心也。"可见,将往古先圣的观点作为历史认识的标准,实际就是将"德义"作为标准,这与儒家思想是完全一致的。二是在实际方面,它要求依据历史主体的行为来评价历史,而不是根据历史主体的社会政治地位来评价历史。《潜夫论·论荣》指出,夏桀、殷纣分别是夏朝、商朝的国君,但是仍然被历史评价为"小人",而伯夷、叔齐虽然是"饿夫",但却被历史评价为"君子",其因就是前者"以其心行恶也",而后者则"以其志节美也"。人生在世,社会地位的高低是偶然的,但其历史贡献的大小,却完全取决于自己"志行"的多少,"宠位不足以尊我,而卑贱不足以卑己"。在历史认识的实践中,如何使用理论的标准和实际的标准呢?《潜夫论·考绩》:"有号者必称于典,名理者必效于实。"这就是说,宣扬思想观点必须与往古先圣的思想合拍,追求历史真谛必须与历史的实际合辙。当理论与实际发生矛盾时,王符强调实际的作用。《潜夫论·实贡》:"夫高论而相欺,不若忠论而诚实。"《潜夫论·边议》:"明于祸福之实者,不可以虚论惑也;察于治乱之情者,不可以华饰移也。是故不疑之事,圣人不谋;浮游之说,圣人不听。何者?计不背见实而更争言也。"

四、《潜夫论》的史学方法论

王符《潜夫论》在论及问题时体现出了卓越的史学研究方法。这些方法主要是历史辩证研究方法、历史批评研究方法和历史个案研究法。

第一,历史辩证研究法。所谓历史辩证研究法就是用发展、矛盾和整体的眼光看待历史问题。王符在分析问题时特别注意用发展的眼光看问题。《潜夫论·述赦》:"且夫国无常治,又无常乱。法令行则国治,法令弛则国乱。法无常行,亦无常弛。君敬法则法行,君慢法则法弛。"这就是说,历史是发展变化的,而历史的变化取决于历史创造者的抉择,正如法制,执政者奉法执政,即可实现国泰民安;执政者肆意妄行无视法律,就会造成社会动荡。在这里,王符的历史发展观与历史的规律性、主体性就结合了起来。《潜夫论·断讼》说"五代不同礼,三家不同教"的原因就是历史在不断地发展变化,"盖世推移而俗化异也",所以致使执政者依据社会历史的具体情况而厘定制度,"皆革定法"。王符在分析问题时还特别注重用矛盾的眼光看问题。《潜夫论·爱日》:"治国之日舒以长,故其民闲暇而力有余;乱国之日促以短,故其民困务而力不足。"时间对于每一个人来说都是等同的,但是如果处在和平和谐的政治环境里,人民处理事情的时间就会增长。"乃君明察而百官治,下循正而得其所,则民安静而力有余,故视日长也。"如果处在动荡而腐败的政治环境里,艰难困苦的生活就更加漫长,"乃君不明则百官乱而奸宄兴,法令鬻而役赋繁,则希民困于吏政,……故视日短也。"《潜夫论·救边》说政治的核心虽然是执政者,但是执政的基础却是人民,"国以民为基,贵以贱为本。"由此可见,王符的矛盾论是基于政治基础之上的,它既融合了老庄无为而治的思想,又吸收了儒家的民本思想。王符在分析历史问题时也特别注重用整体的眼光看问题。《潜夫论·慎微》将历史的发展看作一个整体,一时一地的积德或者积恶都不可能改变历史发展的方向。"积善多者,虽有一恶,视为过失,未足以亡;积恶多者,虽有一善,是为误中,未足以存。"所以,王符警告执政者必须要自觉主动地推动历史的发展。"是故君子战战栗栗,日慎一日,克己三省,不见是图。"

第二,历史批评研究法。所谓历史批评研究法就是用否定的态度评价历史,考究其症结,寻求其解决的途径。王符的历史批评研究主要用于对现实政治的批判。① 这种批判主要从三个层面进行。第一是在事实的层面上,王符常常用"古者……今者……"的句式,将过去的事实与今天的事实对比,指出今日之弊。《潜夫论·浮侈》:"古者必有命民,然后乃得衣缯彩而乘车马。今者……衣必细致,履必麑麂,组必文采,饰袜必绵此,挍饰车马,多蓄奴婢。""古者墓而不崇。仲尼丧母,冢高四尺……鲤死有棺而无椁;文帝葬于芷阳,明帝葬于洛南,皆不藏珠宝,不造庙,不起山陵。陵墓虽卑而圣高。今京师贵戚,郡县豪家,生不极养,死乃崇丧,或至刻金镂玉,……"。通过穿衣、车马和丧葬使用情况的对比,批评今日的奢侈浮华。第二个是在理论层面,先述儒家(或者法

---

① 有的学者将王符的这种思想称之为"批判性治国思想"(廖小波、兰翠娥:《王符的社会批判性治国思想》,《重庆师范大学学报》,2008年第6期)。

家,或者其他学者)的思想观点,再说历史现象,批评其不合圣训。①《潜夫论·慎微》:"孔子曰:'善不积不足以成名,恶不积不足以灭身。小人以小善谓无益而不为也,以小恶谓无伤而不去也,是以恶积而不可掩,罪大而不可解也。'此蹶、踬所以迷国而不返,三季所以遂往而不振者也。"《潜夫论·思贤》借《书》说国家的昌盛必须要不拘一格地任用贤才,"人之有能,使循其行,国乃其昌",但是春秋之后却是选亲任戚,祸国殃民。"将相权臣,必以亲家""功不加民,泽不被下而取侯,多受茅土,又不得治民效能以报百姓,虚食重禄,素餐尸位,而但事淫侈,坐作骄奢,破败而不及传世者也。"第三是在价值层面,先指出历史真理性的认识,再述说历史现象,进而分析其间的差异并予以批评。《潜夫论·务本》:"夫教训者,所以遂道术而崇德义也;今学问之士,好语虚无之事,争著雕丽之文,以求见异于世,品人鲜识,从而高之,此伤道德之实,而或蒙夫之大者也。""尽孝悌于父母,正操行于闺门,所以为列士也;今多务交游以结党助,偷世窃名以取济渡,夸末之徒,从而尚之,此逼贞士之节,而眩世俗之心者也。"王符对教育和名士的认识以及对现实的批评,可以说是入木三分。在这里,事实层面的批评主要是通过历史类比的形式进行的,理论层面的批评主要依据的是儒家思想,而价值层面的批评则主要是在执政理念方面来进行的。现实的社会政治生活构成了王符的主要批评对象。

---

① 依据刘文英的统计,《潜夫论》直接举出"五经"、《论语》书名和完整引用其语录者达 137 次,其中引《诗经》44 次,引《尚书》22 次,引《周易》经传 29 次,引《礼记》3 次,引《春秋》经传 20 次,引《论语》19 次(刘文英:《王符评传》,南京大学出版社,2011 年版,第 37 页)。有学者指出,王符的社会批判思想来源于《周易》:"《周易》中的忧患之义对王符的深刻启示和影响";"王符本于《易传》的重德思想,认为关键在于统治者要实行仁德,注重教化,爱抚百姓";"特别注意继承、发挥《易传》的尚贤、养贤思想,呼吁君王尊贤任能";"王符特别推崇西汉易学大师京房提出的考功课吏法";王符"大胆提出了平等的观念""是对《易传》太和、中正观念的现实展示";总之,"王符所借鉴和吸收的易学思想主要集中在义理方面"。(张涛、王荣优:《易学与东汉后期的社会批判思想》,《理论学刊》,1998 年第 9 期)。也有学者指出,王符的批判直至当时学术思想主流的和专制政治的理论基础即经学,"王符的杰出之处就在于他不知在形式上抛弃了经学的学风,更从理论批判和社会政治批判入手动摇了经学的基础。如他对'天—君—民'关系的修正:'帝以天为制,天以民为心,民之所欲,天必从之';对身份性等级制度的否定:'人之善恶,不必世族,性之贤鄙,不必世俗',都说明了这一点"(罗传芳:《批判与反思:东汉社会批判思潮的理论意义》,《哲学研究》,2006 年第 8 期)。而有学者认为这是"经学已经衰落,代之而起的便是新的清议思潮和玄学风尚"(高新民:《东汉思潮与王符思想》,《兰州大学学报》,2001 年第 6 期)。其实细读《潜夫论》,王符主要批评的时事政治,并非经学。这里论者所指出的例证,恰恰是儒家经典的思想。

第三，历史个案研究法。所谓历史个案研究法就是选择具体的历史话题来进行考察，通过阐释来表明自己的历史思想和史学观念。王符曾经以五行相胜和姓氏演变为个案，对于远古迄汉代的历史予以梳理。《潜夫论·五德志》分析说，以木为标志的帝王和朝代有伏羲、帝喾、姬弃（后稷，即周代），以火为标志的帝王和朝代有神农炎帝、唐尧、刘汉；以土为标志的帝王和朝代有轩辕黄帝、虞舜；以金为标志的帝王和朝代有少昊、夏禹；以水为标志的帝王和朝代有颛顼、殷汤。《潜夫论·志氏姓》则全面记述了远古至汉代各个姓氏的来龙去脉，可以说是一部姓氏历史和词典。综上可知，在王符看来，史学的宗旨主要是记载历史，讲究真实，避免错误。《潜夫论·五德志》说，太昊以来的传承标志，虽然史书有所记载，但尚有矛盾之处，"虽一精思，议而复误"，所以要纠正错误，"虽多未必获正，然罕可以浮游博观，共求厥真"。《潜夫论·志氏姓》也说，自周代衰微以来，姓氏传承紊乱，为使"天主尊正其祖，故且略记显者"。又说，"略观世记，采经书，依国土，及有明文，以赞贤圣之后，班族类之祖，言氏姓之出，序此假意二篇，以贻后贤今之焉也"。史学研究的方法就是分门别类地探求知识。《潜夫论·志氏姓》篇末引《易》的话，如"君子以类族辨物""多识前言行以蓄其德""学以聚之，问以辨之"，既说明历史研究的方法，同时也说明了历史研究的功用。史学研究的依据是文献和传说。《潜夫论·五德志》所依据的是儒家经书和传世的史书，"故略依《易·系》，记伏羲以来，以遗后贤"。《潜夫论·叙录》："咨之《诗》《书》，考之前训。"而《潜夫论·志氏姓》所依据的则如上所述，有"世纪""经书""有明文"。对于传说资料，王符有着很清醒的认识。《潜夫论·叙录》："虽未必正，可依传问。"传说的东西未必都是真的，但可以作为解释历史的根据。

五、王符史学思想的性质

从主题内容来说，《潜夫论》是一部政治性的著作。在三十六篇中，除第一篇的《赞学》和第三十六篇的《叙录》是引言和提要外，其余篇章都是主要讲政治的，如政治工作的中心问题（《务本》《遏利》《本政》《本训》《德化》）、人才问题（《贤难》《思贤》《潜叹》《忠贵》《实贡》《相列》《明忠》）、方法问题（《论荣》《明暗》《考绩》《班禄》《慎微》《交际》）、边境问题（《劝将》《救边》《边议》《实边》）、社会问题（《浮侈》《断讼》《述赦》《三式》《爱日》《衰制》）、知识问题（《卜列》《巫列》《梦列》《释难》《五德志》《志氏姓》）。由此就决定了王符史学思想的性质自然也是政治的，这与之前的王充不同。王充史学思想虽然也有着强烈的政治性质，但是尚有许多学术的讨论和对社会生活问题的解释。

从人生实践来说,王符一生不事政治,过着隐居躬耕的生活。虽然王符思想中的政治观念很精到,见解很独特,在当时社会中也受到执政者尤其是朝中官员的赏识,但是他毕竟没有政治实践的亲身阅历和经验,所以,他的政治思想只能说是民间的思想,体现着民间文化对于政治的企盼。由此就决定了王符史学思想的性质也是民间的,体现着民间史学思想的特征。与西汉初的陆贾和贾谊相比,王符的史学思想就显得空洞,缺乏实际操作的成分;如与司马迁和班固这些皇家史学家相较,王符的史学思想无论在实证分析还是在理性思维方面,都缺乏相应的深度和力度。①

从民间思想家的角度来说,王符的史学思想确实是非常独到的,如在历史观上,特别强调历史上人民幸福安康的功用,重视善恶对于历史的促进作用;在历史认识上,重视民间社会的巫术、占卜和观相之术,虽然在今天看来是荒诞的,但在当时却是重要的社会历史思潮。仅此而言,王符的史学思想要比陆贾、贾谊更直接,比司马迁和班固更通俗,比王充则更简朴。

---

① 作为民间思想家,王符思想的特征在于:"布衣身份的自我体认""虽居下位而不能忘情政治的救世、淑世心态""对潜夫横议之合法性的自辨""直面社会敢说真话""立足儒学传统,依托神权制衡和伦理制衡方式""儒道互补,追求超越俗世之厉害的性灵解放"(王健:《略论东汉"潜夫议政"传统及其历史影响》,《青岛大学师范学院学报》,2008年第3期)。

第八章　东汉中期的史学思想(下)

在东汉中期史学思想发展过程中,赵晔与汉画像是民间史学的代表。与王充、王符的时论体不同的是,赵晔的《吴越春秋》和汉画像的帝王都是编年体。在史学性质上,赵晔与汉画像都采纳了司马迁"成一家之言"的鉴戒史学观念。在历史观上,赵晔和汉画像都秉持"天人合一"下积极创造历史的观念,并注重历史偶然因素的作用。在史学方法论上,赵晔与汉画像也都采用了司马迁的"寓论断于叙事"的方式,不同的是,前者是用文字叙述,后者则是以图像叙述。

第一节　赵晔的史学思想

《吴越春秋》是东汉赵晔所撰写的一部有关先秦时期吴越两国历史的史学著作,但学术界一般将之视为小说,因而相关的汉代思想史和史学思想史研究中论及较少。在这里,笔者根据史学学科的基本范畴,比较详细地考察了其所蕴含的史学思想。

一、《吴越春秋》的作者及相关研究

根据《后汉书·儒林列传》记载,《吴越春秋》由东汉赵晔所撰写。"赵晔,字长君。会籍山阴人也。少尝为县吏,奉檄迎督邮,晔耻于厮役,遂弃车马去。

到犍为资中,诣杜抚受《韩诗》,究竟其术。积二十年,绝问不还,家为发丧制服。晔卒业乃归。州召补从事,不就。举有道,卒于家。晔著《吴越春秋》《诗细历神渊》。蔡邕至会稽,读《诗细》而叹息,以为长于《论衡》。邕还京师,传之。学者咸诵习焉。"本《传》虽短,但可以看出,赵晔在当时应该是专门从事《诗经》学习和研究的专家。他所撰写的《诗细历神渊》已经得到东汉末年的蔡邕及其他学子的赞赏。可惜的是本书已经散佚,不能得窥其貌,只有《吴越春秋》传世,成为学术研究的依据。

据统计,20世纪80年代以来,研究《吴越春秋》的相关论文有80余篇,其中50余篇是发表于2000年之后;而以《吴越春秋》撰写的学位论文就有16部之多,其中博士论文1部,硕士论文15部。推究其因,可能一是周生春先生的《吴越春秋辑校汇考》①与苗麓所点校的《吴越春秋》②的出版发行为研究提供了便利;二是《吴越春秋》本身篇幅不长,适宜短期内做出成绩。

综观研究,其讨论的问题主要集中在以下几个方面。

一是赵晔的时代及成书时间问题。《后汉书·儒林列传》中杜抚"建初中,为公车令,数月卒官"。建初时汉章帝的年号共八年,即公元76~83年。据此,许殿才先生推断,"建初中"大概是公元79年前后。赵晔跟从杜抚学习《韩诗》达20年之久,之前又做过县吏,其时应该在20岁上,所以杜抚去世时,赵晔已经40多岁,"他的出生时间从公元79年上推四十年至公元40年则为光武帝建武十六年"。"假定他活了六十岁",其去世年代"应是公元99年即和帝永元十一年"。"大体说来他是东汉初人,生平主要活动于明帝到和帝时期,年辈略晚于班固(公元32~92年),而早于荀悦(公元148~209年)。"③曹林娣认为,杜抚去世当在公元80年左右,赵晔从之学《诗》应在"二十五岁左右","则可推测晔之生年当在公元十五年顷,比王充早十多年","赵晔的主要活动应在光武帝、明帝及章帝时代,是东汉前期"。"本书成于明帝时(公元58~75年)","正是他离开杜抚回归乡里的时间"。④ 梁宗华推测,赵晔20岁跟随杜抚学《诗》,"师从杜抚公有24年之久","依次上推,赵晔生年应在建武十一年(公元35年)前后",其"生卒年限约为光武帝建武十一年(公元35年)至和帝永元二年(公元90年),历光武、明、章和四朝,与王充、班固、贾逵等大致同时,主要生活于东汉前期。"《吴越春秋》则成书于赵晔生活的最后阶段,即公元

---

① 周生春:《吴越春秋辑校汇考》,上海古籍出版社,1997年。
② 苗麓:《吴越春秋》,江苏古籍出版社,1984年、1999年。
③ 许殿才:《吴越春秋说略》,《史学史研究》,2007年第1期。
④ 曹林娣:《关于吴越春秋的作者及成书年代》,《西北大学学报》,1982年第4期。

80年重返山阴故里后的十年间"。① 可见,在赵晔的生平和成书年代问题上,学者的意见分歧很小,基本趋于一致。

二是《吴越春秋》学科性质及其学术价值问题。从古至今,大多学者都认为《吴越春秋》属于史学,有一定的史料价值。《隋书·经籍志》《旧唐书·经籍志》和《新唐书·艺文志》都将之归属于"史部·杂史类",只是认为其史学价值不是很高。《隋书·经籍志》言"其属辞比事,皆不与《春秋》《史记》《汉书》相似,盖率尔而作,非史策之正也"。今人许殿才先生认为《吴越春秋》是一部很有特色的史学著作,其史料价值在于,专门叙述吴越之史,比《史记》等书详尽得多,有些史实与它书互有异同,可以起到参证作用。叶建华先生认为,"《吴越春秋》实际上是一部融编年、纪传、本末为一体的特殊史书",其"所反映的是更为完整、更为系统的吴越民族起源、发展和衰亡全史"。② 与之相同,乔云峰先生也认为,"《吴越春秋》是一部有价值的野史",其史学价值一是"史料具有很大的真实性,补充了正史中吴越史料之不足";二是体例上独创"以纪传体为主,以编年为头绪来铺叙两国史实的国别史、记言记事相结合"的"小说手法写史"。③

自清代开始,一些学者认为《吴越春秋》属于文学,有一定的文学价值。《四库全书总目提要》:"晔所述虽稍伤曼衍,而词颇丰蔚,其中如伍尚占甲子之日,时加于巳;范蠡占戊寅之日,时加日出,由螣蛇青龙之语;文种占阴画六阳画三,有元武、天空、天关、天梁、天一、神光诸神名,皆非三代卜筮之法,未免多所附会。至于处女试剑、老人化猿、公孙圣三呼三应之类,尤近小说家言。然自是汉晋间稗官杂记之体。"今人陈中凡先生指出,"《吴越春秋》是属于文学类的小说题材,它记载了民间传说和神话故事,对后世小说和戏曲产生了深远的影响"。④ 梁宗华指出,《吴越春秋》"是一部以历史事件为题材的雏形小说","全书紧紧围绕着吴越两国霸主斗争展开,着重描写阖闾、夫差及勾践时的政治、军事斗争""叙事富于故事性""显现人物性格""调动了虚构守法,发挥了丰富的想象",如描写"某些人物的心理活动""富于个性的动作和语言"以及"场

---

① 梁宗华:《论吴越春秋的作者和成书年代》,《苏州大学学报》,1999年第3期。
② 叶建华:《浙江史学探源——论越绝书、吴越春秋的文化意义》,《浙江学刊》,1989年第1期。
③ 乔云峰:《论吴越春秋的史学价值》,《怀化学院学报》,2007年第2期。
④ 陈中凡:《论吴越春秋为汉晋间说部及其在艺术上的成就》,《文学遗产增刊》,1959年第7辑。

面的渲染、气氛的烘托",等等。① 黄仁生先生也说,《吴越春秋》是"我国现存最早的一部长篇历史小说"。②

至于究竟应该怎样看待《吴越春秋》的学科性质,笔者以为仓修良先生的意见最为中肯。仓先生说,正如鲁迅先生赞扬《史记》是"史家之绝唱,无韵之《离骚》"一样,应该既肯定其史学地位,又肯定其文学价值,"两者并不矛盾"。

三是《吴越春秋》的思想旨趣问题。由于学者的目光大多投放在《吴越春秋》的学科属性上,而对其思想旨趣的揭示则相对较少,且意见趋同,普遍认为是复仇。黄仁生先生指出,《吴越春秋》的价值是"申明复仇报恩之义、弘宣忠信仁义之道和探讨兴衰成败之理"。③ 罗俊华分析说,《吴越春秋》围绕"复仇主题"展开,具体有"血亲""侠义"和"部族(国家)"等类型,而在实践中则有伍子胥的"阳谋复仇英雄"和勾践的"阴谋复仇之神",所以它"是一部复仇之书"。④ 吕华亮认为,《吴越春秋》"不仅具有浓厚的复仇报恩思想,而且还蕴含着尚德、尚奇思想"。⑤ 刘晓臻认为,《吴越春秋》有三方面思想:"复仇与报恩""占卜与占梦"和"关注国家的兴衰成败来劝诫后世的经世致用"。⑥ 商光峰认为,"该书极力宣扬有仇必报的思想观念,并把国家的兴衰存亡归结到君臣是否遇合这一封建社会中十分重要的社会关系上"。⑦ 王鹏在经学视野下,认为除了"复仇报恩"之外,还有"中心仁义""天人合一""谶纬神学"和"慨叹兴衰"的意趣。⑧ 梁琦认为《吴越春秋》快意恩仇的原因主观上是因为赵晔的内心拥有"古儒侠意识"及"走向内心世界的率性与恣意";客观上是因为今文经学的影响、想象和虚构的创作手法。⑨

综上所述,《吴越春秋》作为一个学术热点,受到了学者们的充分关注,其

---

① 梁宗华:《一部值得重视的汉代历史小说——吴越春秋文学价值初探》,《浙江学刊》,1989年第5期。
② 黄仁生:《吴越春秋作为首部历史小说的思想成就》,《湖南师范大学社会科学学报》,1995年第1期。
③ 黄仁生:《吴越春秋作为首部历史小说的思想成就》,《湖南师范大学社会科学学报》,1995年第1期。
④ 罗俊华:《吴越春秋研究》,武汉大学硕士学位论文,2004年5月。
⑤ 吕华亮:《吴越春秋研究》,安徽师范大学硕士学位论文,2005年5月。
⑥ 刘晓臻:《吴越春秋研究》,山东师范大学硕士学位论文,2005年4月。
⑦ 商光峰:《吴越春秋研究》,曲阜师范大学硕士学位论文,2006年4月。
⑧ 王鹏:《吴越春秋与东汉经学》,南京师范大学硕士学位论文,2006年3月。
⑨ 梁琦:《侠与风流:论吴越春秋的文化张力》,西南大学硕士学位论文,2007年4月。

所争议的问题,也因讨论的深入,渐趋一致。但从历史学学科史的发展角度来看,有关其史学思想的论析,无论是广度和深度,都是远远不够的。

二、司马迁阴翳中的鉴戒史学观

如学者所讲,《吴越春秋》主要是记述复仇报恩的历史故事,仿佛应该归属于文学类的小说,但如果透过复仇报恩的表象,与司马迁《史记》相较,就会发现,《吴越春秋》史学学科性质的主张,很自然地在《史记》阴翳之中。换句话说,《吴越春秋》是接着《史记》来讲的,其史学思想也是《史记》的延续和发展。

在《史记·太史公自序》里,司马迁言自己撰写《史记》的动因:"欲以究天人之际,通古今之变,成一家之言。"在这里,"天人之际"与"古今之变"当是历史学研究的对象,"一家之言"则是历史学研究的目的或任务。在《吴越春秋》里,赵晔虽然没有直接表白其撰写的动机,但是本着《史记》"寓论断于序事"的方法,将记述的主题拘囿于"究天人之际"与"通古今之变",显然是将历史学研究的对象看作人与自然的互动与人类历史的发展变化。赵晔也没有宣言自己撰写史书的动机是"成一家之言",但实际上如《史记》一样,《吴越春秋》也确实在学术史上占据着独有的地位。

但是《吴越春秋》又不全在司马迁的阴翳之中。司马迁撰写《史记》是要"成一家之言",虽然客观上其鉴戒功用不可估量,但主观上仿佛更多是出于学术目的。《吴越春秋》客观上有"成一家之言"之妙,而主观上选择先秦吴、越两个诸侯国的盛衰兴亡为考察对象,其鉴戒的功用似乎比《史记》更为鲜明。

读《吴越春秋》可以发现,鉴戒史学观的模式分为两种:一种是以现当代的史实为鉴戒。《吴越春秋》卷三记载伍举以楚庄王的"匏居之台"鉴戒楚灵王的"章华之台"。卷十记述吴王夫差被勾践战败,希望能够像之前勾践臣服自己一样臣服勾践,勾践心存恻隐,准备允准,范蠡劝谏说:"君何忘会稽之厄乎?"卷五记述吴王夫差临死后悔没有听从伍子胥和公孙圣的劝谏,遗嘱繄组遮蔽脸面,"吾羞前君地下,不忍睹忠臣伍子胥及公孙圣"。卷十记述勾践功成之后要杀文种,文种后悔地说,"后百世之末,忠臣必以吾为喻矣"。另一种是以古代的史实为鉴戒。卷五描述伍子胥劝谏吴王夫差不要伐齐,遭拒绝,被威胁杀头,"昔桀杀关龙逢、纣杀王子比干,今大王诛臣,参与桀、纣。大王勉之"。卷七记述越王勾践被迫到吴国做奴仆,大夫扶同(逢同)劝谏勾践说:"昔汤系于夏台","文王囚于石室","汤改仪而媚于桀,文王服从而幸于纣。夏殷恃力,而虐二圣;两君屈己,以得天道。故汤王不以穷自伤,周文不以困为病"。可见,无论是近现代还是古代的史实,都在教育人们学有所本、做有所依。

由上所述，《吴越春秋》承继《史记》遗续，将历史学研究的对象界定为"天人之际""古今之变"，其任务是"成一家之言"，而其功用可谓是"鉴于往事，以资来者"。

三、"天人合一"观念下的积极创造历史观

《吴越春秋》受司马迁史学理念的影响，在历史观上，自然也承继了司马迁的"天人合一"观念。但读《吴越春秋》，我们知道，赵晔"天人合一"的"天"，并不仅仅是指自然，而是指历史发展的规律或规则。也就是说，在赵晔看来，历史发展是有自身规律的，人只能遵守规律，展示自己创造历史的能力，而不能违背历史的规律，否则就会走向失败。卷十记述范蠡在勾践灭吴后，对文种说："吾闻天有四时，春生冬伐。人有盛衰，泰终必否。知进退存亡，而不失其正，惟贤人乎？"显然，范蠡所谓的"春生冬伐""泰终必否"即是指历史发展的规律。人处在历史发展之中，就应该顺应其规则，即所谓的"知进退存亡"。范蠡认为自己是一个能够遵守历史规律的人，"蠡虽不才，明知进退"。他劝谏文种要功成身退：一方面是客观上历史发展规律的要求，"高鸟已散，良弓将藏；狡兔已尽，良犬就烹。"另一方面是主观上越王勾践的本性所决定，"夫越王为人长颈鸟喙，鹰视狼步，可与共患难，而不可共处乐；可与履危，不可与安"。所以，"子若不去，将害与子，明矣"！卷七扶同劝谏勾践要忍辱负重时说："兴衰在天，存亡系于人。"由此，借助于范蠡、扶同的话，赵晔主张，在遵守历史规律的前提下，要积极主动地创造历史。

通读《吴越春秋》，身处"天人合一"的背景下，关于如何积极地创造历史，赵晔有以下几个主张。

第一，要审时度势，亦即把握历史发展的时机，顺应历史发展的潮流。卷八记述越王勾践九年，从吴国回国后的第三年，就想着复仇，其时大夫扶同、范蠡、苦成、浩与句如（皋如）都劝说时机未成熟。苦成说："今吴承阖闾之军制，子胥之典教，政平未亏，战胜未败。大夫嚭者，狂佞之人，达于策虑，轻于朝事。子胥力于战伐，死于谏议。二人权，必有坏败。愿王虚心自匿，无示谋计，则吴可灭矣。"句如说："天有四时，人有五胜。昔汤、武乘四时之利而制夏、殷，桓、缪据五胜之便而列六国，此乘其时而胜者也。"又，关于吴王夫差囚禁勾践而未杀之事，《吴越春秋》多次说是夫差不能顺从天意。卷七伍子胥正面劝谏夫差："昔桀囚汤而不诛，纣囚文王而不杀，天道还反，祸转成福。故夏为汤所诛，殷为周所灭。今大王既囚越君，而不行诛，臣谓大王惑之深也。得无夏殷之患乎？"卷五记述勾践伐吴，夫差试图求和，勾践说："昔天以越赐吴，吴不受也。

今天以吴赐月,岂可逆乎?"卷十说范蠡劝诫勾践:"会稽之事,天以越赐吴,吴不取。今天以吴赐越,越可逆命乎?""天与不取,还受其咎。君何忘会稽之厄乎?"在历史发展的潮流中,夫差之固执与勾践之顺应,恰恰构成了正反两个结果,这就说明了遵从历史规律的重要性和严酷性。当然,在汉代谶纬弥漫的社会思绪中,顺应历史规律被天命论的神意史观所笼罩,反而显得异常神秘。卷七吴王夫差要召见勾践,勾践恐惧被杀,范蠡占卜时日,指出戊寅日是"不以罪罚日",可以放心大胆去卷八越王勾践从吴国回国时,着急回到阔别两年的宫殿,范蠡占卜之后说,是个回宫的好日子,但是需要奔驰而行,"王当疾趋,车驰人走";又,勾践想选择"今日上名堂,临国政,布恩致令",范蠡占卜说"今日丙午日也",等等,既体现了当时人们喜欢占卜择日来确定事宜的实际,又说明了把握并顺应历史规律并不是轻而易举的事情。

　　第二,要拥有物力,根据自然发展的规律,积极从事生产聚集财富。卷九记述计倪对勾践解释"死生真伪"的自然规律,"天地之气,物有生死。原阴阳者,物贵贱也。明孤虚者,知际会也。审存亡者,别真伪也"。所谓"死生",就是依据春种、夏长、秋收、冬藏的自然法则,人们一定要保障在春有种,在夏有苗,在秋有收,在冬有藏。否则,就是违背自然规律,四季都有可能死亡;所谓"真伪",就是依据农作物的生长习性,及时予以管理,如春播时年老人督促年少人耕作,夏长时要清除"苗秽"即杂草,秋收时要提前准备工具及时收获成熟的粮食,冬藏时要将新粮贮存陈粮发放,以造就"君乐臣欢,男女及信"的和谐、诚信的社会局面。否则,就会违背自然规律,四季也都有死亡的可能。可见,无论是农作物的生长还是管理,都存在着生的希望和死的威胁。在计倪看来,只有遵从自然规则,做到"内蓄五谷,实其金银,满其府库,励其甲兵",才有拥兵于外的资格。卷八说勾践回国之后,推行无为而治的方略,积极发展经济。"越王内实府库,垦其田畴。民富国强,众安道泰。"由此可见,《吴越春秋》重视经济,重视物质因素在历史发展中的作用,既体现了其时社会经济发展的实际情况,又反映了朴素唯物主义的历史观。

　　第三,要得民心,要不断地满足和顺从民众的需要,赢得民众的支持。卷八记载文种对勾践揭示发展经济的本质就是"爱民","利之无害,成之无败,生之无杀,与之无夺"。具体说,"利之"就是"无夺民所好","成之"就是"民不失其时","生之"就是"省刑去罚","与之"就是"薄其赋敛"。总之,就是"遇民如父母之爱其子,如兄之爱其弟"。卷十记载勾践推行繁殖人口的政策,"令壮者无娶老妻,老者无娶壮妇。女子十七未嫁","夫二十未娶","其父母有罪"。"生男二"或"生女二","赐以壶酒""一犬"或"一豚","令孤子、寡妇、疾疹、贫病者,纳官其子。欲仕,量其居,好其衣,饱其食,而简锐之……",等等。为此,勾践很自豪地对申包胥自述其为报复吴国而做的有利于民众的两项政绩,"吾博爱以子之,忠惠以养之。吾今修宽刑,欲民所欲,去民所恶,称其善,掩其恶","富者吾安之,贫者吾予之,救其不足,损其有余,使贫富不失其利"。由此可见,《吴越春秋》重视民众的历史作用,既是对先秦诸子民本思想的吸收和承继,又体现了朴素的民众创造历史的史学观念。无论是在当时或当下,这都是一种进步的史观。

第四,要拥有知识,并拥有众多的掌握历史规律的知识分子的支持和帮助。卷七记载勾践在败降夫差时,已经意识到作为君王应该更广泛地选贤任能,而作为大臣则应做好自己的本职工作。"夫推国任贤,度功绩成者,君之命也;奉教顺理,不失分者,臣之职也。"卷九记载计倪对勾践建议要尊重慎用知识分子:"夫君人尊其仁义者,治之门也。士民者,君之根也。开门固根,莫若正身。正身之道,谨左右。左右者,君之所以盛衰者也。愿王明选左右,得贤而已。"在如何获得知识阶层的支持方面,《吴越春秋》没有过多的文字记载,但在卷七勾践归降吴国临别之时,越国当时重要的知识分子即大夫文种、范蠡、苦成、曳庸、皓进、诸稽郢、皋如和计倪分别陈述了自己要履行的职责,以求勾践放心到吴国服刑;卷十勾践要准备伐吴之时,"乃请八大夫"商议,曳庸提出"审赏",苦成提出"审罚",文种提出"审物",范蠡提出"审备",皋如提出"审声",扶同提出"广恩知分",计倪提出"候天察地",等等。由此说明,勾践的复仇灭吴战争不是一个人的事情,而是拥有着一个较为庞大的知识阶层所构成的战斗集团。这个集团精通各个方面的知识,尤其是了解历史发展的规律。可以说,知识创造历史,当是赵晔最基本的历史观念。

第五,要得神意,根据民俗信仰的实际,引领社会意识和民众精神创造历史。卷八记载勾践回国之后试图正式管理国家,请范蠡协助支持。范蠡在构筑城池的时候即以原始巫术的形式聚拢民心并激励勾践。"范蠡乃观天文,拟法于紫宫,筑作小城,周千一百二十二步,一圆三方。西北立龙飞翼之楼,以象天门。东南伏漏石窦,以象地户。陵门四达,以象八风。外郭筑城而缺西北,示服事吴也,不敢壅塞;内以取吴,故缺西北,而吴不知也。"范蠡对勾践解释说,"臣之筑城也,其应天矣。昆仑之象存焉","臣乃承天门制城,合气于后土,岳象已设,昆仑故出,越之霸也"。卷九记载勾践接受文种的建议,率先"尊天事鬼":"立东郊以祭阳名曰东皇公,立西郊以祭阴,名曰西王母。祭陵山于会稽,祀水泽于江州。事鬼神二年,国不被灾。"虽然今天看来,范蠡构筑的方式很是荒唐,但是在当时巫术盛行的情况下,可能真的起到了既遵从天意又振奋民心的作用;而起神坛祭祀东王公、西王母和山川,一方面是两汉之际神灵崇拜的折射(作为神灵崇拜的偶像,西王母出现的时代能够追溯到先秦,而东王公的出现却是在莽新时代);另一方面也反映出勾践(或赵晔)注意到意识形态或精神控制的在政治生活和历史创造中的巨大作用。

第六,要用计谋,根据时势发展的态势,采取相应的计策,以达到顺应历史规律并实现自己愿望的目的。卷三记载楚国费无忌设计陷害楚国太子建和伍员,并记载伍子胥向吴国公子光推荐专诸刺杀吴王僚,卷七记载范蠡建议勾践品尝粪便以讨好吴王夫差,卷九记载计倪建议勾践要重用知识分子,等等,可以说,一部《吴越春秋》充满着阴谋诡计。当然,其中最具代表的还是卷九所书文种所提出的灭吴"九术":一是"尊天事鬼,以求其福。"二是"重财币,以遗其君;多货贿,以喜其臣。"三是"贵籴粟槁,以虚其国;利所欲,以疲其民。"四是"遗美女,以惑其心,而乱其谋。"五是"遗之巧工良材,使之起宫室,以尽其财。"六是"遗之谀臣,使之易伐。"七是"疆其谏臣,使之自杀。"八是"君王国富,而备利器。"九是"利甲兵,以承其弊。"

显然,上述"九术"中,第一、八、九等三条是对自己来讲的,一是要从精神和意志方面加强控制,二是物质方面要准备充足,三是要把握好时机;第二到七条主要是对对方而言的,其核心的内容就是利用物质财富来扰乱对方的君臣和君民关系,使之各自沉溺在极端的物欲之中不能自拔和自保。卷十记载勾践责备文种:"子有阴谋兵法,倾敌取国。九术之策,今用三已破强吴。其六尚在子所。愿幸以余术,为孤前王于地下谋吴之前人。"由此可见,计谋之重要和危险。如果将计谋看作人创造历史的基本方法,那么,作为历史发展的主体运用计谋,正是积极创造历史的基本方式。由此而言,使用计谋不仅不可指责,而且正是历史发展规律的体现。

综上所述,在赵晔看来,历史发展是由人类创造的,但是人要积极创造历史,必须要考虑时势、财富、民众、知识、神意和计谋等六大因素,而其中最为主要的是能够认识和掌握其他五大因素的知识阶层。换句话说,天人合一才能推进历史的发展,但其前提是要了解和掌握天与人怎样合一,即历史发展的基本规律以及人如何顺应遵从历史规律。由此而言,知识之重要,在于其能够参懂其中的奥秘,认识和掌握体现着历史发展规律的时势、财富、民众、神意乃至计谋等因素。仅此而言,主观与客观的融合,亦即历史主体契合历史客体从而推进历史发展,可谓是以赵晔为首的汉代史学家对天人合一的阐释。

四、"寓论断于叙事"的史学方法论

在史学观念上,赵晔秉承了司马迁的旨趣,体现在史学研究方法上,就是"寓论断于叙事"。众所周知,司马迁吸收了孔子的"春秋笔法",既要保留历史的原貌，又要体现自己鲜明的历史见解，于是，他在《史记》中一方面借助于"太史公曰"直抒胸臆，另一方面则借助于叙事委婉地表明自己的爱憎。与《史记》不同的是，《吴越春秋》几乎没有任何一句直抒胸臆的话，但在叙事和借助于历史主人表明自己的意见方面，却做得淋漓尽致。

《吴越春秋》中，赵晔"寓论断于叙事"的史学方法论，主要有整体史学法、辩证分析法和价值评价法三种。

第一，整体史学法。所谓整体史学，就是将历史作为一个有机整体来观察分析。整体史学的旨趣是站在历史发展现实的高度，回顾已经消逝的过去，以理智的态度，冷静地剖析历史事件的来龙去脉，评判历史人物的所作所为，揭示人们的历史选择和行为在历史发展的大势和规律进程中的契合程度，寻求其是非得失，从而为后来者提供鉴戒。《吴越春秋》整体史学方法的运用，主要在于两个方面。一方面是历史主义的眼光。所谓历史主义的眼光就是注重事物的源流。《吴越春秋》记述春秋时期吴越两国的称霸事迹，但不是就事论事，而是将两国的历史简要地予以追溯。关于吴国，卷一追溯吴之前君太伯及其世系，说明吴国与周天子的关系；卷二叙述吴王寿梦事迹，说明吴楚之间紧张关系的由来；卷三记述吴王僚指使公子光率兵伐楚，说明公子光夺取政权的缘由及其如何称霸；卷四、五则详述吴越之间的征战败降关系；卷六追溯越之前君无余及夏禹等事迹；卷七追叙勾践降吴"入臣"；卷八记述勾践"归国"；卷九描述勾践阴谋伐吴；卷十则详述勾践伐吴。可以说，作为"外传"，后六卷完全是对前"内传"的补充和完善。另一方面是"国际历史"的眼光。所谓"国际历史"眼光就是注重事物的时代环境。《吴越春秋》虽然记载的是吴越两国的事情，但常将两者的关系置放在当时以周天子为中心的"国际"环境下，予以整体考察。卷五记载齐国大夫成恒企图篡夺政权，又担心其他大夫的反对，于是穷兵黩武，侵伐鲁国。孔子指使子贡先后出使齐国、吴国、越国和晋国，调拨齐国与吴国的关系，让两国开战，为越国伐吴、晋国伐齐制造机会。可以说，这既是子贡外交的胜利，又是赵晔"国际史观"的体现。尤其是当子贡见到越王勾践时，勾践以偏处一隅而自谦，"此僻狭之国，蛮夷之民"；又，卷四记载吴王阖闾对伯喜自谦，"寡人国僻远，东海滨"，显示以周天子为中心的"国际"环境之下吴、越两国的地位和关系。这种"国际历史"的眼光，为深入认识吴越两国的战争提供了基础，是历史主义眼光的深化。整体史学法不仅使《吴越春秋》在详述事物首尾，考究事物因果方面清晰深刻，更重要的是使其在史学编纂方面，兼具编年体和纪传体的特征，甚至有纪事本末的韵味。正如学者所指出："《吴越春秋》不仅有自己严格统一的体例，而且叙事更是首尾完整，'本末咸备'，更具本末体的特色。"①

第二,辩证分析法。所谓辩证分析法,就是以发展的眼光看待事物的是非、祸福之间的互相转化。《吴越春秋》对于辩证分析法的运用,一方面,是借助于历史人物的话直接说出来。卷九记载伍子胥劝谏夫差不要卖粮给越国,"非吴有越,越必有吴。吉往则凶来,是养生寇,而破国家者也"。卷八记载勾践回国之后不到三年就想报复吴国,范蠡劝谏说,"臣闻峻高者隤,叶茂者摧。日中则移,月满则亏。四时不并盛,五行不俱驰。阴阳更唱,气有盛衰。……今吴乘诸侯之威,以号令于天下,不知德薄而恩浅,道狭而怨广,权悬而智衰,力竭而威折,兵挫而军退,士散而众解。臣请按师整兵,待其坏败,随而袭之。兵不血刃,士不旋踵,吴之君臣为虏矣"。另一方面,是从历史编纂中,故意将相互矛盾的事物放在一起予以叙述,如楚国的大臣伍举与费无忌,吴国的大夫伍子胥与太宰嚭,吴王夫差与越王勾践,可以说构成了历史发展中的正与邪、是与非、进步与落后的两个方面,而其中的互相转化,则演绎并体现着历史的发展及其规律。辩证分析法使《吴越春秋》在历史发展形式和规律性揭示方面,增加了力度和深度。

第三,价值评价法。所谓价值评价就是对历史事物予以是非善恶的判断。可以说,价值评价是历史研究的基本诉求。《吴越春秋》借助记事来表明自己的观念,所以其价值评价没有像"太史公曰"似的直接表白。大致上,《吴越春秋》的价值评价体现在三个方面,一方面是借助于"他者"的述说。卷五子贡对勾践评价吴王夫差、伍子胥和太宰嚭说"夫吴王为人,贪功名而不知利害","为数战伐,士卒不恩,大臣内引,逸人益众。夫子胥为人精诚,中廉外明而知时,不以身死隐君之过,正言以忠君,直行以为国,其身死而不听;太宰嚭为人智而愚,彊而弱,巧言利辞以内其身,善为诡诈以事其君,知其前而不知其后,顺君之过以安其私,是残国伤君之佞臣也"。子贡坦诚的话语,不仅感动了勾践,即使今天的读者也会为之动容。另一方面是借助于历史人物的自省来判断之前的言行。卷五伍子胥被夫差赐死,说被离:"前王听从吾计,破楚见凌之雠。欲报前王之恩,而至于此。吾非自惜,恐祸及汝。"说夫差:"昔前王不欲立汝,我以死争之。卒得汝之愿,公子多怨于我。我徒有功于吴,今乃忘我定国之恩,反赐死我,岂不谬哉!"第三方面是借助于叙事表明对历史的评价。卷一追溯吴国远古历史,说其祖季历"修先王之业,守仁义之道"。卷十勾践灭吴范蠡退隐,"自是之后,计倪佯狂,大夫曳庸、扶同、皋如之徒,日益疏远,不亲于朝",

---

① 叶建华:《浙江史学探源——论越绝书、吴越春秋的文化意义》,《浙江学刊》,1989年第1期。

文种虽然一再表明忠心,仍然不免被赐死,应验了夫差的"狡兔死,良犬烹;敌国灭,谋臣亡"的警告。总之,无论是"他者"、自省或叙事,《吴越春秋》始终本着"寓叙事于论断"的宗旨,曲折隐晦却又旗帜鲜明地表达自己的史学观点。

五、神话传说话语中的民间史学性质

《吴越春秋》收录了很多的神话传说,搂把而出,如表 8-1 所示。

表 8-1 《吴越春秋》的神话传说统计表

序号	卷数	神话传说
1	一	姜嫄"见大人迹","因履而践之,身动,意若为人所感,后妊娠",生后稷
2	三	伍子胥逃往吴国途中,所幸遇的"渔父"、濑水击绵女子
3		干将、莫邪夫妇铸剑,"阳曰干将,阴曰莫邪"
4		钩师杀二子以铸"吴鸿、虞稽"钩
5	四	椒丘䜣"与神斗与水"
6		风湖子的三剑传说:"鱼肠剑逆理不顺""臣以弑君,子以杀父。"阖闾以杀吴王僚;磐郢剑"不法之物,无益于人。故以送死";湛庐剑"五金之英,太阳之精,寄气托灵,出之有神,服之有威,可以折冲拒敌。然人君有逆理之谋,其剑即出"
7		公孙圣为吴王夫差解梦,被铁锤击杀
8	五	吴王夫差白日见四人"相背而倚,闻人言,则四分走"
9		太子友给夫差讲述"螳螂捕蝉,黄雀在后"的预言
10		夏禹治水,得玄夷仓水使者之助
11	六	夏禹渡江遇黄龙
12		夏禹娶涂山之女为妻
13	九	白猿教授越国处女剑术
14	十	越军攻打吴南城门,遭遇伍子胥头;伍子胥托梦于范蠡、文种,让其从东门攻入

这些神话传说,固然体现了《吴越春秋》的文学价值,增加了可读性,但以今天的科学理念来看,却由于神话传说的荒诞和查无实据,降低了它的史学价值。但也正因如此,却表明了《吴越春秋》的民间史学特质。因为神话传说增强了历史发展的神秘性,体现了民间文化中天命神意的观念,历史发展冥冥之中似乎有着因果报应的宿命倾向。

如前所述,关于《吴越春秋》的思想旨趣学者们有着较一致的看法,那就是复仇报恩和侠义精神。还有的学者指出,除了"宣扬复仇主义"外,《吴越春秋》

的主题还在于"对历史进行反思""崇尚侠义精神"和"突出江南情怀"。① 在这里,普遍的历史反思,即历史经验的借鉴,正是民间知识和智慧的反映,而侠义精神又被认为是"与儒家伦理根本对立的一种道德观念体系",是"身处社会底层的平民百姓"的"一种朴素的精神武器和反抗的方式","侠义精神是中国平民独有的伦理观念和道德准则"。② 置放在东汉中期的背景下,"突出江南情怀"更可谓是其时民间文化的反映。

从本传可知,赵晔一生所担任东汉政府的官职,最高不过"县吏",且时间很短,嗣后大半生都在研读《诗经》。因此,就其生活阅历而言,赵晔应属于民间知识分子;而就其思想倾向而言,则应属于儒家。可见,《吴越春秋》作为史学论著,属于民间知识范畴。考究其因,则可说是经过两汉之际儒学普遍发展、深入民间的产物。作为专门的叙事性史学论著,与《潜夫论》和《论衡》相比,《吴越春秋》的时代性、政治性和学术性似乎要稍逊一筹,但作为史学编纂的体裁,却是史学论的论著《潜夫论》和《论衡》所不能比拟的。

第二节 汉画像的史学思想

作为千年学问,汉画像的研究真正的繁荣当是在 20 世纪 20 年代,尤其是改革开放以来。其相关的研究成果,可以说是"自古已然,于今为烈",举不胜举。在这里,我们试图独辟蹊径,挖掘汉画像中的史学思想,以贡献于汉画学界和史学界。

一、价值与研究:汉画像的史学研究基点

汉画像是指汉代的雕绘艺术,其内容十分丰富。以材质论,汉画像有砖、石、壁、漆、帛、铜镜和瓦当等;以画面的内涵论,汉画像有历史传说、社会生活、动物植物、山川河流、房舍建筑、仙灵怪兽等;以产生的时间论,大约兴起于西汉早期,繁盛于东汉,衰落于东汉之后,基本可以说是两汉的文化特色;以出土的地域论,主要是以南阳为中心的河南与两湖区域、以嘉祥徐州为中心的山东、安徽、江苏和浙江区域,以陕北、吕梁为中心的秦晋区域,以成都为中心的

---

① 樊祥恩:《〈吴越春秋〉的四大主题》,《西南农业大学学报》,2008 年第 4 期。
② 陈山:《中国武侠史》,上海三联书店,1992 年版,第 69 页,第 76~77 页。

巴蜀区域;以价值论,汉画像与传世文献、出土简帛构成了汉代历史研究的基本材料。一些著名的历史学家注意到了汉画像资料的价值。冯其庸先生曾经说,汉画像是中国的本土文化在遭遇外来文化侵染以前的纯粹的本土文化,"是敦煌前的敦煌"。著名历史学家翦伯赞先生在其论著《秦汉史》中说,汉画像"几乎可以成为一部绣像的汉代史","当然是一种最具体、最真确的史料",并在其书中汉代社会生活部分,大量采纳了汉画像的资料。

  汉画像的研究,主要集中在考古学者对于汉画像内容的考释和命名,艺术史学者对于汉画像雕绘技法的界定和评价,以及民俗学者对于汉画像内容的释读和论析。也有一些学者注意到了汉画像中的史学思想,如巫鸿先生的《武梁祠——中国古代画像艺术的思想性》中的第五章"墙壁:人类历史",以司马迁《史记》为参照,指出,《史记》的"通史体例""通史的基本单元"即"纪传体形式","写作通史的总体结构"即"本纪""世家""列传""年表""书",加上"历史学家的观点和评价",这四个原则是武梁祠"这部图像历史"的"框架结构"。唯所不同的是,《史记》是"书写在布帛之上",而武梁祠的"历史是图画在一个三维空间的建筑结构中",所以,"细节部分必得大量省略,题材必须精心挑选"。进而,巫鸿先生以"古帝王和历史进化""三纲与列女义士""君主与臣民之责""拜谒场景:君权的表现"和"历史学家的自我表现"为标题,较为详细地描述了武梁祠的历史内容及其思想表现。① 可见,巫鸿先生虽然试图揭示汉画像中的史学思想,但更多地还是拘囿于汉画像历史内容的阐释,相对于历史学学科思想的视域还是有一定的距离的。而李铁的《汉画文学故事集》则以文字的形式对汉画像的历史传说予以叙述,全书共分为五个部分,第一部分"远古的画与汉画"揭示了汉画像与远古绘画的联系,第二部分"科学与神话的画"、第三部分"历史借鉴的画"、第四部分"东方传统的画"和第五部分"汉画中的佛画",以故事的形式揭示了汉代的历史思想和精神风貌。② 李发林先生的《汉画考释和研究》中的第九章"汉画中的现实生活"和第十三章"汉画中的历史人物故事",实际上也揭示了汉画像中的史学思想。③ 张道一先生的《汉画故事》则分别以"人事故事""神话故事"和"祥瑞故事"为题,较为详细地考释了汉画像石中的历史。④ 因此,只能说,李铁、李发林和张道一诸先生对汉画像中的历史

---

  ① 巫鸿:《武梁祠——中国古代画像艺术的思想性》,生活·读书·新知三联书店,2006年版。
  ② 李铁:《汉画文学故事集》,中国青年出版社,1989年版。
  ③ 李发林:《汉画考释和研究》,中国文联出版社,2000年版。
  ④ 张道一:《汉画故事》,重庆出版社,2006年版。

故事和传说予以了释读,并未对汉画像的史学思想进行挖掘。有鉴于此,我们基于历史学学科基本范畴的要求,从史学本体论、史观论和史学方法论三个方面,尝试解读汉画像中所蕴含的史学思想。

二、对象与任务:汉画像的史学研究观点

准确地界定历史学的研究对象及任务是史学思想的基本职责。汉画像作为艺术形式,虽然没有责任来论述这一问题,但其中蕴含着诸多历史内容,所以实际上也对于历史学的基本问题做了较为深刻的探究。当然,这需要我们在阅读汉画像时仔细地思考和发现。汉画像对于历史学研究对象与任务的描述大致是从以下三个方面进行的。

一方面,汉画像通过历史人物故事的刻绘,宣扬历史教育。换句话说,汉画像是把历史学的研究对象看作历史发展中的具有代表性的人、事或场景,而其任务则是垂训后人。汉画像中的历史人物故事大多出土于南阳和山东嘉祥、沂南的汉墓中,四川汉石画像也有一些历史故事。这些历史人物故事画面的内容很复杂,李发林先生将之划分为七类:一是明王,如伏羲、女娲、祝融、神农、黄帝、颛顼、帝喾、尧、舜、禹、武王、成王、夏桀;二是诸侯王,如齐桓公、鲁庄公、吴王、秦王、韩王、赵襄子、晋灵公等;三是圣贤、名臣,如孔子、老子、管仲、蔺相如、廉颇、范雎、魏无忌(信陵君)、赵宣孟(赵盾)等;四是孝子,如曾参、闵子骞、老莱子、丁兰、魏汤、邢渠、董永、孝孙原谷等;五是刺客,如曹沫(刿)、专诸、聂政、豫让、荆轲、要离、秦舞阳等;六是烈女,如京师节女、齐继母、梁节姑姊、无盐丑女、楚昭贞姜、鲁秋胡妻、梁高行、王陵母、金日䃅母等;七是义士,如义浆羊公、三州孝人、侯嬴、朱亥、彦叔、范赎、程婴、灵辄等。由此可见,汉画像尽量将历史的积极面、正面形象凸显出来,作为榜样和示范,以供人们学习和效法。当然,对于那些极端丑恶的历史,汉画像也给予了鲜明的批评和谴责,如武梁祠中尧画像的榜题称赞说:"帝尧放勋,其仁如天,其知如神,就之如日,望之如云。"夏桀的画像则为夏桀右手持戟扛于肩上,下蹲于有二女子相背跪匍所组建的"人凳"上,榜题曰"夏桀",再没有多余文字,但是批评其为"无道昏君"的意思却呼之欲出。又如梁节姑姊画像中,有一处楼房,屋内有火焰窜出,并有一小孩扑倒伸手(长妇儿),榜题刻有"长妇儿";一妇人(梁节姑姊)欲伸手进屋内作救援状,房屋柱上刻有"梁节姑姊",另有一妇人(救者)右向,紧抓梁节姑姊,榜题"捄者";有两个小孩(姑姊儿)作奔跑状,在上方刻有榜题"姑姊儿",姑姊儿下方有榜题"姑姊其室失火,取兄子往,辄得其子,赴火如亡,示其诚也。"由此,汉画像的史学观点,与其同时期的古罗马史学家塔西托(Tacitus,约公元55年至公

元120年)的意旨可谓是不谋而合。塔西托在《罗马编年史》中说:"我认为,历史之最高的职能就在于赏善罚恶,不要让任何一项嘉言懿行湮没不彰,而把千秋万世的唾骂,悬为对奸言逆性的一种惩戒。"①

另一方面,汉画像详细刻绘了汉代日常生活,激励人们珍惜生命、热爱生活。换句话说,汉画像将历史学的研究对象看作现实日常生活,而其任务则是揭示世俗人生的珍贵。汉画像中的大量篇幅是描绘现实日常生活的,社会生活的方方面面都有所体现。"画像石是我国古代的一种造型艺术,题材往往是写实的,反映着古代社会中的风俗制度。"②生产方面,不仅再现了原始的渔猎场面,更全面地展示了汉代的农耕场面,如耕地、耙地、锸地、播种插秧、除草、积肥拣粪、采桑、养蚕、纺织等,同时也展现了当时的手工业场面,如酿酒、造车、冶铁等;生活方面有衣冠装饰、庖厨宴饮、鸡鸭鱼兔、庭院楼阙、轺车出行、拜谒迎宾;娱乐方面有舞蹈杂耍、击鼓吹箫、搏击斗兽,甚至丧葬出殡、野合交媾的场面也屡见不鲜。真如翦伯赞先生所说,汉画像实际上就是一部绣像的汉代社会生活史。考虑到两汉时代脱离远古社会不远,原始信仰的余威尚存,而现代意义上的宗教又在形成之中,汉画像诸多现实生活画面的出现,不仅是汉代人日常生活的写照,更是汉代民众的精神折射。总而言之,汉画像对于汉代现实生活的描绘,就是将历史学的研究对象界定为现实生活,而其任务则是揭秘世俗生活的真谛,垂训人们热爱生活、珍惜生命。联想到长沙马王堆帛书中的《合阴阳》《十问》《天下至道谈》《养生方》和《杂疗方》等对于男女性生活的细致入微的分析描述,以及《古诗十九首》的诗句:"生年不满百,常怀千岁忧。昼短苦夜长,何不秉烛游!为乐当及时,何能待来兹?愚者爱惜费,但为后世嗤。仙人王子乔,难可与等期。""浩浩阴阳移,年命如朝露。人生忽如寄,寿无金石固。万岁更相迭,圣贤莫能度。服食求神仙,多为药所误。不如饮美酒,被服纨与素。"可以推知,汉代人对于世俗生活的眷恋和挚爱。可见,所谓"一切历史都是现代史"的说法,在汉画像中,或者说在汉代史学思想中,得到了深刻的体现。

第三方面,汉画像所刻绘的宇宙图像,体现了汉代的宇宙知识。换句话说,汉画像将历史学的研究对象看作整个知识体系,而其任务则是传播知识。汉画像刻绘历史人物故事和现实社会生活,同时也刻绘宇宙世界。例如,南阳麒麟岗汉墓墓顶石画像,展现了汉代的天文知识。它由九块画像石组成(应验"天有九重"的传说),总长365厘米,宽153厘米,厚14厘米。画中刻一中央

---

① 郭圣铭:《西方史学史概要》,上海人民出版社,1983年版,第48~49页。
② 孙宗文:《略谈汉代画像石及其史料价值》,《历史教学》,1957年第12期。

天神正襟危坐,头戴"山形冠",其四周由"四神"环绕,上为朱雀,下为玄武,左为白虎,右为青龙。画左端刻女娲及南斗六星,女娲人首蛇身,怀中抱一圆轮,当为月轮;画右端是伏羲及北斗七星,伏羲亦人首蛇身,怀中抱一日轮,日中有阳乌。可见,这幅天象图以神话的形式叙述了汉代的天文知识。长沙马王堆汉墓的T字形帛画,则以丰富的想象力展现出天界、人间和地下的宇宙知识。天界部分:正上方坐着一位人首蛇身的神。神的左边有九个太阳栖息在一棵高大的扶桑树上,其中的一个又大又圆的太阳里边有一只黑色的鸟。神的右边有一轮弯弯的月亮,里面有一只体形硕大的蟾蜍,蟾蜍口中含着灵芝,月亮下有一美丽的女子正托举着。神的下方有两个兽首人身的怪物分别骑在神马上,手中牵绳向左右飞奔,绳子的另一头扯着一个乐器,再下方是天门,分别由神豹和门神把守。人间部分:华盖下,一老年贵夫人拄杖而立,当是一号墓的主人辛追。辛追的体态肥胖丰满,头向前倾,背微驼曲,动作庄重缓慢,俨然一个贵族妇女的形象。辛追夫人的前边有两位戴刘氏长冠的男子在跪献某物,后有三婢女相送。中部的下端,玉璧垂磬,彩帛帐幔分飘左右,其下则是辛追老夫人的家人,个个面色青蓝,神色悲哀,仿佛在哀悼老夫人的逝去,但是先人已去,只能听着头顶这个呈八字形的磬奏出的哀乐。地下部分:描绘了一个赤身裸体的地神,正托举着大地,脚下踩踏着两条巨大的鳌鱼,还有面目狰狞的怪狗和双目圆睁的猫头鹰。整幅帛画把神话、想象和现实生活完美地统一起来,充分体现了汉代人对宇宙的想象和认知,可以说是汉代关于世界的基本知识体系。山东嘉祥的武梁祠画像,依照巫鸿先生的观点,也体现了汉代的宇宙知识,"屋顶:上天之兆","山墙:神仙世界","墙壁:人类历史"。由此看来,汉画像以图画的形式,描绘了汉代的宇宙观念,其主旨则是传播最为基本的世界历史知识。

综上所述,如果将宇宙知识和现实生活的刻绘看作司马迁的"究天人之际",历史人物故事的刻绘当类比其"通古今之变",而汉画像本身即可视为是"成一家之言"。仅此而言,历史学本质上就是历史的教科书、生活的福音书和宇宙知识的百科全书的基本学科属性,在汉画像这里就得到了充分的展现,由此而来的历史学功用的垂训、鉴戒和传播意蕴,则自不待言。

三、人文与天意:汉画像的基本历史观念

揭示历史的本质及途径也是史学思想的基本职责。汉画像作为汉代最为丰富的历史资料,对历史本质及途径自然予以了深刻的探究和描述。即使在今天,汉画像的历史观念尚有启发的价值。

汉画像在刻绘历史人物故事时,表明了人文主义的历史观。在山东嘉祥武梁祠的墙壁上,刻绘着古帝王和孝子烈女的故事;在图像旁边,还有阐释图像的"榜题",如表8-2所示。

表8-2 嘉祥武梁祠有关人文史观的图像及其榜题

序号	图像	榜题	备注
1	伏羲女娲	伏戏苍精,初造王业,画卦结绳,以理海内	帝王
2	祝融	无所造为,未有耆欲,刑罚未施	
3	神农	因宜教田,辟土种谷,以振万民	
4	黄帝	多所造作,造兵井田,垂衣裳,立宫宅	
5	颛顼	帝颛顼高阳者,黄帝之孙,而昌(意之)子	
6	帝喾	帝喾高辛者,黄帝之曾孙也	
7	尧	帝尧放勋者,其仁如天,其智如神,就之如日,望之如云	
8	舜	帝舜名重华,耕于历山,外养三年	
9	禹	夏禹,长于地理,脉泉知阴,随时设防,退为肉刑	
10	桀		
11	曾子	曾子质孝,以通神明,贯(感)神祇,著号来方,后世凯式,(以正)抚纲;谗(言)三至,慈母投杼	孝子
12	闵子骞	与假母居,爱有偏移。子骞衣寒,御失棰	
13	莱子	老莱子,楚人(也)。事亲至孝,衣服斑连,婴儿之态,令亲有欢。君子嘉之,孝莫大焉	
14	丁兰	二亲终殁,立木为父,邻人假物,(报)乃借与	
15	伯瑜	亲年老,气力稍衰。笞之(不)痛,心怀楚悲	
16	邢渠	邢渠哺父	
17	董永	董永千乘人也	
18	梁高行	梁高行,奉金者,使者	烈女
19	鲁秋胡妻	秋胡妻,鲁秋胡	
20	鲁义姑姊	兄子,义姑姊,姑姊儿,齐将军	
21	楚昭贞姜	楚昭贞姜,使者	
22	梁节姑姊	长妇儿,梁节姑姊,抹者,姑姊儿,姑姊:其室失火,取兄子往,辄得其子,赴火如亡,示其诚也。	
23	齐义继母	追吏骑,后母子,前母子,齐继母,死人	
24	京师节女	京师节女,怨家攻者	
25	钟离春	齐王,无盐丑女钟离春	
26	蔺相如	(蔺相如赵臣)也,奉璧于秦;秦王	忠臣
27	范雎	范且,魏须贾	

续表

序号	图像	榜题	备注
28	曹沫劫持齐桓公	管仲,齐桓公,曹子劫持,鲁庄公	义士
29	专诸刺杀吴王僚	二侍郎,专诸炙鱼,刺杀吴王;吴王	
30	荆轲刺秦王	荆轲,樊于其头,秦武阳,秦王	
31	要离刺庆忌	王庆忌,要离	
32	豫让刺赵襄子	豫让杀身,以报知己,赵襄子	
33	聂政刺韩王	韩王,聂政	

  由表8-2可以看出,汉画像所反映的历史本质是人类自身的创造过程,而其进步和文明的创制,所仰赖的则是圣贤人物。换句话说,汉画像所表露的人文主义历史观,其实是以圣君贤臣为核心的英雄史观。当然,这种英雄史观还需要社会政治的培养和鼓励,即所谓的教化。由此可以说,汉画像圣贤史观的思想渊源当是儒家的德化和仁政,而其历史条件则在于秦汉、两汉之际的社会变迁和动荡。秦汉之际,传统的家族土崩瓦解,身处社会下层的豪杰凭借着自身的才华出将入相,展示了历史是民众创造的特征;而两汉之际,王莽新政的失败,有志之士乘风而起,支持刘秀建立东汉,再次显现民众,尤其是知识分子创造历史的积极性和主动性。由此,在广大社会的下层百姓中,杰出英雄所创造的英雄史观成为一种潜意识。而统治者为教化百姓,对于英雄史观思潮则有意识地利用并推波助澜。如此,以圣贤为核心的英雄史观就成为当时社会的基本思潮。

  汉画像在刻绘历史进程时,表明了天意或者说是神学的历史观。虽然汉画像通过人类自身的活动来描述历史的发展,但从事业成功和人生的价值实现来看,尽管人们自身付出了极大的力量,但由于客观条件的制约或主观认识的不足,有可能事不遂意、事与愿违。在汉代人看来,这是天意的捉弄,或者说是神意难违。以鼎为例,"泗水捞鼎"画像内容成为一种格式:河面上搭建着拱桥,桥上面架设着辘轳,有人奋力拉动绳索,绳索下挂着鼎,鼎刚刚从河水里起出,河面有船,船上的人帮着起鼎。正在桥上桥下的人们起出鼎的关键时刻,从鼎中突然窜出一龙,迅速咬断一根绳索,眼看另一根绳索已经承受不起,鼎即刻要坠入河中。整个画面群情激奋、惊恐,蛟龙咬绳的迅猛、突发,可谓是匪夷所思。根据《汉书·郊祀志》记载,大禹搜集全国青铜按照全国的行政区划和各地的物象特征,"铸鼎象物",以作为政权的标志。九鼎历经夏、商、周,周赧王末年,秦昭襄王五十一年(公元前256年),秦灭周,得到九鼎。但在搬迁途中,九鼎淹没在泗水。始皇二十八年(公元前219年),秦始皇东巡渡泗水发现了鼎,于是组织打捞。《史记·秦始皇本纪》:"始皇还,过彭城,斋戒祷祠,欲出周鼎泗水,使千人没水求之,弗得。"《水经注·泗水》记载的更详细:"周显王四十二年,九鼎沦没泗渊。秦始皇时,而鼎见于斯水。始皇自以德合三代,大喜。使数千人没水求之,不得。所谓鼎伏也。亦云系而行之未出,龙齿啮断其系,故语曰:'称乐大早,绝鼎系,当是孟浪之传耳。'"由此而言,"泗水捞鼎"画像的意蕴,表层看,是讥讽秦始皇不应天命,不该君临天下;深层看,则是诉说历史命运是由天意、神明所决定。有些人虽然得益于一时,但因不符天意,终究会得而复失;有些人上应天道,虽然会一时坎坷,但最终会事遂人愿,如愿以偿。由此,在汉代人的心目中,"人生有命,富贵在天"的人生观所强调的天意神学史观可谓是深入人心。考其根源,其思想基础自然是儒家的天命神学观念,其社会历史基础则是秦汉时代大量悲喜剧历史场景的反复涌现,如秦始皇、秦二世、李斯、项羽、王莽、刘玄、刘盆子之流的悲剧人生和荒唐事业,刘邦、刘秀的喜剧化人生和成功帝业,都给时人留下了无尽的历史思绪,使他们不得不重视历史发展中的决定因素,考究历史的真谛。遗憾的是,众多的人还是超越不了现实,在历史个别的领悟中最终选择了偶然,选择了无法预测、无法控制的偶然事件,进而将透视偶然发现历史发展的决定性因素依然看做天意神学。

汉画像在刻绘汉代人的祈福愿望图像时,表明了重生循环的历史观念。在汉墓画像中,普遍存在着很多种"密戏""春宫戏"的图像,如伏羲女娲人首蛇身交尾、龙虎相戏、虎牛争斗、西王母打坐龙虎座,等等,有些更是赤裸裸的性交媾、男女拥抱抚摸接吻。这些图像表面看来,汉代的社会生活似乎很随便和糜烂,实际上,这不是单纯的所谓"密戏"或"春宫戏",而体现着汉代人内心深处渴望长生不死的强烈愿望。依照汉代人的知识观念,人生在世,主宰人的灵魂是永恒的、不死的,而灵魂所依赖的身躯却要受到生死的煎熬,不断地仙逝、重生,身躯的重生或再生需要男女结合或阴阳的配合。可见,汉画像中的"密戏""春宫戏"图像,是汉代人新生重生愿望的反映。由此,在汉代人的心目中,以人类为核心的历史的发展是不断重复、循环的。以"密戏""春宫戏"图像表现重生,其思想渊源是原始的巫术崇拜,是接触巫术的基本形式。依据弗雷泽的《金枝》,接触巫术就是原始人看到某种现象产生了一种结果,结果正是人们希望的,或者是给人们带来福祉的,人们就复制某种现象,期望这种结果再次降临。人们在社会生活中发现,男女的媾和是人出生的前提,男为阳,女为阴,龙、牛为阳,虎、兔为阴,所以,龙虎相戏,虎牛争斗,这些图像与伏羲女娲交尾、性媾和图像的旨趣是一致的,都是汉代人重生的愿望和历史循环观的体现。从社会现实来看,汉代统治者讲究"以孝治天下",推行祖先崇拜。传说伏羲女娲是人类的始祖,将其交尾画像置放于墓中,一方面体现着崇拜祖先,另一方面也是祈福于祖先的荫庇。至于龙虎、虎牛的图像,当然也附加着趋吉避邪的意愿。

综上所述,汉画像所体现的历史观十分丰富。众多的古代帝王、义士、孝子、贞女,表明历史是人们自身所创造的,特别是圣贤豪杰所创造的;历史的发展也不是人们恣情任性的,而是由天意所决定的;历史发展有可能是重复的、循环的,只要人们遵守历史的规则,就可以促使历史顺应人意。由此而论,汉代民间的历史观念蕴含着极其深刻的合理性和科学性。

四、虚实与体量:汉画像的历史叙事方法

汉画像作为抒发精神、描绘社会生活的形式,在叙事方面有文字叙述不会有的直观性、可读性和民俗性等。就史学而言,汉画像的叙事方法也有着值得称道的地方。

从叙述内容看,汉画像主要采用了虚实相间的方法。这里的"虚"不仅仅是指虚构,而是指历史传说;"实"也不仅仅是指现实,而是指历史的真实。虚实相间就是在叙述中既讲述历史传说,同时也讲述历史真实。这表现在画像中,就是同一个历史人物或历史事件,既有传说的虚构图像,也有历史的真实图像。例如,黄帝在嘉祥武梁祠画像中有一个真实的人物画像,但是众多的熊图像,甚至玄武图像,其实也是其形象的表现。因为传说"黄帝有熊氏"与"轩辕黄帝"。再如炎帝神农氏,真实的炎帝是手持铁锸插地,或者是头戴斗笠、身披蓑衣、手牵鸟儿刨地;虚构的炎帝则是头牛,奋力奔驰。又如蚩尤,汉画像的真实画面是刻绘一手脚各持弓箭、匕首等武器的形象,因为传说他曾经制造五种兵器;虚构的画面则是铺首衔环,有的刻绘牛面,有的刻绘人面,总之都是鼻子上穿透着一环。传说黄帝打败蚩尤,将其捆绑在军帐外,以震慑其部族。远古的黄帝与炎帝的征战,在汉画像中,既有真实的实战画面,也有虚构的以熊牛相斗的象征场面。在汉画像研究中,真实的历史场景很容易被人们理解,而其虚构的历史画面,却被学者们视为神话而被不断地阐释。

从叙述的方式看,汉画像主要采用了平中有立、静中有动和体量与方位结合、图文结合的方法。

第一,平中有立的方法。所谓平中有立,就是在二维的平面空间中表现三维的空间关系,如《河南汉代画像石》图版第25幅所刻绘唐河针织厂的"猎虎"画像,一虎奔驰而来,一人弓步手持长枪刺虎,一人弓步挽弓射虎,箭簇已经飞刺虎脸(如图8-1所示)。从图像看,猎虎二人好像是先后相续,其实刻绘者的意思是二人围捕虎,应该是并行的。

图 8-1　猎虎　　　　　　　图 8-2　荆轲刺秦王

《山东汉代画像石》第 1 册图版第 80 幅所刻绘武氏祠左石室后壁的"荆轲刺秦王"画像,画面中间一柱,柱中间插一带穗的剑,柱左侧、剑柄向有二人,一人紧抱另一人;柱子右侧三人,一人仰躺于地面,一人头戴皇冠,紧张退后,其身后尚有一人左手执盾,右手挥剑,惊惶张嘴(如图 8-2 所示)。实际上,这幅画表现了三维的空间:面对画面,立柱在前,荆轲右手拔剑,欲刺秦王,而剑却插入立柱,副手秦舞阳吓得仰躺地面,秦王慌忙立起后退,其身边执剑盾的卫士也惊慌失措,另一卫士则机警地右手揽着荆轲的胸,将其拔剑的手挣脱插入立柱的剑。由此可见,汉画像作者在二维的平面中,巧妙地表现了三维的空间。我们在阅读汉画像时,必须用三维立体的眼光透视,才能真正理解汉画像的情境。

第二,静中有动的方法。所谓静中有动,就是在线条的弯曲中,体现人物的动态场景,这是汉画像最重要的艺术特色。《河南汉代画像石》图版第 123 幅所刻绘南阳石桥的斗牛汉画像,牛的右前后腿蹬地,左前后腿弯曲,头低垂,怒目,而脖颈成 180°弧状,如图 8-3 所示。画面所呈现的牛被屈服、挣扎的痛苦情形,让人望而生情。又如图版第 153 所刻绘南阳王庄出土的狩猎汉画像,其中的猎狗在猎人的激励下,奔扑向兔子,而狗的飞奔状态,采用稍稍弯曲的直线体现出来,其用笔之俭省、素朴所凸显的狗之急促、凶猛,令人扼腕惊叹,如图 8-4 所示。

图 8-3　斗牛汉　　　　　　图 8-4　狩猎汉

第三,体量与方位的方法。所谓体量与方位的方法,就是在画像中利用图像所占的画面面积大小和方位来表现事物的情景。在汉画像中,常常为强调人物的重要性,扩大其所占的面积。例如,《河南汉代画像石》图版第 113 幅所刻绘投壶饮酒的图像,为了强调投壶失败者喝醉了酒,于是将其身躯和面部刻绘得比其他几人大,而其左边的一人瘦小,左手执棒扛于肩,右手搀扶其左胳膊(如图8-5所示)。又如图版第37幅所刻绘的南阳唐河针织厂所出土的汉画像,画面上有七人,其中四人正面跽坐,左一人侧面吹笙,中二人正面左手鼗鼓右手抚胸,右一人正面吹箫,其右二人长袖呈90°左侧身,右边二人,一人倒立,一人直立扶持倒立者之脚(如图8-6所示)。由此,画像中正面的乐者和弓腰的舞者是主体,而侧面的笙者和倒立者好似陪衬。

图8-5 投壶饮酒　　　　　　　　　图8-6 演奏者

第四,图文结合的方法。所谓图文结合的方法是指汉画像中某些图像旁边常常刻有"榜题",以说明或丰富图像的内容。大致上,"榜题"的内容可以分为署名型和说明型两类。上述武梁祠有关人文史观的画像,内容署名型和说明型两类兼具。还有一些"榜题"则只是署名,如《山东汉画像石》第2册图版第41幅所刻绘的西王母盘腿而坐、伏羲女娲交尾人首人身蛇尾交缠的图像,西王母头上侧即刻有"西王母"字样。再如《四川汉代画像石》图版第96~100幅所载简阳石棺画像,有"太仓""天门""青龙""白虎""仙人博""柱铢""日月""伏羲""女娲""玄武",等等。也有的图像只有说明型的,如《河南汉代画像石》图版第202幅所载许阿瞿画像,专门有较长的短文,记载他短短五年的生活以及父母对他的怀念。显然,无论哪种榜题,都对人们理解汉画像起着巨大的作用。

从刻绘的方式看,汉画像有浮雕、剔地浅浮雕、浮雕加绘画以及线刻,等等,此方面完全属于艺术的范畴,故毋庸赘语。

五、汉画像史学思想的性质

汉画像的史学思想极其丰富,其所皈依的属性也相对较复杂。大体上,汉画像史学思想的性质特征,应该从以下三个方面予以论析。

第一方面,汉画像的史学特征是远古图像记事的遗存、再现。依照朱杰勤先生的意见,远古史学的发展经过了结绳记事、绘画记事和文字记事三个阶段。绘画记事是在结绳记事的基础上发展而来,"图画以代结绳,自可随时随地刻绘起来。或用白土,或用黄泥,或用石英,刻于地上、壁上或树皮上都可以成文,而且工具俯执即是。没有携带绳索的麻烦,这是文化上的一大进步。"①秦汉之际,文字已经相当发展,但社会上尚普遍采用刻绘的形式,可以说,这是远古图画记事的复活。当然,此时的图像,其构图之复杂,色彩之鲜艳,技法之完美,以及叙事之规范,都远远超出古人。延续今日,影视史学可说是其遗续。这说明,图像史学是任何时代都可采纳,也一定会采纳的史学叙事形式。

第二方面,汉画像虽然叙述历史,成为两汉史学的形式之一,但归根结底仍然属于艺术,是艺术史研究的基本材料。历史内容固然十分丰富,但只是艺术表现的基本内容之一。由此,汉画像史学的阅读和研究,必须采用艺术史的理论和方法,脱离艺术史的藩篱单纯地论析其史学思想,是不够全面和完善的。换句话说,汉画像的史学思想还应具有艺术的思想性。仅此而言,巫鸿先生的武梁祠艺术思想研究以及其他美术史思想的研究,可以说独步艺术史学之殿堂,值得艺术史学研究者学习和效法。

第三方面,汉画像作为汉代墓室、墓祠所广泛使用的情况,大多是汉代社会中下级官员、富裕的中下层百姓。而其所刻绘的历史画面,除了正史所记载的,还有大量的画面属于民间传说的内容,有的甚至可以与正史记载相对读。因此,汉画像所体现的史学思想,同时又具有汉代社会民间的属性,是汉代日常生活中的史学知识的体现和折射。由此,大量的祈福盼禄图像和荫庇后人的观念,以及嘲笑讥讽皇权的图像,其实正是两汉民间社会基本的社会思潮。

---

① 朱杰勤:《中国古代史学史》,河南人民出版社,1980年版,第6页。

第九章　东汉末期的史学思想

东汉末年的史学思想,其任务是解决民生与政治割据问题,其代表是《太平经》与荀悦的《汉纪》《申鉴》。《太平经》作为道教的经典文献,产生于民间,属于民间史学性质;荀悦活跃在东汉政府,其《汉纪》《申鉴》是为劝诫汉献帝而作的,属于官方史学性质。在史学论上,《太平经》和荀悦都将史学看作是政治学,但是服务的对象不同,前者是为民众提供借鉴,后者是为皇帝提供借鉴。在历史观上,《太平经》强调"承负",即因果报应,指出现实人生的无奈和选择;荀悦强调统治者的决定性,指出皇帝当下的责任和义务。在历史认识论上,《太平经》和荀悦都重视历史认识的价值标准,即指导理论的正确性,但在认识方式上,前者强调的是法师的说教和个人的体验,后者强调的是"以小知大,近取诸身"。在方法论上,重视类比和比较构成了《太平经》和荀悦的又一共性特征。

第一节　《太平经》的史学思想

《太平经》作为道教的原始经典,历来被宗教学、哲学和社会学等学者所重视,而其所折射的社会历史事实却被史学学者所忽略,由此所蕴含的史学思想便更是无人问津。在这里,我们依据王明先生的《太平经合校》版本,比照史学思想研究的基本范畴,对《太平经》所包含的史学思想予以梳理论析。

一、"以安帝王,其治立平"的史学论

《太平经》在披露其宗教的宗旨时,同时也可以看作是对史学研究的对象、任务和性质等史学思想所要求内容的陈述。

"以此书付道德之君,令出之,使凡人自思行得失,以解天地之疾,以安帝王,其治立平。"①

"吾乃上为皇天陈道德,下为山川别度数,中为帝王设法度,中贤得以生善意。因以为解除天地大咎怨,使帝王不复愁苦,人民相爱,万物各得其所,自有天法常格在不匿。"②

"是名为天下集,言而共语,以通达天地之意,以通达天地之气,以除帝王灾害,以利凡民,及万物莫不各得处其所者,乃后天地壹且大悦喜,病壹除,喜则佑帝王也,今使无事而长游也。"③

在这里,"天地""帝王""皇天""山川"等概念,既是《太平经》所要考察的对象和范围,也可以看作是史学研究的对象。"解""疾""陈道德""别度数""设法度""通达""意""气""初""灾害"等,既是《太平经》的初衷,也可以看作是史学研究的任务。由此可以说,在《太平经》的视域中,史学研究的对象就是天地人的发展变化,而其核心是人类社会;史学研究的任务是揭示包括自然(即天地)和人类在内的历史发展规律,启发人们遵守历史发展规律,消除由自身的固执和迷茫所带来的祸咎。

按《太平经》的本意,是教导人们遵守自然和社会的法则即历史规律,从而解除因自然变化和人们自身的活动不当所带来的灾害与困苦,营造社会和谐太平的局面。由此而言,《太平经》作为道教的经典,不仅是一部宗教学论著,同时也是一部政治性质的论著。因此,史学作为探究自然和人类社会规律的学问,其性质也是政治性的。换句话说,在《太平经》的视域中,史学也是政治学。"问可以长久安国家之讖,令人君常垂拱而治,无复有忧。"④即是说,《太平经》的价值就是为面南之君提供治国安邦的办法,使其顺利执政,没有忧患。其史学的政治意味非常浓郁。

作为政治学性质的史学,《太平经》认为其功用包括以下三方面。

---

① 《太平经合校》卷四十七,中华书局,1960年版,第142页。
② 《太平经合校》,中华书局,1960年版,第216页。
③ 《太平经合校》,中华书局,1960年版,第349页。
④ 《太平经合校》,中华书局,1960年版,第261页。

第一,史学传达政治法则,规范人们的行为。"吾不空乙二与真人道事也,乃天示教敕,吾下言之也,使一各自知过所由来,勿复更相罪责也。故吾悉言之,吾不敢妄语。吾所以究竟尽言者,独知天地心意。故见遣,下与真人共议天下,分别其曲直,使德君与贤者俱思惟之,使可万万世传。后生者歌诵以为常法,而不复忘也。"①这就是说,《太平经》的创造,不是作者个人意见的表述,而是表达天神的懿旨,让人们知道自己的职责和过错,互相激励,防微杜渐,臻至完美。同样,史学研究的动机,不是宣布史家个人的意见,而是论析历史发展的规律,指明人们行为的道路。"天道亿万,少得其真,河图洛书,废者众多。所以然者,不信其文,少得仙度,便为俗人。"②历史的法则众多,但是真正能够揭示其奥秘的史学却很少。即使能够披露历史真相的史书,由于不为人们相信而未受到世人重视,结果是,这些人不能成仙成圣,反而沦为世俗之人。汉代追求长生不死,所以《太平经》将成仙作为终极价值尺度予以论说。在《太平经》看来,如果不崇信史学所传播的历史规则,就不可能实现人们所追求的自由境地。

第二,史学揭示历史发展的经验教训,让后来者吸收借鉴。"是文乃天所以券正凡人之心,以除下古承负先人之余流灾,以解天病,以除上德之君承负之谪也。"③"真人急以此文付有德之国,各令自责有知,可复竟其天年。无知与禽兽同。寿不可疆得,行自得之,无怨于天。祥念书文,常思孝忠信仁施,有过自责,复有子孙,书不空言。"④《太平经》的宗旨就是纠正普通人的欲念,从而消除人们自身历史进程中的不良行为和自然变化所带来的病患,并弥补历史上那些君王的过错。因此,每个人都应该了解《太平经》,了解自己的责任和使命,谨守忠孝仁义。"真人无匿此书,出之,使凡人自知得失之处。"⑤《太平经》认为,史学的功用就是揭示人类历史上的经验教训,成功的则予以吸收采纳,错误的则予以警惕避免,使人们明白自己的历史使命和责任,从而传承优秀的历史文化传统。由此,《太平经》倡导人们要懂得历史,特别是要能够沉下心来吸收历史的经验教训。"今古相承,善恶相流,何有绝时乎?故自沉静,未尝有懈,而忘天之所施为也。但自念求德之人,以心自况。见人有善心,为之

---

① 《太平经合校》,中华书局,1960年版,第345页。
② 《太平经合校》,中华书局,1960年版,第566页。
③ 《太平经合校》,中华书局,1960年版,第410页。
④ 《太平经合校》,中华书局,1960年版,第575页。
⑤ 《太平经合校》,中华书局,1960年版,第51页。

欣然；见人有恶心，为之惶惧。想天神知之，各有所进。"①古今相传的历史，本质上是善与恶的互相转化，所以在历史发展中，人们只能专心进取，顺从历史规律，不计个人得失。综观历史，只有从善如流，弃恶如敝，历史的进展才能最终遂心所愿。"取过事以效今事，随天可为，视天可兴，无乱天文，与天同力，可谓长吉。"②拿历史上成功的事例做今天的范例，成功的照做、照办，失败的拒绝、回避，恪守历史规律，即可常胜不败。在《太平经》看来，历史的经验教训是后世人们的行为指南，只有遵守这些指南，才能得到历史的青睐。

第三，史学是人类的精神家园，是人们安身立命的依托。"天所以使后世有书记者，先生之人知旦寿知自然，入虚静之道，故知天道周终意，若春秋冬夏有常也。后生气流久，其学浅，与要道文相远，忘前令之道，非神圣之人不能预知周竟，故天更生文书使记之，相传前后，可相因乐，欲使其知之以自安也。逢其太平，则可安枕而治；逢其中平，则可力而行之；逢其不平，则可以道自辅而备之。"③史学的产生，纯粹是天神的懿旨。前辈以其人身体验明白自然的规则，了解了人生的短暂。后辈人年纪尚轻，没有体验到自然的规则和生命的柔弱，又常常忘记前辈的唠叨教诲。这样，天神就通过历史论著的形式传递人生的体验和经验，交流人生的感悟和欢乐，使得活着的人知道自己的责任和意义。如生逢太平时代，即可高枕无忧；如生逢动荡时代，即可量力而行；如生逢混乱时代，也能用丰富的历史知识使自己立于不败之地。可见，史学既是人类的精神家园，也是人们行动的指南。"记古记今，其要乱自同神圣所记，犹重规合矩，虽相去亿亿万年，比若相对而语也。"④历史论著就像天神圣人所教诲的话，也都符合历史发展的规律，即是亿万年之后的人，只要来阅读，也会像促膝晤谈。这就是说，历史学作为人类宝贵的精神财富，有着永恒的价值功用。

二、"夫人者，乃天地之神统"的历史发展观

作为社会生活中的基本行为指南，历史观是社会上每个人都一定具备的思想意识，也是任何一部论著都所拥有的基本思想观点。《太平经》作为指导人们行为的宗教学性质的论著，其历史观自然是丰富而又深刻的。

在《太平经》看来，历史是人类自身的活动。历史的发展繁荣完全取决于

---

① 《太平经合校》，中华书局，1960年版，第610页。
② 《太平经合校》，中华书局，1960年版，第170页。
③ 《太平经合校》，中华书局，1960年版，第176页。
④ 《太平经合校》，中华书局，1960年版，第260页。

人类自身的取舍和行为。"故凡事者,当得其人,若神;不得其人,若妄言。得其人,事无难易,皆可行矣;不得其人,事无大小,皆不可为也……得其人则理,不得其人则乱矣。"①这就是说,人是历史的主体,历史的发展依靠人自身的活动,历史的功过善恶也都是由人来创造的。"夫天地之为法,万物兴衰反随人故。凡人所共与事,所贵用其物,悉王生气;人所休废,悉衰而因。故人所兴事者,即成人君长师也;人所争用物,悉贵而无平也;人所休废物,悉贱而无贾直(值)也。是故天下人所兴用者,王自生气,不必当须四时五行气也。故天法,凡人兴衰,迺万物兴衰,贵贱一由人。"②历史的发展是依据人的意志为转移的。只要是人所参与的事情,人所使用的什物,都具备深厚的生机;反之,人们所厌恶的事物,都会衰败废弃。所以,只要是积极促成人类需要的事情,即可成为人君或者师长;发明人类所需要的事物,即可价值连城;但凡人类所废弃的事物,就变得低贱而无价值了。由此,凡是人类需要的事物就充满着生机,甚至可以打破自然的限制而反季节生长。所以,历史发展的规则说明,人类自身的发展衰落决定着事物的发展衰落,历史的盛衰完全取决于人类自身的选择。由此,《太平经》认为,历史的发展并不是完全进步的。如果人们选择了正确的目标和方式,历史将会走向进步繁荣;否则,历史将会走向衰败。"无好无害,善者自兴,恶者自败。观此二象,思其利害……故守柔者长寿,好斗者令人不存。"③历史发展是中性的,无好无害,人在历史中如选择了善行即可推进历史发展,但如选择了恶行则会促退历史,正如保持仁爱的可以享有天年,而斗殴者却常早夭一样。

那么,人们怎样才能选择善行以推进历史的发展呢?《太平经》认为,就是要遵守客观的历史规律。"六极之中,无道不能变化。元气行道,以生万物,天地大小,无不由道而生者也……自然者,乃万物之自然也。不行道,不能包裹天地,各得其所,能使高者 不知危也。天行道,昼夜不懈,疾于风雨,尚恐失道意,况王者乎?"④自然的发展变化都是遵守其规律即"元气"的,规律虽然没有形状,人们用肉眼看不到,但它确实主宰着世间的万事万物。自然的风雨雷电尚体现其规律的功能,人间的领袖更应该遵守规律。"元气自然,共为天地之性也。六合八方悦喜,则善应矣;不悦喜,则恶应矣。"规律是万事万物的基本属性,万事万物所展现的无论是积极价值,还是消极互恶的一面,它们都是规

---

① 《太平经合校》,中华书局,1960年版,第184页。
② 《太平经合校》,中华书局,1960年版,第232页。
③ 《太平经合校》,中华书局,1960年版,第458页。
④ 《太平经合校》,中华书局,1960年版,第16页。

律的体现。"夫天无私祐,祐之有信。夫神无私亲,善人为效。一身之中,能为贤,能为神,能为不肖,其何故也?误也。神灵露也。"历史发展是中性的,不偏不向,只要遵其旨意,就能积极推进历史发展。在历史实践中,仿佛人们可以为所欲为,可以做贤者,可以做神圣,可以不肖,好似历史本质就是这样子,其实这是错误的认识。"众中多瑞应者,信人也。无瑞应者,行误人也","天之照人,与镜无异"。① 历史规律给人们提供了足够的空间来展示自己的才能,但不是没有限制的。它时时提醒人们,当遵守规律就给以吉兆和奖赏,当违背规律就给以凶兆和惩戒。"顺天地者,其治长久;顺四时者,其王日兴。"②遵行自然规律的执政者,既可以延长自己的统治寿命,还可以促进社会的繁荣昌盛。"积善不止,道福起,令人日吉。"③经常做好事就会享有历史规律所带来的福气,使人们天天都是好日子。可见,人们只有遵守历史规律,才能实现自己的人生价值,推进历史发展。

然而,如何才能遵守历史规律呢?一方面,《太平经》认为,作为历史发展的主体,人们要了解自己的责任和使命。"天使人为善,故生之。"④行善弃恶是人生的准则,也是历史所赋予人的基本使命。"人最善者,莫若常欲乐生,汲汲若渴,酒后可也。其次莫若善于乐成,常悒悒欲成之,比若自忧身,乃可也。其次莫若善于仁施。与见人贫乏,为其愁心,比若自忧饥寒,乃可也。其次莫若善为设法,不欲乐害,但惧而置之,乃可也。其次人有过莫善于治。而不陷于罪,乃可也。……"⑤"人命近在汝身,何为叩心仰呼天乎?有身不自清,当清谁乎?有身不自爱,当爱谁乎?有身不自成,当成谁乎?有身不自念,当念谁乎?有身不自责,当责谁乎?复思此言,无怨鬼神。"⑥人生在世,首先要做的是使自己成仁、成功、成德、成圣、成贤,这样,才能促进历史发展。但是有些人反其道而行之,却又抱怨历史,实际是不应该的。总之,"夫人者,乃天地之神统也。"⑦在历史规律面前,人是规律的践行者、体现者和展示者。显然,这与儒家的"人能弘道,非道弘人"其意相同。

另一方面,《太平经》认为,作为历史发展的主体,人们应该"各从其类",亦即各司其职。"夫人者,迺理万物之长也。其无形委气之神人,职在理元气;大

---

① 《太平经合校》,中华书局,1960年版,第18页。
② 《太平经合校》,中华书局,1960年版,第11页。
③ 《太平经合校》,中华书局,1960年版,第12页。
④ 《太平经合校》,中华书局,1960年版,第527页。
⑤ 《太平经合校》,中华书局,1960年版,第80页。
⑥ 《太平经合校》,中华书局,1960年版,第527页。
⑦ 《太平经合校》,中华书局,1960年版,第80页。

神人职在理天；真人职在理地；仙人职在理四时；大道人职在理五行；圣人职在理阴阳；贤人职在理文书；皆授语；凡民职在理草木五谷；奴婢职在理财货。何乎？凡事各以类相理。"世间的万事万物，也就是历史的万千景象，都是由人来料理的，每人都有自己的使命和责任。"夫皇天署职，不夺其心，各从其类，不误也。反之，为大害也。"历史既然安排了每个人的权责，就不会随便将其剥夺，人们都应该依照自己的权责来创造历史，否则，将给历史带来灾难。"治得天心意，使此九气合和，九人共心，故能致上皇太平也。"①在社会行政管理中，只要做到社会各个层面的人都遵从历史规律，各司其职，各尽其责，即可达到社会太平的理想社会。换句话说，只要社会成员都遵守历史规律，即可促进历史进步。

在这里，《太平经》所谓的"治得天心意"，即遵从历史规律，从文本看，就是指执政者要服从民意。"故古圣贤欲得天心，重慎署置，皆得人心，故能称天心也。其称天心云何？行之得应其民，吏日善且信忠，是其效也。"②历史上那些圣君贤臣为了能够遵从历史规律，谨慎地设置衙署和职官，常常符合民众的意志，所以被称誉为遵从历史规律。可见，遵从历史规律，就是指能够将忠于民众、服务民众的执政理念落实到具体的工作中。"四时乐喜，五行不逆，则人民兴。人民兴则帝王寿，帝王寿则凡民乐，凡民乐则精物鬼邪伏矣。精邪伏则无夭病死之人，无夭伤人，则太平气至矣。"③自然依其规律运行，那么民众就会兴盛，统治者也将长寿，民众因此会更喜乐，那些不良现象也因此灭迹，从而使历史达到太平的阶段。"夫天地生凡财物，已属于人，使其无根，亦不上著于天，亦不下著于地。物者，中和之有，使可推行，浮而往来，职当主周穷救急也。夫人畜金银珍物，多财之家，或亿万种以上，蓄积腐涂，如贤知以行施予贫家，乐名仁而已。助地养形，助帝王存良谨之民。"④自然所产生的财物，属于社会全体成员，可以为社会民众所享用。周穷救急是财物的基本职能。那些能够蓄积财物的人们，如果将其富余的赠施给民众，不仅自己落得仁爱的美誉，而且也可尽物之用，从而支持社会上层的统治者。《太平经》借助批评当时社会贫富差距巨大的现象，叙述了践行历史规律的具体做法。可见，将遵从历史规律看作服从民众的意志并谋福利于民众，是《太平经》对先秦以来民本思想的弘扬。

---

① 《太平经合校》，中华书局，1960年版，第88～89页。
② 《太平经合校》，中华书局，1960年版，第151页。
③ 《太平经合校》，中华书局，1960年版，第648页。
④ 《太平经合校》，中华书局，1960年版，第246页。

人是历史的主体,必须遵从历史规律,但在历史实践中,人们可能顺从了历史规律,却又不能完全使事遂人愿,由此就造成了历史的悲喜剧。对此,孔子和司马迁归因于天命,王充归因于时运。《太平经》从宗教的因果报应观念出发,认为是"承负"。"凡人之行,或有力行善,反常得恶,或有力行恶,反得善。因自言为贤者非也。力行善反得恶者,是承负先人之过,留灾前后积来害此人也。其行恶反得善者,是先人深有积蓄大功,来流及此人也。"①现实社会中,行善得恶者,不是因为行善有错,而是因为其先辈有错,惩罚其后人;行恶得善者,不是因为行恶有理,而是因为其先辈曾经对历史有大的功勋,福荫其后人。"承者为前,负者为后。承者,迺为先人本承天心而行。小小失之,不自知,用日积久,相聚为多,今后生人反无辜蒙其过谪,连传被其灾。故前为承,后为负也。负者,流灾亦不由一人之治,比连不平,前后更相负,故名之为负。负者,乃先人负于后生者也。"②所谓"承"就是指先辈遵从历史规律创造历史的活动。其活动如取得成功,其福气将绵延其后裔;否则,将会带来一定的灾难。即使其不自觉的过错,也会影响后裔,使其担负先辈的过错。因此,《太平经》倡导人们要"自养",即谨慎行事,顺从规律,从而减少过错。"凡人所以有过责者,皆由不能善自养,悉失其纲纪,故有承负之责也。"③"是故古者大贤人本皆知自养之道,故得治意,少承负之失也。"④"夫人能深自养,乃能养人。夫人能深自爱,乃能爱人。有身且自忽,不能自养,安能厚养人乎哉?"⑤现实生活中,人们只要出现过错,都是因为没有能仔细谨慎,顺从规律。古代的圣贤都能够谨慎修身,把握规律,过失相对就少。所以,只有谨慎修身的人才能引导他人,只有反躬自爱的人才能热爱他人。一个人自己都过得不好,怎样能使别人过得好呢? 由此,《太平经》回到了"己欲立而立人,己欲达而达人"的儒家伦理范畴中,也回到了上述的历史发展的主体是人类自身的话题上。所不同的是,儒家的仁爱观念只讲时代人,是政治范畴;而《太平经》的承负观念所讲的是世代人,是历史范畴。在《太平经》中,人的言行不仅影响着自身,而且还影响着后代。所以,人生在世,不仅自身要过上好日子,还需要担负其传承幸福、避难除灾的职责。

---

① 《太平经合校》,中华书局,1960年版,第22页。
② 《太平经合校》,中华书局,1960年版,第70页。
③ 《太平经合校》,中华书局,1960年版,第54页。
④ 《太平经合校》,中华书局,1960年版,第55页。
⑤ 《太平经合校》,中华书局,1960年版,第56页。

三、"以思守一"的历史认识论

《太平经》在宣传和倡导人们要顺从历史规律的同时,也对历史认识论进行了较为全面深刻的论析。

第一,关于历史认识的可能性。在《太平经》看来,历史是可以认识的,历史发展的规律也是可以把握的。"惟太上善人之为行也,乃预知天地表里,出入阴阳,道其纲纪,发中念之,不忘其理。顺天而行,不敢有疑,用是得成,奉天大施。"①历史上最高级的善行,就是能够透过历史表象,了解历史发展的大势,把握历史发展的主流,并默记在心,遵从历史规律,及时地施舍赠财。"惟太上有知之人,乃预知天上之事,当所施为,当所奉行。"②历史上那些智慧之人,能够把握历史发展的前景,并按照历史规律予以相应的措施和活动。由此,从"善人""知人"对历史未来的认识看,历史是可以认识的,历史规律是可以把握的。

第二,关于历史认识的条件。首先,历史认识主体的能动性是历史认识的基本条件。"悟者识正,去伪存真。"③只有那些聪敏的人才能认识历史的本质,透过复杂的表象看到历史的真相。"夫古者圣贤见人,不即与其语,但精观占视其所好恶以知之矣。"④过去那些圣贤之人与人接触,不用说话,通过精细的观察和分析即可了解其好恶的性格。"是故占者圣贤,但观所得瑞应善恶,即自知安危吉凶矣。"⑤且那些圣贤人士才能够通过纤微的条件反射,推知未来的安危吉凶。

其次,教师的指导也是历史认识的主要条件,"行安坐,当为子道之。自当了然,无有疑也"⑥。教师告诉学生历史的真相。"是故古者圣贤皆事名师,以解忧患也。故圣贤悉有师法也。"⑦历史上的圣贤之人都师从名师,从而以解除历史发展中的危机。"是故古圣贤之学,旦夕问于师,不敢懈也,故遂得知天之道也。"⑧历史上的圣贤研究历史,早晚请教老师,不敢懈怠,所以能够掌握

---

① 《太平经合校》,中华书局,1960年版,第549页。
② 《太平经合校》,中华书局,1960年版,第557页。
③ 《太平经合校》,中华书局,1960年版,第1页。
④ 《太平经合校》,中华书局,1960年版,第166页。
⑤ 《太平经合校》,中华书局,1960年版,第140页。
⑥ 《太平经合校》,中华书局,1960年版,第1页。
⑦ 《太平经合校》,中华书局,1960年版,第346页。
⑧ 《太平经合校》,中华书局,1960年版,第393页。

历史发展的规律。

最后,史书也是认识历史的重要条件。"书而记之","即已究竟,深知其古今天地人万物之精意矣"①。史书记录保存历史事实,并探究历史规律,所以阅读之后即可掌握各种历史现象的真相。"吾文出之后,帝王德君思此天意,勿忘此言,此言所以致得天心之文也。"②如《太平经》问世,那些帝王德君就可以借此了解历史本质,并牢记于心,引导其行为,所以说,《太平经》是叙述历史规律的文献。"真人以吾书付归有道德仁明之君,必且乐好吾道,深知其意,案而效之。"③只要将《太平经》交付给那些道德明君,他们一定会喜欢历史学,深刻理解历史规律,并指导其行为。

第三,关于历史认识的方式。同其他学者一样,《太平经》也将把握事物的本质属性看作历史认识的基本方式。"古者将学问者,皆正其本。比若种木也。本索善种,置善地。其生也,本末枝叶悉善。本者是其本师,枝实者是弟子。是故古之学,悉先念思本,乃学其道也。"④研究学术的人,其共同的特征就是寻找事物的本质,正如种树,只要有好的树苗,种植到好的地方,那么它就会枝繁叶茂。树根像教师,枝叶和果实则像学生。所以,做学问,要掌握事物的本质,就如见到枝叶果实一定会想到树根一样,这才是治学的根本方式。

要把握历史本质,一方面是"以类相求",即认识历史的共性。"夫天道乃转而相因,更相使也。""故以类相求,故人为天地谈也。"⑤在历史发展中,历史本质体现在各个阶段中,并促进历史发展。所以,在历史认识中应当分门别类,才能弄清楚各种历史现象。"凡天下之名命所属,皆以类相从,故知其命所属。"⑥世间所有事物的名称、性质之归类,都是根据分门别类的原则来进行的,所以根据名称即可知其性质归类。另一方面是"去同取异",即认识历史的个性。"是故自古及今,大圣之定凡事也,去同取异,乃得天地之心意。"⑦历史上的学者探究历史事实,首先是排除相同的历史现象,然后把握历史本质,最后方能通过历史本质了解历史规律。

在这里,无论是历史共性还是历史个性,无疑都是对历史本质的认识。《太平经》将这种对历史本质的认识叫作"以思守一"。"以何为初,以思守一。

---

① 《太平经合校》,中华书局,1960年版,第84页。
② 《太平经合校》,中华书局,1960年版,第367页。
③ 《太平经合校》,中华书局,1960年版,第167页。
④ 《太平经合校》,中华书局,1960年版,第307~308页。
⑤ 《太平经合校》,中华书局,1960年版,第337页。
⑥ 《太平经合校》,中华书局,1960年版,第424页。
⑦ 《太平经合校》,中华书局,1960年版,第514页。

何也？一者，数之始也；一者，生之道也；一者，元气所起也；一者，天之纲纪也。故使守思一，从上更下也。夫万物凡事过于大，末不反本者，殊迷不解，故更反本也。"①这里的"一"就是指历史本质，"以思守一"就是探究历史的本质。而历史本质，即"一"有什么特征呢？《太平经》认为，历史本质是万物的起源，生物发展的规则，事物本质的内核。所以考究历史本质，就要居高临下。世间万物虽然很复杂，但是都有其内在的特性，只有反观其内核，才能真正把握其规则。"一者，心也，意也，志也。念此一身中之神也。凡天下之事，尽是所成也。自古到今，贤圣之化，尽以是成器名，以其早知，学其心意，志念善也，守善业也。"②对于人们来说，历史本质就是人的意志，是人们向善的诉求，人类历史就是据此而发展的。人们欲以推进历史，当应抱定向善的志向。"一者，其元气纯纯之时也。"③历史本质是历史的内核，是历史的初始。由此，《太平经》的所谓"以思守一""使守思一"，尚具有重视历史思维和历史方法的倾向。

《太平经》认为，把握历史本质在历史学研究中具有"纲举目张"的功效。"文多使人眩冥，不若举其一纲，使万目自列而张也。故万民扰扰，不若一帝王也。众星亿亿，不若一日之明也。柱天群蚑行之言，不若国一贤良也。天道广从，无复穷极，不若一元气与天持其明纲也。"④众多的历史文献和历史现象，其根本的阅读和研究方式就是把握其本质。正如社会成员纷纷扰扰，但其核心在于帝王。天上繁星点点，但没有一个如太阳明亮。众说纷纭，没有国内一位贤良的一句话有力。历史纷呈，变幻无穷，但有其本质内核并受其制约。可见，只要掌握历史本质，就可以深入地认识历史。

第四，关于历史认识的范畴。《太平经》作为道教的原始经典，其神秘性主要体现在历史认识范畴"阴阳"的论述上。"道无奇辞，一阴一阳，为其用也。"⑤历史发展规律性的具体展现，就是阴阳两个互相联系、互相依存又互相对立的方面。"天之使道生人也，且受一法一身，七纵横阴阳，半阴半阳，乃能相成。故上者象阳，下者法阴。左法阳，右法阴。阳者好生，阴者好杀。阳者为道，阴者为刑。阳者为善，阳神助之；阴者为恶，阴神助之。"⑥以人身为例，人身的每个部位都体现着阴阳两方面。大体上，上面和左面为阳，下面和右面

---

① 《太平经合校》，中华书局，1960年版，第60页。
② 《太平经合校》，中华书局，1960年版，第369~370页。
③ 《太平经合校》，中华书局，1960年版，第392页。
④ 《太平经合校》，中华书局，1960年版，第448页。
⑤ 《太平经合校》，中华书局，1960年版，第11页。
⑥ 《太平经合校》，中华书局，1960年版，第12页。

为阴。按其社会功能,阳者主管生,用道德感化人;而阴者主管法,用刑罚惩戒人。按其宗教功能,阳者主理的善,属于善神;而阴者主理的恶,属于恶神。阴阳构成世界,善恶则成就人生。"人生皆具阴阳,日月满乃开胞而出户,视天地当复长,共传其先人统,助天生物也,助地养形也。"①人生在世,是依据阴阳的和谐而生成的,并根据阴阳的变化来成就人生,所谓"助天生物,助地养形"就是应该顺从规律,推进历史的发展。

综上可知,《太平经》要求人们用阴阳的观念来认识社会历史。例如,针对当时社会上的一夫多妻制,"然天法,阳数一,阴数二。故阳者奇,阴者偶。是故君少而臣多。阳者尊,阴者卑,故二阴当共事一阳。故天数一而地数二也,故当二女共事一男也。"②按照自然规律,阳数为一,阴数为二;按照社会政治原则,阳者是君主,是尊者,而阴者是臣民,是卑者。据此,一夫二妻,或二女共事一夫,都是自然天定的事情。

《太平经》又将阴阳观念与天地自然结合起来,形成了道教的天、地、人三者结合的伦理道德观念。"天者主生,称父;地者主养,称母;人者主治理之,称子。父当主教化以时节,母当主随父所为养之,子者生受命于父,见养食于母。为子乃当敬事其父而爱其母。"③上天是阳,属于父亲,大地为阴,属于母亲,人间的君主是其儿子。天父的职责就是按照历史规律予以教化引导,地母的职责就是辅助天父来生养,那么,天子的职责就是受命于天父,见养于地母。可见,《太平经》如儒家经典一样,都论证了君权神授的天命论思想。但是作为宗教原典,《太平经》所谓的天子,也不一定都是指君主,也可能指社会上普通的人。"天上地下中和之间,皆自有主,为有知之人,作相之法所抵思,生者与天道同愿,恶者自亡年。可不慎哉?"④上天的阳,大地的阴,人间的中和,这是历史发展的三种基本形式和方向,都有其自身的主旨。那些有识之士,根据环境的变化把握发展的规则,从而作出对策,符合顺从的即可生存发展,抵触叛逆的则葬送自己的寿命。可见,无论天、地、人,还是阴阳,《太平经》的目的是提醒人们要准确把握历史规律,尽量避免因主观认识不到位而造成的失误。

《太平经》还将阴阳观念与五行结合,解释其中的关系。"火能化四行自与五,故得称君象也。本性和而专,得火而散成灰。金性坚刚,得火而柔。土性大柔,得火而坚成瓦。水性寒,得火而温。火自与五行同,又能变化无常,其性

---

① 《太平经合校》,中华书局,1960年版,第36页。
② 《太平经合校》,中华书局,1960年版,第33页。
③ 《太平经合校》,中华书局,1960年版,第113页。
④ 《太平经合校》,中华书局,1960年版,第566页。

动而上行。阴顺于阳,臣顺于君,又得照察明彻,分别是非,故得称君,其余不能也。土者不即化,久久即化,故称后土。三者佐职,臣象也。"①五行之中,火是主导,属于阳,可以与木、金和水融合,使其变化性质。所以火是君主,木、金和水则是臣子。火又能使土由柔变强,只是速度稍慢,所以称后土。

第五,关于历史认识的检验。《太平经》在谈到修身的理论时,表明了正确的历史认识是可以进行验证的观念。"古者圣贤,但观人所行证验也,知之矣,明于日月。"②古代的圣贤主要考察人们怎样验证历史认识,只要通过验证,那么历史知识即可如日月般指导人们的行动。"真人问曰:'何以知道效乎?'神人曰:'决之于明师,行之于身。身变形易,与神道同门,与真为邻,与神人同户。'"③确定观点是否正确,一要根据圣贤名师的言论,二要根据自身的实践。在实践中,如果能改变自己的体貌,符合历史的规律,出现真实的进步,那就说明,这是正确的理论观点。"悉拘校古者道书之文,以为真要秘道。真道者多善,其文乃入神,故能睹神,与神为治。所治若神入神,则真道也。"④要检验理论正确与否,首先是要从众说纷纭中选择真理性的认识,然后予以实践,如果真能达到所设想的境界,这种认识就是真理性的认识。因此,历史认识的检验需要检验者具备相应的知识。"欲知其明信效也,比若道人知道人,德人知德人,各自相收录,故命迭相在。故道人者好兴道人,德人者好兴德人。有道德之人与无道德之人不比,故不肯相收录,命不系天也。"⑤要知道理论观点能否验证,必须要对理论观点的指向有所了解,将其放置到相应的环境中予以实践验证,不能错放到其他环境中。"故古者悉自实核其学问也,合于天心,事入道德仁善而已,行要当合天地之心,不以浮华言事。"⑥古代的人检验自己的学问观点,理论要符合历史规律,事实要符合社会道德仁善的要求,特别是行为要能够符合历史社会的规则,而不是用浮华的言辞说事。《太平经》批评那些只靠言论验证的现象。"太上中古以来,人多效言,乃不效行,故致灾害疾病蓄积,而不可除去,以是自穷也。是故吾敬受此道于天,乃效信实,不效虚言也。执一行吾书道者,下古人且日言吾道恶无益也,反月善;月言无益,反且岁善;岁言无益,反至老常善,久久不而去也。后生者以为世学矣。不知疾行者,但

---

① 《太平经合校》,中华书局,1960年版,第20~21页。
② 《太平经合校》,中华书局,1960年版,第71页。
③ 《太平经合校》,中华书局,1960年版,第26页。
④ 《太平经合校》,中华书局,1960年版,第438页。
⑤ 《太平经合校》,中华书局,1960年版,第424页。
⑥ 《太平经合校》,中华书局,1960年版,第160页。

空独一世之间久苦耳。故吾教敕真人常眷眷勉勉也。"①远古以来，人们经常用言论，而不是根据实际情况来检验理论观点。这样就蓄积了众多的灾害疾病，又不能消除，于是越来越走向困穷。所以，《太平经》接受历史教训，用实践来检验，不用空洞的理论。《太平经》提醒人们要勤勉努力，用实践来体验历史理论观点。"欲知其审，记过定事，以效来事，乃后真伪分别。"②对于论著的正确与否，需要依靠事实和实践来检验。《太平经》自认为是符合历史规律的真理性认识。"子以为吾书不可信也？试取上古人所案行得天心而长吉者书文，复取中古人所案行得天心者书策文，复取下古人所思务行得天意而长自全者文书，宜皆上下流视考之，必与重规合矩无殊也。"③只要拿出历史上各个时代的善书，考察其真理性的认识，就会认识到，《太平经》是一部重规合矩的真理性善书。当然，在主张历史认识需要验证的同时，《太平经》也特别指出，不是什么样的理论都可以用来验证，对于那些神灵的见识和高论是不能怀疑，更不能随意地测试。"奉承天文神灵所记，致当远之，不可自试，试生得生，试死得死。"④那些符合历史真理的认识，只能够牢记执行，不能以身尝试。

四、"共相为使转相理"的研究方法论

《太平经》作为宗教经典，不仅蕴含着丰富的历史观和历史认识论思想，在历史研究方法论上，也有着独到之处。研读《太平经》，可以发现，举凡历史主义方法、历史辩证分析法、历史数量分析法等，都有着很典型的案例。

第一，历史主义方法。《太平经》仿佛很理解历史主义方法的精髓就是将问题置于不同的时代中分别把握其特征，如人的一生有"四穷"，即四难。"谓子本得生于父母也，既生，年少之时，思其父母不能去，是一穷也。适长巨大自胜，女欲嫁，男欲娶，不能胜其情欲，因相爱不能相离，是二穷也。既相爱，即生子，夫妇老长，颜色适不可爱，其子少可爱，又当见养，是三穷也。其子适巨，可毋养身，便自老长不能行，是四穷也。"⑤少儿时候必须仰仗父母的养育而不能独立，青年时期必须仰仗爱人的情爱而不能自拔，中年时期必须赡养父母溺爱子女而不能弃责，晚年时期不需要养育子女而自身却体衰不能自理。可见，人

---

① 《太平经合校》，中华书局，1960年版，第401页。
② 《太平经合校》，中华书局，1960年版，第182～183页。
③ 《太平经合校》，中华书局，1960年版，第56页。
④ 《太平经合校》，中华书局，1960年版，第565页。
⑤ 《太平经合校》，中华书局，1960年版，第72页。

是社会化的生物,一生始终离不开社会的支持。由此也可知,《太平经》用时代的眼光看待事物,避免不了宗教的悲观思想。《太平经》的历史观总体上是退步、退化、一代不如一代的,如丧礼,因死丧本身就是"凶事","上古圣人治丧,心至而已,不敢大兴之也","中古送死治丧,小失法度","流就浮华,以厌生人,心财半至其死者耳","下古复承负中古小失,增剧大失之,不心至其亲而已,反欲大厌生人,为观古者作荣"。① 远古人治丧仅讲究悼念的心意;中古人治丧一半讲究的是悼念心意,一半讲究的是显示自身的荣华;如今人治丧没有了悼念的心意,完全是展现自身的显荣。又如执政修德,"上古得道,能平其治者,但工自养,守其本也。中古小失之者,但小忽自养,失其本。下古计不详,轻其身,谓可再得,故大失之而乱其治"。② 远古执政者能够务本修德,中古执政者虽较弱,但也能主动地务本修德,如今的执政者根本不知道务本修德,所以才导致了社会的混乱。又如寿命,"故古者三皇之臣多真道也,故其君多寿;五帝之臣少真道,故其君不若三皇之寿也;三王之臣复少真道,不能若五帝也;五霸之臣最上功伪文祸,无有一真道,故多夭死,是明效也"。③ 远古三皇的人能遵守历史规律,所以使其执政的君主长寿;五帝的人遵守历史规律稍微差点,其寿命也差点;三王的人遵守历史规律又差点,其寿命也差点;五霸的人根本不遵守历史规律,其执政者大多夭死。这就是对历史规律遵守与否的不同结果。《太平经》将用刑看作违背历史规律的事情:"故上古者圣贤不肯好为刑也,中古半为刑,故寿半;下古多用刑,故寿独少也。刑者其恶乃干天,逆阴阳,蓄积为恶气,还伤人。故上古圣贤不重用者,乃惜其身也;中古人半愚,轻小用刑半,贼其半;下古大愚,则自忽用刑,以为常法,故多不得寿,咎在此。"④ 考虑到汉代及其之前时代刑罚的对象主要是下层百姓,可以说明《太平经》主张少用甚至不用刑罚的初衷,其中蕴含着浓郁的民本气息。由此可见,《太平经》的历史退步论,亦即运用历史主义方法的宗旨,主要是批评时代问题,棒喝执政者,提醒其吸收历史经验教训。

第二,历史辩证分析法。《太平经》能够通过历史现象抓住历史的本质,深入解释历史发展的规律。《太平经》认为,历史的发展本质上是互相矛盾的,是双方相互转化演绎的。所以,天地、日月、阴阳、春秋、夏冬、昼夜、左右、表里、白黑、明冥、刚柔、男女、前后、上下、君臣、甲乙、子丑、五六、木草、牝牡、雄雌、

---

① 《太平经合校》,中华书局,1960年版,第51~52页。
② 《太平经合校》,中华书局,1960年版,第61页。
③ 《太平经合校》,中华书局,1960年版,第140页。
④ 《太平经合校》,中华书局,1960年版,第206页。

山阜,等等,都是互相依赖又相互转化的。"此道之根柄也。阴阳之枢机,神灵之至意也。"①例如,历史上的三皇五帝,其家族也随着历史发展而变化,"世兴则高,世衰则下。""贫为小人,富为君子,更共相为使转相理"。② 由此,认识历史,就需要从历史发展的角度来把握。当历史现象微小纤弱,但有可能代表着历史的本质,就将逐渐强大;反过来,那些一时强大的历史现象,因为其生机逐渐转移给后来者,反而会退出历史舞台。"是故国王极寡,而天下助而治,助寡之效也。父母极强,反助婴儿,是强助弱之效也。""故君子求弱不求强,求寡不求众。故天道佑之。"这样,《太平经》一方面倡导无为而治、不战而胜:"故不与人争也,而人自为争;不与人争强也,而人助为强。故不争而善胜也。"③另一方面又提醒人们要谨慎行事,善于促进历史的变化:"故人之行,失吉辄入凶,离凶则入吉。一吉一凶,一善一恶,为不纯谨之徒。"④"夫天道,当兴阳也而衰阴,则致顺;令反兴阴而厌衰阳,故为逆也。反为敬凶事,致凶气,令使治乱失其政位,此非小过也。"⑤

第三,历史数量分析法。注重数量的变化对于历史的影响,可以说是汉代学者的一个重大贡献。王充在历史问题的研究中,就常常考虑数量因素。《太平经》的数量分析比王充更深刻。一方面,《太平经》的数量分析是在其"天人合一"的历史哲学基础上的,如"三皇""五帝",就说天、地、人三界都有这种数量等同的现象。"天有三皇若三光,地有三皇若高下平,人有三皇若君臣民也。天有五帝若五星,地有五帝若五岳,人有五帝若五行五藏也。"⑥"三光"即指日、月、星,"高下平"指的是地貌三种形式,"君臣民"指的是社会的三个阶层,"五星"是指金、木、水、火、土五个恒星,"五岳"是指泰山、衡山、华山、恒山和嵩山,"五藏"是指人的肝、脾、胃、肾、肺。由此,《太平经》通过数字,对世间万物进行了总结和把握。又如,《太平经》从天命论的角度论述人的寿命。"天命上寿百二十为度,地寿百岁为度,人寿八十岁为度,霸寿以六十岁为度,仵寿五十岁为度。过此已下,死生无复数者,悉被承负之灾责也。"⑦人的寿命是天神给定的。依据"承负"的规则,人的寿命分为 120 岁的天寿、100 岁的地寿、80 岁的人寿、60 岁的霸寿和 50 岁的仵寿,只要活不到这些岁数,都是肩负的历史

---

① 《太平经合校》,中华书局,1960 年版,第 728 页。
② 《太平经合校》,中华书局,1960 年版,第 688 页。
③ 《太平经合校》,中华书局,1960 年版,第 703 页。
④ 《太平经合校》,中华书局,1960 年版,第 158 页。
⑤ 《太平经合校》,中华书局,1960 年版,第 52 页。
⑥ 《太平经合校》,中华书局,1960 年版,第 234 页。
⑦ 《太平经合校》,中华书局,1960 年版,第 464 页。

罪责太重。显然,《太平经》是在警告人们要行善思过,消除灾害,才能长寿。此外,《太平经》认为历史发展是由量的积聚而逐渐引起质的变化,从而导致历史性质的根本转变。例如,讲起传经的过程,"一者,其数之始也。十者,其数之终也。百者,其有德之国乡。子但持吾书,往授教其一有大德之国,传记吾书者持本去,无尽以与也,周流以授百有德之乡。一国得吾书者,国善人并归之,其德乃并洽四方,百国皆被其化而为善,天地乃俱为其安,灾害为其除,以授百有德之国,而万国无害,天地病悉除去矣"。① 如果大批量地传诵善书,使所有的地方所有的人们都领悟到道德的重要,注重用善来约束自己,那么,自然和社会的灾害都会被消除了。

五、"拘校""善书"的历史论著编纂论

作为历史研究观点的呈现,历史论著的编纂在历史学研究中的重要性是无以言表的。《太平经》在这方面也有其独到的见解。

第一,历史论著编纂的必要性和可能性。《太平经》从历史退步论的立场予以了说明。"是故上古之人诚信相得意,故上下不相欺;中古人半不相得意,故半相欺;下古之人纯不相信,故上下纯以相欺为事。故上古举事悉中,中古半中,下古纯不中,故危亡。"②远古的人讲究诚信,相互交流认识历史规律的体验,执政者和民众也坦诚相见;中古人略微差点,对历史规律体验的交流不彻底,说一半留一半,执政者与民众也心存隔阂,半相欺瞒;如今的人纯粹互不信任,甚至相互欺瞒。以历史论著来讲,对于历史规律的认识,上古所记述的事实都有所体现,中古所记述的事实只有一半,如今一点也没有。所以,人们无法从今人的历史论著中得到历史规律的正确认识。因此,全面地整理编纂历史文献成为非常必要的事情。"夫贤明为上德君拘校上古中古下古文书之属","复大集聚大贤中贤下贤乃及人民男女口辞诀事";"道一旦而正,与日月无异"。③ "贤明"当指历史学家,"上德君"即指执政者。这里是说,历史学家为执政者尽力搜集历代历史论著,并汇集历史上各类人的实践经验,即可得到历史真理性的认识,它会像日月一样明亮,并指导人们的言行。由此,真理性历史论著的编纂是可能的。

第二,历史论著编纂的目的。《太平经》从史学的政治性方面对历史论著

---

① 《太平经合校》,中华书局,1960年版,第391~392页。
② 《太平经合校》,中华书局,1960年版,第414页。
③ 《太平经合校》,中华书局,1960年版,第415页。

编纂的目的进行了论述。"吾酒为天地谈,为上德君制作,可以除天地开辟以来承负之厄会。"①"为天地谈"就是探究历史规律,"为上德君制作"就是为执政者提供根据,"除天地开辟以来承负之厄会"就是消除历史上所有的因误解、不解等原因所造成的灾祸。总之,就是编辑人们对于历史规律的认识和体验,为政治提供指南,从而消除一切不利于历史发展的因素。用《太平经》的话说,历史论著编纂的目的就是倡导"大顺之道"。②

第三,历史论著编纂的原则。一是全面搜集的原则。研究历史,首先要对历史资料进行搜集和整理,其最基本的要求就是全面彻底。所谓的"一网打尽,竭泽而渔"就是这个意思。《太平经》所谓的全面,一是从编的角度,主张将之前所有的历史资料搜集殆尽。"拘校上古中古下古圣人之辞以为圣经也,拘校上古中古下古大德之辞以为德经也,拘校上古中古下古贤明之辞以为贤经也。"③《太平经》将之前的历史资料归纳为"圣经""德经"和"贤经"三种。二是从著的角度,主张将社会各个阶层的人的实践体验记述下来。"书之为法,著也,明也。天下共以记事,当共所行也,可以记天下人之文章也。""故天下共以记凡事也,圣人共以记天地文理,贤者用记圣人之文辞。"④历史论著的功能彰显历史规律,所以历史论著都是用于记载事实,特别是所有人的事情的。当然,圣人的论著主要是揭示历史规律,而贤者的论著主要是记载圣人解释历史规律的言辞。三是从比较方法的角度,主张择优而编著"可信"的论著。"夫文,乃天下之人所当案行也,不可信一人之言也。故天地开辟以来,文书及人辞,更相传以相考明也,不考明则不可独行,独信一人言而行之,则危亡矣。是天下之大失大伤也。故吾书不敢容单言孤辞也。故教真人拘校上古中古下古文以相明,拘校天下凡人之辞以相证盟,然后天地之间可正,阴阳之间无病也。以吾书往考古今之天文地神书与人辞,必且与响相应,与神无异也,乃吾道且可信也。"⑤《太平经》将历史论著看作人们行动的指南。自从有文明史以来,历史论著的传承都是在互相比较对照中被吸收采纳的,如果不经过比较对照就贸然吸收采用,就会出现危险和灭亡,会造成历史发展的巨大损失和伤亡。所以,《太平经》的编纂,绝不会相信某一人的论著和观点。《太平经》请史学家(真人)拿历史上所有的论著与之比较,拿历史上所有的实践经验与之对照,即

---

① 《太平经合校》,中华书局,1960年版,第83~84页。
② 《太平经合校》,中华书局,1960年版,第718页。
③ 《太平经合校》,中华书局,1960年版,第83页。
④ 《太平经合校》,中华书局,1960年版,第419页。
⑤ 《太平经合校》,中华书局,1960年版,第421页。

可知道,其所论析的历史规律是正确的,是符合历史事实的。反过来说,用《太平经》检验历史上的论著和经验,必能得到相应的回应,与历史规律相吻合,据此可证明其中所论述的历史规律是真实可信的。

二是"反其本要"的原则。研究历史,其基本的思路就是回归原始,进而寻其发展的路径,揭示其发展的本质。可以说,这是历史学研究的基础,也是历史主义方法的基本内核。《太平经》主张,历史论著的编纂,也应遵循这一方法和原则。"故其治乱者由太多端,不得天之心,当还反其本根。夫人言太多而不见是者,当还反其本要也,迺其言事可立也。"①政治的头绪太多,不能够把握历史规律,那就应该放弃所有事情,从最原始的基础做起。历史言论太多,不知道谁是对的,那就应该回归最基本的观点,从而知道事情的缘由。之所以会形成这种复杂的情况,主要原因是学术的发展往往会在不断传承中失去其本真。"故一言而成者,其本文也。再转言而止者,迺成章句也。故三言而止,反成解难也,将远真,故有解难也。四言而止,反成文辞也。五言而止,反成伪也。六言而止,反成欺也。七言而止,反成破也。八言而止,反成离散远道,远复远也。九言而止,反成大乱也。十言而止,反成灭毁也。故经至十而改,更相传而败厌毁也。夫凡事毁者当反本,故反守一以为元初。"②根据数量分析法,《太平经》认为,历史观点的传承,第一个提出者被称作"本文",即首创者,第二个传承者被称作"章句",即解释者或注解者,第三个传承者被称作"解难",即疏解,也就是对解释的解释,第四个传承者被称作"文辞",即编辑者,第五个传承者被称作"伪",即已经不真实了,第六个传承者被称作"欺",即开始骗人了,第七个传承者被称作"破",亦即说是没有丝毫的价值了,第八个传承者被称作"离散远道",即距离历史真理很远了,第九个传承者被称作"大乱",即造成历史的混乱,第十个传承者被称作是"灭毁",即造成历史的毁灭。如此,学术发展最终宣告结束,新的学术由此而重新开始。因此,学术发展的本质要求历史论著的编纂,必须回归本原,拨乱反正,正本清源。

三是"正文正辞"的原则。研究历史,其目的就是要揭示历史发展的规律,从而指导人们的行动,因此,历史论著的编纂需要严肃的体裁和言辞。《太平经》从宗教的功能出发,更加重视历史论著编纂的严肃性。"夫正文正辞,乃为天地人万物之正本根也。是故上古大圣贤案正文正辞而行者,天地为其正,三光为其正,四时五行乃为其正,人民凡物为其正。是则正文正辞,乃为天地人

---

① 《太平经合校》,中华书局,1960年版,第75～76页。
② 《太平经合校》,中华书局,1960年版,第76页。

民万物之正根大效也。"①严肃的论著是真正揭示并反映历史规律的。所有一切事物,诸如日月星辰、四季气候、民心所向和日常杂用,等等,都根据其需要而及时出现。这就再次证明,严肃的历史论著才是指导人们活动的真正指南。《太平经》从否定邪教的目的出发,批评那些歪理邪说会造成社会混乱。"夫邪文邪辞,系灾之根也。子欲重知其明审信效,比若人以邪文相记于君,比若人以邪言相恶,则怨咎日兴,众多人亦自相怨咎相恶,君亦听之。反失正聪明不达,为天地所非治,危辞不吉。又下反以邪文邪言共欺荧惑其上,久久上知之。亦复君臣相咎。故是邪文邪言日至,凶恶之门户也。故当力拘校去之也。"②歪理邪说是灾难的根源。比如,人们将歪理宣讲给君主,或者用邪说互相攻讦,那么就会造成埋怨过咎,互相指责。结果会失去正常的理性判断,违背历史规律,高论空话带来的不是吉祥,而是欺骗。长此以往,执政者就是弄清楚了,也会造成互相批评和怨恨,所以,歪理邪说是凶恶的根源。在历史论著的编纂中,一定要努力将其删除。可见,编辑工作在学术发展中的重要性。"其凡文欲正之者,取决于拘校,以为天信。"③要想使历史论著具有严肃性,必须经过编纂整理,才能成为体现历史规律的信书。"故教人拘校古今文集善者,以为洞极之经。"④《太平经》教训人们要编辑整理引导民众向善的历史论著,初衷就是成就经典之作。

综上所述,用今天的话说,全面搜集和"反其本要"的原则体现了学术研究的科学性,"正文正辞"体现了学术研究的政治性。而科学性和政治性,则构成了当代历史论著编纂的基本原则。由此而言,《太平经》的历史论著编纂思想,还是有着一定的现实价值的。

第四,历史论著的编纂步骤与方法。《太平经》以"善"为例,介绍了历史论著编纂的步骤和方法。第一步,确定课题。"拘校上古中古下古道书者","如卷得一善字,如得一善诀事,便记书出之"。先是阅读历史典籍,发现所要研究的课题"善",将其抄录。第二步,全面地搜集相关的资料。将有关"善"的文字全部抄录,"一卷得一善,十卷得十善,百卷得百善,千卷得千善,万卷得万善,亿卷得亿善。善字善诀事,卷得十善也,此十亿善字;如卷得百善也,此百亿善字矣。书而记之,聚于一间处,众贤共视古今文章,竞都录出之"。第三步,将所抄录的资料予以整理分析和编辑。"以类聚之,各从其家;去中复重,因次其

---

① 《太平经合校》,中华书局,1960年版,第416页。
② 《太平经合校》,中华书局,1960年版,第415~416页。
③ 《太平经合校》,中华书局,1960年版,第718页。
④ 《太平经合校》,中华书局,1960年版,第686页。

要文字而编之。即已究竟,深知古今天地人万物之精意矣。"①由此可见,《太平经》对有关历史论著编写的步骤和方法的论析,可以说是非常准确的。

六、《太平经》史学政治论的民间性质

《太平经》虽然主张史学的性质是政治学的,但就其著作者和成书情况而言,却属于民间学问,具有民间史学的特征。

《后汉书·襄楷传》记载,汉顺帝时,琅琊人宫崇将其老师干吉的书贡献给朝廷,书名为《太平清领书》,卷一百七十,号称"神书","其言以阴阳五行为家,而多巫觋杂语",所以被"有司"告状为"妖妄不经,乃收藏之"。汉桓帝时,襄楷再次上书,"前者宫崇所献神书,专以奉天地顺五行为本,亦有兴国广嗣之术"。李贤注《襄楷传》:"神书,即今道家《太平经》也。"说明襄楷所献的"神书"到唐代已经称作《太平经》了。《太平经复文序》记载,《太平经》是太平帝君与其臣僚共同编制的,而后先传上相"青童君",再传上宰"西城王君",再传其弟子"帛和","帛和传弟子干吉",干吉的弟子为宫崇。而襄楷的再次献书,只能说明他当为宫崇的弟子。由此,在《太平经》的传承者中,除了宫崇与襄楷史书有名,其他如太平帝君、青童君、西城王君等,都是传说的神秘人物或说是神话人物,或者是生活中有其原型,或者是基于传教的需要虚构出来的,总之,相对于赫赫青史,都是些民间的人士或民间虚构的理想人士。此其一。

其二,就《太平经》的成书情况看,其民间性质更浓郁。学者推测,《太平经》的成书,"先有本文若干卷,后来崇道的人继续扩增,逐渐成为一百七十卷"。② 又,"是当时秘密流传的原始道教中很多人的著作,经过逐步积累最后汇集而成"③。由此可知,《太平经》成书之前,在民间社会中已经广泛流传着具有原始道教教义的所谓"善书",这些"善书"繁茂芜杂,精华与糟粕并存,于是那些崇道的有识之士,将其聚集一起,"拘校"整理汇集,剔除"邪文邪辞",保留"正文正辞",《太平经》即由此而成。正如学者所指出的,"《太平经》不是作为一种前所未有的道教'教义'出现的","而是综合已有的汉代神学迷信加以改编而成的";《太平经》的"编辑或编写,是有计划和组织的,是由于一个集体(众贤明)完成的。"但又说《太平经》"不是众多的道教徒在不同时间不同地方

---

① 《太平经合校》,中华书局,1960年版,第84页。
② 王明:《太平经合校前言》,中华书局,1960年版。
③ 卿希泰:《中国道教思想史纲》,四川人民出版社,1980年版,第69页。

自发创作的",应该说是不对的。① 因为《太平经》在编辑之前的原生态,当是产生在不同时间不同地方的各种"善书",然后被崇道之人或者说好事者汇集一起,才有可能编辑而成的。

其三,就《太平经》的内容而言,其民间性质也非常突出。《太平经》的内容有三部分,一是"神道书",主要宣讲天神义理,即我们所谓的历史哲学;二是"核事文",主要见证天神圣迹,即我们所谓的历史事实;三是"去浮华记",主要批评凡俗之人的谬见或从《太平经》的角度说邪教,即我们所谓的错误史识。概括起来说,《太平经》主要讲的是善理善事,指斥歪理邪说。其彰善瘅恶的意旨异常鲜明坚定,但是行善至善的方法也异常神秘微妙。由此充分体现了民众社会敢爱敢恨、却又无助的生存状态。正因如此,《太平经》的思想尽管很复杂,但具备基本的民间思想质素。这里说的民间思想质素,主要是指极其质朴的理性、政治上的赤诚忠君、较为荒诞的神秘迷信。以此观照《太平经》,则可见此三点都是存在的。例如,谈到人的欢乐,《太平经》强调"有益于帝王政理者,乃当顺用天地之心意,不可逆太岁诸神,同合其气,与帝王用事。"②"帝王政理""帝王用事"当指政治的忠君,"顺用天地之心意"当指理性的遵从历史规律,"逆太岁诸神"当指不可控制的神秘因素。由此可见,《太平经》的民间史学性质是非常鲜明的。

第二节 荀悦的史学思想

荀悦一生著述颇丰,其中《崇德》《正论》及诸论数十篇早已散佚,传世的只有他专为汉献帝所著的《申鉴》五卷和据班固《汉书》改写而成的《汉纪》三十卷。荀悦的思想和学术观点在这两部著述中得以充分展示和体现,因此受到历代史学家、思想家的重视。在这里,我们也以此为据,探究荀悦在史学理论上的贡献和成就。

一、荀悦的历史学论

历史学作为一门古老的学科,自产生以来,除了其浓郁的文化意蕴之外,

---

① 金春峰:《汉代思想史》,中国社会科学出版社,2006年第3版,第475~476页。
② 《太平经合校》,中华书局,1960年版,第629~628页。

更多的是服膺于政治,是政治的工具。荀悦以其敏锐的政治眼光,一开始就看到了历史学的这一特征。《汉纪·序》:"昔晋之乘,楚之梼杌,鲁之春秋,虞夏商周之书,其揆一也,皆古之令典。立之则成其法,弃之则坠于地,瞻之则存,忽焉则废。故君子重之。汉《书》《纪》,其义同矣!"也就是说,史学就是政治学,要从事政治,就必须重视史学。

作为政治学的史学,其研究的对象自然是政治,是与皇帝活动密切相关的军国大事,而其任务,首先当是记录和保存这些军国大事。《申鉴·时事》:"古者天子诸侯,有事必告于庙。朝有二史,左史记言,右史记动。动为《春秋》,言为《尚书》。君举必记,臧否成败,无不存焉。下及士庶,等各有异,咸在载籍。"其次,记功司过,彰善瘅恶。《申鉴·时事》:"内史执其彤管,记善书过,考行黜陟,以彰好恶。"最后,研究天人关系。天人关系是汉一代研究历史发展动因的最重要课题。荀悦把探讨天人感应看作史学的又一重要任务。《申鉴·时事》:"天人之应,所由来渐矣。故履霜坚冰,非一时也。仲尼之祷,非一朝也。……若是王都未见之,无闻焉尔。官修其方,而先王之礼,保章视祲,安宅叙降,必书云物,为备故也。太史上事无隐焉,勿寝可也。"

作为政治学的历史学,荀悦认为,历史学作为政治的工具,可以进行道德教育,以辅助法制。《申鉴·时事》载,史学记事是"得失一朝,而荣辱千载。善人劝焉,淫人惧焉。故先王重之。以嗣赏罚,以辅法教"。《汉纪·序》自述其著《汉纪》的目的是"惩恶而劝善,奖成而惧败"。

史学可以提供借鉴,为人们的言行寻求依据。《汉纪·序》说自己著《汉纪》就可以使人"质之事实而不诬,通之万方而不泥。可以兴,可以治,可以动,可以静,可以言,可以行"。在荀悦看来,借鉴历史就是执行了"天道"。《申鉴·政体》:"鉴于三代之典王,允迪厥德。功业有尚,天道在尔。"

史学还可砥砺志气,陶冶情操。《申鉴·杂言》:"或问厉志。曰:若殷高宗能茸其德,乐瞑眩以瘳疾。卫武箴戒于朝,勾践悬胆于坐。厉矣哉。"

二、荀悦的历史观论

荀悦从其政治史学的观念出发,对历史的发展、历史发展的本质、人与历史的关系等问题作了探讨。

在荀悦看来,历史的本质在于人类自己的活动。在《汉纪·孝武皇帝纪四卷第十三》中,他依据儒家的观点,把事物分为天、地、人三个方面,并指出它们各有其"道","各当其理而不相乱也"。也就是说,历史发展是按其内在的规律而进行的。这一内在的规律性,从《申鉴·政体》看,在"天","曰阴与阳";在

"地","曰柔与刚";在"人","曰仁与义"。在这里,"天""地"即我们现在所说的自然,仅是荀悦所处时代的人们认识世界的一种方式,一个工具,其真正的本质则在于认识"人",即人类社会,从而来管理社会。《汉纪·孝元皇帝纪下卷第二十三》:"故圣人则天,贤者法地,考之天道,参之典经,然后用于正矣!"这里的"正"就是政治。《汉纪·孝惠皇帝纪卷第五》:"孔子曰:'政者,正也。'夫要道之本,正己而已矣。"

荀悦认为,作为人类政治活动的历史,其本质在于"仁与义"。而仁义外在的表现即在于社会有序。《汉纪·孝成皇帝纪二卷第二十五》:"仁义之大体在于三纲六纪,上下咸序,五品有章。"内在的表现则是具备生产和祭祀的能力,或者说是管理国家的能力。《汉纪·孝惠皇帝纪卷第五》:"下足以代耕,上足以克祀。"《申鉴·政体》:"帝耕籍山,后桑蚕宫,国无游民,野无荒业,财不虚用,力不妄加。"仁义的实施主要在于内政的确立。也就是说,历史的发展主要在于人类自身的活动。《申鉴·政体》:"问明于治者其统近,万物之本在身,天下之本在家,治乱之本在左右,内正立而四表定矣!"无疑,内政之确立主要在于统治者。因此,仁义之实施,亦即历史之正常发展,对统治者提出了极高的要求。第一,要克己无我,以民为本。《汉纪·孝惠皇帝纪卷第五》:"圣王之有天下,非所以自为,所以为民也,不得专其权。利与天下同之,唯义而已,无所私焉。"第二,要顺应历史发展的规律。《汉纪·孝元皇帝纪下卷第二十三》:"圣人之道,必则天地,制以五行,以通其变。"《汉纪·孝成皇帝纪二卷第二十五》:"在上者则天之经,因地之义,立度宣教,以制其中。施之当时,则为道德;垂之后世,则为典经。皆所以总统纲纪,崇立王业。"第三,要正确决策。《汉纪·高祖皇帝纪卷第二》:"夫立策决胜之术,其要有三,一曰形,二曰势,三曰情。形者言其大体得失之数也,势者言其临时之宜也,进退之机也。情者言其心志可否之意也。故策同事等而功殊者何,三术不同也。"接下来,荀悦列举了历史上很多"同事"由于"异形""异势""异情"采取了不同的决策,"故曰,权不可预设,变不可先图,与时迁移,应物变化,设策之机也"。这就是说,在历史发展中,不能固守教条,而应审时度势,作出决策。

总之,历史的发展,历史的存亡兴替,主要在于统治者。在《汉纪·孝昭皇帝纪》中,荀悦指出,由君臣构成的统治集团,对历史发展起着决定性的作用:"或有君而无臣,或有臣而无君。同善则治,同恶则乱,杂则交争。""六主之有轻重,六臣之有简易,其存亡成败之机,在于是矣!"

历史的治乱存亡,取决于人类自身的所作所为。但在历史发展中的人们却不能随心所欲,因为历史有其自律性。列宁曾说,据说历史喜欢与人开玩笑,你想进入这个房间,却走进了那个房间。荀悦也看到了这一点。《汉纪·

高后纪卷第六》说,历史发展有"三势":"夫事物之性,有自然而成者;有待人事而成者,有失人事不成者;有虽加人事终身不可成者,是谓三势。凡此三势,物无不然。"荀悦这样说的目的是告诉汉献帝,汉代的灭亡已是大势所趋,即使我辈再努力,恐怕也与世无补。应早一点做好心理准备:"凡三势之数,深不可识。故君子尽心力焉,以任天命。《易》曰:'穷理尽性,以至于命。'其此之谓乎?"平心而论,荀悦对汉献帝的这些分析劝谏还是客观的、正确的。

三、荀悦的历史认识论

荀悦在历史研究中,在发表自己的政论中,对历史认识论也作了一些独到的论述。

在荀悦看来,历史是可以认识的。《汉纪·孝元皇帝纪下卷第二十三》:"自汉兴以来至于兹,祖宗之治迹,可得而观也。"历史认识是人知识和智慧的源泉。《申鉴·杂言》:"生而知之者寡矣,学而知之者众矣!悠悠之民,泄泄之士,明明之治,汶汶之乱,皆学废兴之由,敦之不亦宜乎?""审物明辨,故不惑"。

在历史认识过程中,认识主体的作用是非常大的。《申鉴·杂言》提到,"人皆可以为尧舜","人皆可以为桀纣","尧舜、桀纣之事,常并存于世,唯人所用而已"。这就是说,人的成败得失取决于人们自己对历史的认识。所以,《汉纪·孝昭皇帝纪卷第十六》告诫人们要"慎所用""尽而深览"。

《汉纪·高后纪卷第六》:"以小知大,近取诸身。"这就是说,历史认识有两个方式。一个方式是"以小知大",知微察著。《汉纪·孝哀皇帝纪上卷第二十八》说,因为历史的发展,"其事皆始于纤微终于显著"。在荀悦看来,历史发展的这一特征,是互相影响、互相谴告的。在这里,荀悦用"天人感应"的思想予以解释。《汉纪·高后纪卷第六》:"凡三光精气变异,此皆阴阳之精也。其本在地,而上发于天也。政失于此,则变见于彼,由影之象形,音之应声,是以明王见之而悟,勅身正己,省其咎,谢其过,则祸除而福生,自然之应也。"人们可以从自然现象的变异中领悟到未来历史发展的趋向,谨慎言行,以避免不利的情况出现。由此,自然现象的变化是人们认识历史的向导和指南,透过它,可以把握当时人们历史活动的功过是非。所以,荀悦在叙述前汉历史时,先叙"祥瑞""灾异"。可见,荀悦是把"天人感应"作为认识历史的方式。论者不解这一点,多加毁誉,是与荀悦的思想不符的!

另一个方式是"近取诸身",即以自己所掌握的知识去理解、认识历史。荀悦在谈到人与历史的关系时,说有三种情况,即"三势"。"有自然而成者;有待人事而成者,有失人事不成者;有虽加人事终身不可成者。"怎样理解这"三势"

呢?《汉纪·高后纪卷第六》:"譬之疾病,有不治而自瘳者;有治之则瘳者,有不治则不瘳者;有虽治而终身不可愈者,岂非类乎?"又如教育,"人有不教而自成者;待教而成者,无教化则不成者;有加教化而终身不可成者"。这样,一步一步地推演下去,人们就可以认识历史了。可见,荀悦已看到了历史认识的过程是由此及彼、由表及里、循序渐进的。

荀悦在探讨历史认识过程时,也看到了历史认识是受到各种因素制约的,这些因素客观上在于时代和环境。《申鉴·时事》:"皇民敦,秦民弊,时也;山民朴,市民玩,处也。"《汉纪·孝成皇帝纪二卷第二十五》:"夫潜地窟者而不睹天明;守冬株者而不识夏荣。"主观上在于史家个人的思想和情感。《汉纪·孝武皇帝纪一卷第十》:"以毁誉为荣辱不核其真,以爱憎为利害不论其实,以喜怒为赏罚不察其理。"正是由于这些主、客观因素的影响,使历史认识出现"虚""伪""诬""罔"。"实不应其声者谓之虚,情不覆其貌者谓之伪,毁誉失其真谓之诬,言事失其类者谓之罔。"

那么,如何排除影响历史认识的不利因素,从而得出正确的历史认识呢?《申鉴·时事》认为,主观上,史家要"简小忌,去淫祀,绝奇怪","致精诚,诸求己,正大事"。《汉纪·孝武皇帝纪一卷第十》:"尊天地而不渎,敬鬼神而远之,除小忌,去淫祀,绝奇怪,正人事。"这就是说,史家要排除杂念,专心研究人的历史。客观上,就是要树立正确的认识标准。在荀悦看来,历史认识是可以检验的。《申鉴·时事》:"夫事验,必若上田之张于野也,则为私者寡矣;若乱之坠于澳也,则可信者解矣!故有事考功,有言考用,动则考行,静则考守。"历史认识正确的标准有两个。一是理论上要以儒家思想为标准。凡符合儒家思想的,都是正确的;否则都是错误的,应该摒弃。《申鉴·时事》:"放邪说,去淫智,抑百家,崇圣典,则道义定矣!"《汉纪·孝武皇帝纪一卷第十》:"息华文,去浮辞,禁伪辨,绝淫智,放百家之纷乱,一圣人之至道,则虚诞之术绝,而道德有所定矣!"他批判一些人不知道用儒家思想评析历史。《汉纪·孝武皇帝纪二卷第二十五》:"博览之家不知其秽,兼而善之,是大田之莠与苗并兴,则良农之所悼也。质朴之士不择其美兼而弃之,是昆山之玉与石俱捐,则卞和之所痛也。故孔子曰:博学于文,约之以礼,亦可以弗畔矣!"二是以客观历史实事为标准,检验历史认识是否符合历史事实。《申鉴·政体》说,史家认识历史"必本乎真实而已。""善恶要于功罪,毁誉效于准验,听言责事,举名察实。"《汉纪·孝武皇帝纪一卷第十》:"听其言而责其事,举其名而指其实。"《申鉴·时事》:"去浮华,举功实,绝末伎,同本务,则事业修矣!"总之,作为史家,必须做到实事求是。《申鉴·俗嫌》:"不受虚言,不听浮术,不采华名,不兴伪事,言必有用,术必有典,名必有实,事必有功。"

四、荀悦的历史方法论

荀悦在历史方法论方面,不仅做了许多的尝试,而且也有一些独到的论述。从《申鉴》《汉纪》看,荀悦所使用的史学方法主要有历史辩证分析法、历史理论分析法、历史比较法和历史统计法。

一是历史辩证分析法。它被称历史主义的方法,指史家在分析历史问题时,用矛盾的方法、发展的眼光,"由小知大",把握历史的发展趋势。《申鉴·时事》:"民寡则用易足,土广则物易生,事简则业易定,厌乱则思治,创难则思静。"任何事物有不利必有其利,有利也必有其不利。《申鉴·杂言》:"损益之符,微而显也。赵获二城,临馈而忧;陶朱既富,室妾悲号。此知益为损之为益者也。屈伸之数,隐而昭也。有仍之困,复夏之萌也;鼎雉之异,兴殷之符也。邵宫之难,隆周之应也;会稽之栖,霸越之基也;子之之乱,强燕之征也。此知伸为屈之为伸者也。"任何事物的存在和发展都有相应的"兆候",只要人们敏锐地去发现考察它,就能把握其未来的发展。剔去荀悦论述中的迷信成分,荀悦的认识方法是很正确的。

二是历史理论分析法。荀悦把儒家的思想作为一种理论工具去分析历史问题,但他又不恪守儒家观点,而是主张"与时迁移,应物变化"。例如,《汉纪·孝文帝纪下卷第八》分析土地制度发展,"夫土地者,天下之本也。《春秋》之义,诸侯不得专封,大夫不得专地"。但是西汉时一些豪族地主占田数百公顷,买卖由己。武帝、哀帝多次"限民占田"都没有结果,王莽又实行井田制,激起了众怒。只有汉光武"宜以口数占田,为立科限,民得耕种,不得买卖,以赡民弱,以防兼并","虽古今异制,损益随时,然纪纲大略,其致一也"。

三是历史比较法。它是人类思维最基本的方式。荀悦在历史研究中不仅多次使用历史比较法,而且他运用比较法的目的是寻求历史的个性,寻求历史发展的特征。例如,《汉纪·高祖皇帝纪卷第二》举"以复六国自为树党"一事,陈余曾建议陈涉这样做,郦生也曾建议刘邦这样做。虽同一事,但由于历史条件不同,对陈涉是"所谓取非其有以与人,行虚惠而获实福也。立六国于汉王,所谓割己之有以资敌,设虚名而受实祸也"。由此,荀悦认为,在进行历史比较时,应依据具体条件抽演出正确的结论,不应该先有成见。用他的话说,就是"权不可预设,变不可先图,与时迁移,应物变化,设策之机也"。

四是历史统计分析法。荀悦治史述事,最长于统计。《汉纪序》开篇说:

"凡汉纪十二世十一帝,通王莽二百四十二年。"

"凡祥瑞：黄龙见，凤皇集，麒麟臻，神马出，神鸟翔，神雀集，白虎仁兽获，宝鼎升，宝磬神光见，山称万岁，甘露降，芝草生，嘉禾茂，玄稷降，醴泉涌，木连理。"

"凡灾异，大者：日蚀五十六，地震十六，天开地裂五，星集于东井各一，太白再经天星孛二十四，山崩三十四，陨石十一，星陨如雨二，星昼见三，火灾二十四，河、汉水大泛溢为人害十，河泛一，冬雷五，夏雪三，冬无冰二，天雨血、雨草、雨鱼，死人复生，男子化为女子嫁为人妇生子，枯木更生，大石自立。"

这样的统计，对于人们认识西汉的历史概况，无疑具有很大的帮助。这种方法在荀悦这里，也可以说是一种由博返约的方法。《申鉴·时事》："或曰：至德要道，约尔。典籍甚富，如而博之，以求约也？语有之曰：'有鸟将来，张罗待之。得鸟者一目也。'今为一目之罗，无时得鸟矣。道虽要也，非博无以通矣！博其方，约其说。"这也就是说，只有全面地占有史料，掌握各种情况，才能够由博返约。换句话说，只有全面统计各种历史现象，予以概括分析，才能归纳出历史的共性，寻求出历史发展的规律。

五、荀悦的史料论

荀悦论述了史料编写的原则和要求，体现了史学发展中史家主体意识的进一步觉醒。荀悦认为，史家研究历史，记存历史，并不是什么样的事情都要进行研究和记存，而有其自身的史学价值准则。《申鉴·时事》说，这些价值准则是"善恶""言行足以为法式""立功事""兵戎动众""四夷朝献""皇后贵人太子拜立""公主大臣拜免""福淫祸乱""祥瑞灾异"，等等。历史上凡是与这些相关的事即可以研究，否则就不用去记存了。荀悦在编纂《汉纪》时，就是以此为自己的价值标准的。《汉纪·序》："凡《汉纪》有，法式焉。"

史料编纂除了有一定的价值准则外，还有其基本的要求。第一是要真实。《汉纪·序》："质之事实而不诬，通之万方而不泥。"第二是要抽绎规律。《汉纪·高祖皇帝纪卷第一》："经纬天地，观象立法"，"永世作典"。第三是要有用。《汉纪·序》："省约易习""有便于用"。

六、荀悦的史家论

荀悦对史家治史的动机也进行了论述，在荀悦看来，史家治史有五个动机。《汉纪·高祖皇帝纪卷第一》:"夫立典有五志焉。一曰达道义,二曰彰法式,三曰通古今,四曰著功勋,五曰表贤能。"在这里,"达道义"可说就是表明政治思想,"彰法式"即规范人们的言行,"通古今"是传播历史知识,"著功勋""表贤能"是培养人们奋发向上的精神和高尚的品格。由此,荀悦认为史学是文化建设最重要的事情。"天人之际,事物之宜,灿然显著,罔不能奋矣!"因而,史学也是一项永久的事业,"世济其轨,不殒其业,损益盈虚,与时消息,虽臧否不同,其揆一也"。

综上所述,荀悦不仅编纂了著名的《汉纪》,沿袭了编年体断代史的优良传统,而且在史学理论上也做出了独到的贡献。他无愧于古代伟大史家的称号。梁启超说:"自有左丘、司马迁、班固、荀悦、杜佑、司马光、袁枢诸人,然后中国始有史。"①的确,在辉煌的中国史学史上,自应有荀悦的一席之地。

七、荀悦史学思想的性质

荀悦史学思想属于官方性质。据《后汉书》卷六十二本传记载,荀悦所撰写的论著,都是给汉献帝的。"初辟镇东将军曹操府,迁黄门侍郎。献帝颇好文学,悦与彧及少府孔融侍讲禁中,旦夕谈论。累迁秘书监、侍中。时,政移曹氏,天子恭己而已。悦志在献替,而谋无所用,乃作《申鉴》五篇。"荀悦的《申鉴》是为汉献帝执政政权而提供理论支持的。"书奏,帝览而善之,又以班固《汉书》文繁难省,令悦依《左氏传》体为《汉纪》三十篇。辞约事详,论辨多美。"荀悦的《汉纪》也是为满足汉献帝在最短的时间内阅读西汉历史而写的。"又著《崇德》《正论》及诸论数十篇。年六十二,建安十四年卒。"荀悦的《崇德》《正论》也是为汉献帝修身务政而作的。所以说,荀悦的思想属于政治范畴,其史学思想无疑也属于官方史学的性质。

---

① 梁启超:《中国历史研究法》,中华书局,2009年版。

参考文献

[1] 王利器:《新语校注》,中华书局,1986年版。
[2] 阎振益:《新书校注》,中华书局,2000年版。
[3] 贾谊:《贾谊集》,上海人民出版社,1976年版。
[4] 贾谊、扬雄:《贾谊新书扬子法言》,上海古籍出版社,1989年版。
[5] 刘文典:《淮南鸿烈集解》,中华书局,1989年版。
[6] 苏兴、钟哲:《春秋繁露义证》,中华书局,1992年版。
[7] 司马迁:《史记》,中华书局,1982年版。
[8] [日]泷川资言:《史记会注考证》,新世界出版社,2009年版。
[9] 张大可、梁建邦:《史记研究集成》,华文出版社,2005年版。
[10] 王利器:《盐铁论校注》,中华书局,1992年版。
[11] 《盐铁论注释和语译》,辽宁人民出版社,1975年版。
[12] 刘向:《新序说苑》,上海古籍出版社,1990年版。
[13] 石光瑛、陈新:《新序校释》,中华书局,1985年版。
[14] 向宗鲁:《说苑校证》,中华书局,1987年版。
[15] 刘向:《列女传》,辽宁教育出版社,1998年版。
[16] 郑文:《扬雄文集笺注》,巴蜀书社,2000年版。
[17] 郑万耕:《太玄校释》,北京师范大学出版社,1989年版。
[18] 吴则虞:《白虎通疏证》,中华书局,2007年版。
[19] 班固:《汉书》,中华书局,1962年版。
[20] 汪继培:《潜夫论笺校正》,中华书局,1985年版。
[21] 黄晖:《论衡校释》,中华书局,2006年版。

[22] 北京大学历史系:《论衡注释》,中华书局,1979年版。

[23] 周春生:《吴越春秋辑校汇考》,上海古籍出版社,1997年版。

[24] 中国画像石全集编辑委员会:《中国画像石全集》1~8卷,河南、山东美术出版社,2000年版。

[25] 王明:《太平经合校》,中华书局,1960年版。

[26] 荀悦:《前汉纪》,四部丛刊初编史部,上海商务印书馆缩印,无锡孙氏小渌天藏明刊本。

[27] 荀悦:《申鉴》,四部备要子部,上海中华书局据《汉魏丛书》本校刊。

[28] 侯外庐、赵纪彬:《中国思想通史·两汉卷》,人民出版社,1957年版。

[29] 张岂之、黄留珠:《中国思想学说史·秦汉卷》,广西师范大学出版社,2008年版。

[30] 尹继佐、王绍玺:《中国学术思潮史·经学思潮》,上海社会科学院出版社,2006年版。

[31] 朱大渭、孙家洲:《中国古代思想史·秦汉卷》,广西人民出版社,2006年版。

[32] 葛兆光:《中国思想史》,复旦大学出版社,2004年版。

[33] 徐复观:《两汉思想史》,华东师范大学出版社,2001年版。

[34] 金春峰:《汉代思想史》,中国社会科学出版社,1987、1997、2006年版。

[35] 周桂钿:《秦汉思想史》,河北人民出版社,2000年版。

[36] 祝瑞开:《两汉思想史》,上海古籍出版社,1989年版。

[37] 王兴国:《贾谊评传》附《陆贾晁错评传》,南京大学出版社,1992年版。

[38] 王永祥:《董仲舒评传》,南京大学出版社,1995年版。

[39] 张大可:《司马迁评传》,南京大学出版社,1994年版。

[40] 肖黎:《司马迁评传》,吉林文史出版社,1986年版。

[41] 王子今:《史记的文化发掘——中国早期史学的人类学探索》,湖北人民出版社,1997年版。

[42] 王云度:《刘安评传》,南京大学出版社,1997年版。

[43] 徐兴无:《刘向评传》,南京大学出版社,2005年版。

[44] 王青:《扬雄评传》,南京大学出版社,2000年版。

[45] 陈其泰、赵永春:《班固评传》,南京大学出版社,2009年版。

[46] 刘文英:《王符评传》,南京大学,2002年版。

[47] 钟肇鹏、周桂钿:《桓谭王充评传》,南京大学出版社,1993年版。

[48] 白寿彝、徐殿才:《中国史学史·秦汉卷》,上海人民出版社,2006年版。

[49] 杨翼骧:《中国史学史资料编年》,南开大学出版社,1987年版。

[50] 吴泽、袁英光:《中国史学史论集》,上海人民出版社,1980年版。

[51] 瞿林东:《中国史学史纲要》,北京出版社,1998年版。

[52] 乔治忠、姜胜利:《中国史学史研究述要》,天津教育出版社,1996年版。

[53] 陈清泉等:《中国史学家评传》,中州古籍出版社,1985年版。

[54] 仓修良:《中国史学名著评介》,山东教育出版社,2005年版。

[55] 乔治忠:《中国史学史》,中国人民大学出版社,2011年版。

[56] 谢保成:《中国史学史》,中国社会科学出版社,2008年版。

[57] 杜维运:《中国史学史》,商务印书馆,2010年版。

[58] 金毓黻:《中国史学史》,河北教育出版社,2000年版。

[59] 蒙文通:《中国史学史》,上海人民出版社,2005年版。

[60] 李宗侗:《中国史学史》,中国友谊出版公司,1984年版。

[61] 张孟伦:《中国史学史》,甘肃人民出版社,1983、1986年版。

[62] 汤勤福:《中国史学史》,山西教育出版社,2001年版。

[63] 谢贵安:《中国史学散论》,湖北人民出版社,2004年版。

[64] 周文玖:《史学史导论》,学苑出版社,2006年版。

[65] 周文玖:《因革之辨——关于历史本体、史学、史家的探讨》,北京师范大学出版社,2010年版。

[66] 吴怀祺:《中国史学思想史》,安徽人民出版社,1996年版。

[67] 吴怀祺、汪高鑫:《中国史学思想通史·秦汉卷》,黄山出版社,2002年版。

[68] 庞天佑:《秦汉历史哲学思想研究》,中国社会科学出版社,2002年版。

[69] 胡宝国:《汉唐间史学的发展》,商务印书馆,2003年版。

[70] 张秋升:《天人纠葛与历史运演——西汉儒家历史观的现代诠释》,齐鲁书社,2003年版。

[71] 何根海、汪高鑫:《中国古代史学思想史》,合肥工业大学出版社,2004年版。

[72] 李小树:《秦汉魏晋南北朝史学史稿》,中国人民大学出版社,2007年版。

[73] 汪高鑫:《中国史学思想史散论》,北京师范大学出版社,2010年版。
[74] 吴怀祺:《中国史学思想通论》6卷本,福建人民出版社,2011年版。

跋

当 2013 年元宵灯即将悬挂起来的时候,《汉代史学思想史》终于完稿了,希望这部凝聚着我二十年心血的作品,能为这五彩缤纷、目不暇接的世界平添一丝春意。

二十年前,在积累了史学概论数年的教学经验之后,原先所设想的史学思想逐步得以完善,为感不足的是,自己缺乏厚重的历史知识。心生感念,就想寻找历史事实予以探究,以践行自己的史学观点。恰于此时,所服务的学校正在打造"汉代文化史学"的学术品牌,望能跻身研究行列中。经图书馆古籍部韩连武先生的指点,从四库书目中摘录出汉代论著的单子。几经选择,计划先以《论衡》为个案做实验。印象中,古今学术界都认为王充善于批判,不长立论。那时受辩证思想的影响,将"不破不立,破字当头,立也在其中"奉为至理圭臬。窃喜着,如能够寻出王充立于何处,岂不为学术界一小小的贡献?于是便一展史学理论之所长,提出系列问题,然后再细读《论衡》,抽绎答案,撰写了《王充的史学理论》的论文。因感《论衡》博学鸿辞,仅仅用一篇论文不能体现其价值,进而连着撰写了《王充的社会学思想》《王充的理想人格观及其文论》《王充的教育思想》等系列文章,希望能将王充的思想贡献列举出来。后三篇论文汇成"王充思想专题",收录在《汉代思想史专题论稿》中。《论衡》之后,接下来读的是《盐铁论》《汉书》《新书》《申鉴》与《汉纪》,相应地也撰写了《盐铁论的史学思想》《班固的史学思想》《贾谊的史学思想》和《荀悦在史学理论上的贡献》等文章。其时,《汉代史学思想史》的腹稿逐步成型了。遗憾的是,为扩充知识,提升科研能力,转而求学,先拿了硕士学位,接着是博士学位,弹指间,近十年的时间就这样过去了,之前计划中的书稿完全被中断。直到 2005 年,一切安定下来,才重拾旧业,陆续撰写了《陆贾的史学思想》《白虎通的史学思想》《王符的史学思想》《淮南子的史学思想》《扬雄的史学思想》《汉画像的史学思想》《司马迁的史学思想》《刘向的史学思想》《太平经的史学思想》等文章和《董仲舒的史学思想》,至此,书稿中的重要章节方一一完成。正所谓"失之东隅,得之桑榆",前期的研究,因为自身水平的局限,尚有很多的不足,如对于汉代经典的理解,显然没有现在透彻;将视角放在了史学理论的内在维度(即史学理论的结构),兼顾外在维度(即史学理论的发展进程),但是对于其社会维度(即史学理论的社会公用)根本就没有考虑到。直至2005年在论析陆贾史学思想时,方注意到这个问题,但当时还没有想明白,只是将陆贾的史学贡献及其影响作为一节给予了探究。再下来,当论及王符和《白虎通》的史学思想时,其社会维度中的官方史学性质或者民间史学性质才崭露头角,作为问卷中的问题才被正式提出来。所以,后来关于董仲舒、司马迁、扬雄、刘向、《太平经》与汉画像等的史学思想论析中,都很自然的有了对其史学思想整体把握的、反映其社会贡献的文字。原本想着,为保持研究的历史性,早期的文字就不再加上社会维度分析的内容。后来想着作为论著的整体性和一致性,稍稍加上相关的思考。当然,其内容的深度和广度,与实际相较,是远远不够的。

学术研究虽然是客观的活动,但毕竟是随性而至的艺术行为,它更多的是需要独到的见解和创新性的思考。本书稿之所以敢披露于世,窃以为还有能拿出来的东西。一是关于史学思想的结构问题。从史学存在的基本因素出发,将史学思想的研究内容分为内在维度(包括史学论、历史观、认识论、方法论、资料论和史家论等六个方面)、外在维度(主要指史学思想发展的进程)和社会维度(主要是指史学思想的官方性质或者民间性质)。相对于坊间史学史和史学思想论著中将史学思想与哲学思想、政治思想或者社会思想相混淆的情况,本书稿的论析就显得越发规范和科学了。二是关于史学思想史的研究问题。思想史的研究说到底还是一种历史研究,必须依靠丰富的历史资料作为基础。对于汉代史学思想史的研究来说,只能凭借传承或出土的文献来进行。换言之,史学思想史的研究必须阅读文献,必须依靠精读深思,才能领悟其中的奥妙。值得炫耀的是,本书稿中所涉及的汉代史家、史著中的史学思想,都是凭自己的阅读感悟出来的。当然,在研究实践中,充分观照并吸收了学术界相关的前沿性研究成果。三是关于汉代史学思想史研究的范围问题。汉代学术异常发达,牵扯到史学思想的资料非常丰富。在研究中,不仅充分关注到汉代史学史名著、思想史名著,同时关注了前人所忽略的政治史名著如《盐铁论》《白虎通》《申鉴》以及道教原典《太平经》,出土图像资料汉画像,等等。当然,横岭侧峰,究竟这些努力能否为同道同仁所认可赞同,尚心存疑虑。

毋庸讳言，还有一些可以论析的资料，诸如《风俗通义》，还没有来得及阅读分析。即使已经做过论析的，也不一定符合原著的本意，如此等等，惶恐之至！谨请同仁不吝雅正！

值此书稿即将出版问世之时，特别要感谢那些一直支持我的老师、领导、同事和朋友们。华东师范大学历史文化学院的胡逢祥先生和王东先生、华中师范大学历史文化学院的赵国华先生、郑州大学历史文化学院的王星光先生、南阳师范学院历史文化学院的张保同先生，曾经审阅过部分文稿并提出了非常宝贵的修改意见。河南省社会科学基金规划办公室、河南省教育厅社科处、南阳师范学院科研处、南阳师范学院副校长刘明阁先生，曾为本课题列入2012年年度河南省社科基金资助项目和2013年度河南省教育厅普通高校人文社会科学重点研究基地项目，做出了卓有成效的努力，为本课题的顺利研究提供了强有力的支持。《南都学坛》的刘太祥先生，曾在有限的版面中优先编发了书稿中的大部分章节；《史学月刊》的李振宏先生曾经编发了《王符的史学思想》；中国人民大学复印报刊资料《历史学》，曾先后全文转载过有关王充、荀悦、王符和赵晔的论文，《新华文摘》曾经摘发过《白虎通》的论文。汉文化研究中心的高二旺、金爱秀、余锋等同事，在工作上承担了大量日常繁琐事务，为我的研究节省了宝贵的时间；孔永红博士、图书馆的林坤为本书作了认真的校对。河南大学出版社的靳宇峰先生、苏娜等，为本书的出版付出了辛勤的汗水。在此，向他们致以最诚挚的谢意！

郑先兴
2013 年 6 月 25 日